264 v. Chr.

Beginn der so genannten ***Punischen Kriege,*** *in denen Rom mit Karthago um die Vorherrschaft im Mittelmeerraum kämpft.*

ab 200 v. Chr.

In unmittelbarer Nachbarschaft zu den Paracas entwickelt sich die Nasca-Kultur, die für ihre mysteriösen Geoglyphen und bunten Töpferarbeiten bekannt wird.

300 v. Chr.

216 v. Chr.

Dem karthagischen Feldherrn ***Hannibal*** *gelingt das schier Undenkbare: Er überquert mit seinem Heer die Alpen und steht kurz darauf vor den Toren Roms.*

ab 300 v. Chr.

In Japan steigt der Clan des Jimmu-Tenno zu Macht und Einfluss auf und gründet das ***Yamato-Reich.***

3 n. Chr.

ocletian teilt
ht mit drei wei-
n Mitkaiser Maxi-
d den zwei Cäsa-
s und Constanti-
us.

ab 312 n. Chr.

Der römische Kaiser **Konstantin der Große** lässt sich zum Christentum bekehren. Damit endet die Christenverfolgung, die im Römischen Reich hysterische Züge angenommen hatte.

381 n. Chr.

Das **Christentum** wird auf Geheiß von Kaiser Theodosius dem Großen Staatsreligion im Römischen Reich.

um 430 n. Chr.

Die **Hunnen** fallen in Europa ein. Der Untergang des Römischen Reiches ist damit endgültig besiegelt.

300 n. Chr.

330 n. Chr.

Unter König Ezana erreicht das christliche Königreich **Aksum** in Äthiopien seine Blüte. Aksum kam als Handelsknoten zwischen Ägypten, Arabien und Ostafrika zu Wohlstand.

350 n. Chr.

Das bisher unabhängige Königreich **Kusch** mit der Hauptstadt Meroë wird von Aksum unterworfen.

320 n. Chr.

Chandragupta I. gründet das Gupta-Reich, das bis in die Mitte des 5. Jh. fast ganz Indien beherrschen wird. In dieser Zeit verdrängt der Hinduismus den Buddhismus.

DIE WELT DER ANTIKE

900 v. Chr. – 430 n. Chr.

Reader's Digest

DEUTSCHLAND · SCHWEIZ · ÖSTERREICH

ASIEN

Im Gelobten Land – die Juden in Palästina

200 Jahre nach der Teilung des salomonischen Reiches verlor das jüdische Volk seine Unabhängigkeit. Von da an prägten fremde Herrscher die bewegte Geschichte Palästinas.

Kanaanäischer Kult
Diese Frauenfigur hält eine Taube, das heilige Tier der Göttin Astarte. Auch nach der Einwanderung der Israeliten blieben alte Traditionen in Palästina lebendig.

Nach König Salomos Tod folgte 926 v. Chr. dessen Sohn Rehabeam auf den Thron. Obwohl vor allem die im nördlichen Israel lebende Bevölkerung unter den strengen Dienstverpflichtungen litt, die ihr sein Vater aufgebürdet hatte, lehnte Rehabeam eine Erleichterung ab. Israel reagierte prompt mit der Abspaltung der nördlichen Stämme, die mit Jerobeam I. ihren eigenen König ausriefen. Damit war das Reich Salomos in den Nordstaat Israel und den Südstaat Juda zerfallen. Um seine Unabhängigkeit zu demonstrieren, errichtete Jerobeam I. zwei Heiligtümer an der Nord- und Südgrenze seines Gebiets, in denen je ein Stierbild zur Verehrung aufgestellt wurde – ein Zeugnis des starken kanaanäischen Einflusses, dem die nördlichen Gebiete seit langem ausgesetzt waren. Schon bald kam es zu Kämpfen zwischen beiden Staaten, die erst 878 v. Chr. endeten, als Israel den Feldherrn Omri zum König ernannte. Der neue Herrscher begann in Samaria mit der Errichtung seiner prachtvollen Residenz, die erst von seinem Sohn Ahab vollendet wurde. Zwischen Israel und der phönizischen Handelsstadt Tyros bestanden enge Verbindungen, die durch Ahabs Heirat mit Isebel, einer Prinzessin aus Tyros, noch gefestigt wurden. Die guten Beziehungen zu Phönizien brachten Israel beträchtlichen Wohlstand und beeinflussten das Land auch kulturell und in religiösen Belangen. So

schmückte phönizisches Elfenbein den Palast des Herrschers, und der Kult des Gottes Baal hielt Einzug. Die fremde Kultur, die Hand in Hand mit der Übernahme religiöser Bräuche ging, empfanden aber viele Israeliten als Bedrohung. Beim Propheten Amos heißt es daher: „Ich zerschlage den Winterpalast und den Sommerpalast, die Elfenbeinhäuser werden verschwinden." So verwundert es nicht, dass im 9. Jh. v. Chr. ein Religionskrieg ausbrach. Anhänger des Kriegerführers Jehu, der als neuer König Israels bestimmt war, stürzten Ahabs Sohn, König Joram, und töteten ihn samt seiner verhassten Mutter Isebel. Da es noch unter Ahabs Herrschaft zu einer Annäherung an das Reich Juda gekommen war, musste auch der mit Joram verbündete Ahasja, der König des Südreichs Juda, sterben. Ein Angriff Judas unterblieb trotz dieser ungeheuren Provokation. Israel hatte bis dahin in ständigen Auseinandersetzungen mit dem benachbarten Aramäerstaat von Damaskus gestanden, doch die Bedrohung durch das mächtige assyrische Reich lenkte dessen Aufmerksamkeit ab. So kam es in der ersten Hälfte des 8. Jh. v. Chr. in Juda und Israel zu einer Blütezeit. Doch das Vordringen der Assyrer in Syrien warf seine Schatten voraus.

Das Ende des Nordreichs

Im Jahr 738 v. Chr. bedrohte der Assyrerkönig Tiglatpileser III. Israel, dessen König Menachem einen gewaltigen Tribut von 1000 Talenten in Silber bezahlen musste. Hosea, der letzte König des

Qumran – Kloster der Essener
In den Höhlen von Qumran fand man die bislang ältesten Handschriften von Büchern der hebräischen Bibel. Die Rolle im Hintergrund zeigt einen Text in aramäischer Schrift.

Nordreichs, führte geheime Verhandlungen mit Ägypten, doch auch diese Maßnahme konnte die Assyrer nicht aufhalten. Im Jahr 722 v. Chr. eroberte Sargon II. die Hauptstadt Samaria und deportierte die Überlebenden nach Mesopotamien. In seiner Siegesinschrift rühmt sich Sargon: „… Samaria eroberte ich, 17 290 Leute, die darin wohnten, führte ich fort!" Damit war das Ende des Nordreichs Israel besiegelt, und es war nur noch eine Frage der Zeit, bis auch Juda an die Reihe kam. Hier schloss sich König Hiskia einer gegen Assyrien gerichteten Koalition von syrischen Kleinstaaten und Ägypten an.

Die Assyrer ließen nicht lange auf sich warten. König Sanherib stieß mit gewaltiger Macht nach Juda vor, 701 v. Chr. fiel die Stadt Lachis. Die dramatischen Ereignisse sind auf einem Relief aus dem Palast des Königs in Ninive festgehalten. Hier tobt der Kampf um die Mauern, fahrbare Mauerbrecher zerstören unter dem Feuerschutz der Bogenschützen die Stadtmauer, und die Besiegten werden schließlich aus der eroberten Stadt geführt. Auch der Prophet Jesaja beschrieb die anstürmenden assyrischen Truppen: „Ihre

Christus – der Messias?
Für die gläubigen Juden handelt es sich bei Christus um einen Rabbi, einen Lehrer, aber nicht um den Messias.

Der Tempel von Jerusalem
Diese bildliche Rekonstruktion aus dem 19. Jh. zeigt den Tempel in spätantik-byzantinischer Bauweise. Die gewaltige Ausdehnung des gesamten Komplexes und seine beeindruckende Wirkung sind jedoch sehr anschaulich dargestellt. Die 20 v. Chr. von Herodes durchgeführte Erneuerung der Anlage ist zum Teil im griechisch-römischen Stil ausgeführt worden.

Die Reste der mächtigen Umfassungsmauer bilden heute die Klagemauer.

Säulenarkaden umfassten die weitläufigen Vorhöfe.

Der Tempel selbst ähnelte seinem salomonischen Vorbild.

Die Festung Antonia sollte das Heiligtum sichern.

Pfeile sind geschärft und ihre Bogen gespannt … und ihre Räder wie der Wirbelwind." Jerusalem wurde schließlich eingeschlossen und belagert, doch nach Zahlung eine Tributs zogen sich die Assyrer zurück. Juda war von nun an Assyrien untertan. König Josia, der 639–609 v. Chr. das Südreich regierte, erneuerte den Kult um Jahve, dessen Verehrung von nun an ausschließlich im Tempel von Jerusalem stattfinden sollte, und unterband rigoros die Verehrung des Gottes Baal.

Mittlerweile hatte das Babylonische Reich Assyrien als beherrschende Großmacht abgelöst. Judas König Jojakim, Josias Sohn, unterwarf sich dem babylonischen König Nebukadnezar II. Bald darauf stellte er sich jedoch gegen die Babylonier. Die Folgen dieser Auflehnung hatte sein Sohn Jojachin zu tragen. 597 v. Chr. eroberte und plünderte Nebukadnezar II. Jerusalem. Jojachin wurde mit einem Teil der Oberschicht nach Babylon deportiert. Der babylonische König setzte Zedekia, einen Verwandten Jojachins, an dessen Stelle. Doch auch dieser beging den Fehler, Verhandlungen mit Ägypten aufzunehmen, das im Visier der babylonischen Expansionspolitik stand. Im Jahr 590 v. Chr. griff Nebukadnezar II. an. „Heraufgestiegen ist ein Löwe aus seinem Dickicht …, dass er dein Land zur Wüste mache …, deine Städte verheert …", sah der Prophet Jeremia voraus.

Im babylonischen Exil

Nach dreijähriger Belagerung fiel Jerusalem 587 v. Chr. und bekam die Rache Nebukadnezars II. zu spüren. Die Stadt wurde vollkommen zerstört und die Bevölkerung nach Babylonien deportiert. Vor den Augen Zedekias ließ Nebukadnezar II. dessen Söhne töten, den König anschließend blenden und

HINTERGRUND

Diaspora – das Schicksal der Juden

Das griechische Wort Diaspora bedeutet „Zerstreuung". Für das jüdische Volk begann diese mit der Babylonischen Gefangenschaft. Auch in Alexandria, dessen Bevölkerung zu etwa 40 % aus Juden bestand, gab es im 2. und 1. Jh. v. Chr. eine Diaspora.

Im 1. Jh. n. Chr. lebten weit mehr Juden im Römischen Reich verstreut als in Palästina selbst. Nach den großen Aufständen der in Palästina verbliebenen Juden, die 70 und 135 n. Chr. von den Römern niedergeschlagen wurden, setzte mit dem Verkauf der Überlebenden als Sklaven eine weitere Diaspora ein. Alle in der Diaspora lebenden Juden verloren aber nie Jerusalem als das Symbol ihrer gemeinsamen Herkunft und Tradition aus den Augen.

Der „Bauernkalender"
Dieser mit althebräischen Schriftzeichen bedeckte Stein aus Gezer aus dem 9. Jh. v. Chr. verzeichnet den Ablauf des bäuerlichen Jahres.

ebenfalls nach Babylon bringen. Damit nahm die so genannte Babylonische Gefangenschaft ihren Anfang, wenngleich dieser Ausdruck nicht ganz zutreffend ist, denn die Deportierten konnten sich in Babylonien frei bewegen. Sie bauten Häuser, legten Gärten an und durften an Versammlungen teilnehmen. Trotzdem fühlten sie sich als Fremde, da die Ausübung ihrer Religion an Jerusalem gebunden war. So entwickelte sich durch die Einhaltung bestimmter Bräuche, etwa durch die strikte Einhaltung der Sabbatruhe am siebten Tag sowie den Ritus der Beschneidung, ein besonderes Zusammengehörigkeitsgefühl, das die gemeinsame jüdische Identität stärkte. Als weitere Folge des erzwungenen Umgangs mit der babylonischen Kultur übernahmen die Hebräer die mesopotamischen Schöpfungsmythen sowie die Legende der Sintflut in die biblische Überlieferung.

GROSSZÜGIGE EROBERER

Das babylonische Exil währte allerdings nicht allzu lange. Nach der Eroberung Babylons durch den Perserkönig Kyros II. gestattete dieser den Juden 538 v. Chr. die Rückkehr nach Palästina. Die Perser hatten zwar die Oberherrschaft errungen, gestanden den Juden jedoch Religionsfreiheit zu. So erlaubte der Perserkönig ausdrücklich den Wiederaufbau des Tempels in Jerusalem, der zudem noch durch öffentliche Mittel errichtet und mit den zurückgegebenen Tempelgeräten ausgestattet werden sollte. Trotzdem zog sich wegen wirtschaftlicher Probleme im Land der Neubau in die Länge, sodass die Einweihung erst rund 20 Jahre nach der Rückkehr ins Gelobte Land erfolgte.

332 v. Chr. erreichte der Makedonier Alexander der Große auf seinem Zug nach Ägypten Palästina, das sich ihm weitgehend kampflos ergab. Auch er und seine Nachfolger gewährten den Juden innere Autonomie und freie Ausübung ihrer Religion. Als der Seleukide Antiochos III. im Jahr 198 v. Chr. das Reich eroberte, schien die Bevölkerung mit dem Herrscherwechsel jedoch durchaus einverstanden gewesen zu sein, da sie den in Jerusalem mit Kriegselefanten einrückenden seleukidischen Truppen einen begeisterten Empfang bereiteten. Als Dank wurden ihnen Steuererleichterungen gewährt und dem Tempel Privilegien eingeräumt. Doch bald traten wegen des zunehmenden Einflusses der hellenistischen Kultur Spannungen zwischen traditionell und modern gesinnten Juden auf. König Antiochos IV. beging schließlich den Fehler, den Tempel zu berauben und massiv in die Ausübung der jüdischen Religion einzugreifen. Seine Provokation gipfelte in der Schändung des Tempels, indem er dort religiöse Zeremonien nach griechischem Ritus vollziehen ließ.

Kunst aus Bronze
Die beiden Bronzespiegel aus dem 1. Jh. n. Chr. veranschaulichen die Freude an Kunst und Kultur in den Städten Palästinas.

AUFSTAND DER HASMONÄER

166 v. Chr. kam es zum offenen Aufstand, der von der Familie der Hasmonäer angeführt wurde. Ein Mitglied dieser Familie, Judas Makkabäus, übernahm die Führung des sich immer weiter ausweitenden Makkabäer-Aufstands. Schließlich gelang es Simon Makkabäus 142 v. Chr., die Unabhängigkeit von den Seleukiden zu

Die Beute des Siegers
Das Relief des Titusbogens in Rom zeigt den Triumphzug des siegreichen Feldherrn, bei dem der siebenarmige Leuchter aus dem Tempel in Jerusalem mitsamt dem gesamten Tempelschatz zur Schau gestellt wurde.

erlangen. Simon nahm von nun an die Stellung des Hohepriesters und Landesherrschers ein. Die nachfolgenden Mitglieder dieser Dynastie trugen später sogar den Königstitel. In dieser Zeit entstanden zahlreiche religiös-politische Gruppierungen wie die Pharisäer oder Sadduzäer, die sich durch ihre Auslegung des biblischen Gesetzes, der Thora, unterschieden. Daneben gab es eine Vielzahl religiöser Sekten und Strömungen, die sich unter dem Einfluss Ägyptens, Griechenlands und des Nahen Ostens gebildet hatten. Einige jüdische Sekten hofften auf den Messias, den Erlöser, der später für die Anhänger von Jesus in dessen Gestalt bereits anwesend war.

Die Römer in Jerusalem

Nach internen Machtkämpfen zwischen Hyrkan II. und seinem Bruder Aristobul um Judas Thron griff der römische Feldherr Pompejus in die Angelegenheiten des Landes ein. 63 v. Chr. eroberte er Jerusalem und setzte Hyrkan II. als Hohepriester ohne Königstitel ein. Nach über zwei von zahlreichen Kämpfen geprägten Jahrzehnten wurde 40 v. Chr. Herodes vom römischen Senat als König von Judäa anerkannt. Der wegen seiner Grausamkeit gefürchtete Herrscher brach den hasmonäischen Widerstand, brachte aber dem Land Reichtum. Seine Nachfolger herrschten bis 44 n. Chr., als das Reich als Provinz Judäa schließlich unter römische Herrschaft kam. Die Römer begingen zahlreiche Fehler, die die tiefreligiösen Juden aufs Äußerste reizten.

Der Funke des Aufstands entzündete sich schließlich 66 n. Chr. an der Entnahme von 17 Talenten aus dem Schatz des Tempels in Jerusalem durch den römischen Prokurator Florus. Die Römer mussten einen großen Teil ihrer Kriegsmacht einsetzen, um das Land wieder unter Kontrolle zu bringen. Erst 70 n. Chr. gelang es ihnen, mit der Eroberung Jerusalems durch Titus ihre Herrschaft erneut aufzurichten.

Die Assyrer – ein Volk von Kriegern

Kriege waren die Passion dieses streitbaren Volkes, dessen Reich sich zeitweilig vom Mittelmeer bis hin zum Persischen Golf erstreckte. Aber auch kulturell nahmen die Assyrer zu ihrer Zeit eine beherrschende Stellung ein.

Grabbeigabe
Diese einer Weinlaube nachgestaltete Goldkrone, geschmückt mit goldenen Granatäpfeln, über denen vierflügelige Schutzgeister stehen, fand sich Ende des 20. Jh. bei Ausgrabungen im irakischen Nimrud.

Angst und Schrecken herrschen unter den Bewohnern des ruhmreichen Ninive. Immer enger wird der Belagerungsring um die Stadt. Die Vorräte gehen aus, die Versorgung bricht zusammen. Dennoch leistet man erbitterten Widerstand. Denn schließlich weiß man, wie es zwei Jahre zuvor, 614 v. Chr., den Menschen in Assur ergangen ist. Die Feinde, die jetzt vor den Toren Ninives stehen, haben dort hemmungslos gewütet, ohne Erbarmen Männer, Frauen und Kinder erschlagen oder deportiert. Kein Stein war auf dem anderen geblieben, Hab und Gut wurde von den Eroberern gestohlen. In Ninive, so viel ist sicher, werden die Feinde nicht anders vorgehen. Also hält man aus und versucht, das Schlimmste abzuwenden.

Doch die hinter den Mauern der Stadt zusammengepferchten Menschen haben keine Chance. Zu überlegen sind die gut ausgerüsteten Belagerer, eine Koalition aus iranischen Medern und Babyloniern. Nach drei Monaten ist das Schicksal von Ninive besiegelt. Die Feinde dringen in die Stadt vor, und wie befürchtet, kommt es zu Plünderei und Mord. Nur wenigen Bewohnern gelingt die Flucht. Wer von ihnen aufgegriffen wird, muss sterben.

Mit der Eroberung von Ninive endete 612 v. Chr. die gut 270 Jahre dauernde Herrschaft eines gefürchteten Kriegervolkes im Vorderen Orient. Ninive war die letzte Hauptstadt der Assyrer, die zu ihren besten Zeiten ein Reich von Ägypten bis Persien unter ihrer Kontrolle hatten. Der Fall von Assur und Ninive besiegelte ihr Schicksal. Die neuen Herren in Mesopotamien, dem Land zwischen Euphrat und Tigris, waren nun die Babylonier.

Die Grausamkeit der Assyrer

Nicht ohne Grund gingen die Babylonier und Meder so brutal gegen die Assyrer vor. Schließlich hatten diese bislang auch keine Rücksicht auf besiegte und unterworfene Gegner genommen. Von den Assyrern besiegt zu werden, war für die Unterlegenen gleichbedeutend mit Folter, Plünderung, Deportation und Tod. Und die Assyrer scheuten nicht davor zurück, ihre Gräueltaten auf Inschriften und Reliefs publik zu machen. So ließ einer ihrer Könige nach einem Plünderungszug verbreiten: „Vor einem Monat habe ich das Land Elam in Trümmer gelegt. Ich habe die Stimmen der Menschen, das Stampfen der Büffel und jeden Schrei der Freude zum Schweigen gebracht." Auf den Reliefs sind erschreckende Szenen zu erkennen, beispielsweise die Pfählung, Häutung und Blendung von Gefangenen.

Es ist daher kein Wunder, dass sich die Assyrer viele Völker zu Feinden gemacht hatten. Die Babylonier kannten nach der Unterwerfung ebenso wenig Gnade wie die Assyrer bei ihren Eroberungsfeldzügen. Nur wenige Jahre lag die assyrische Belagerung von Babylon zurück, bei der es unter den Eingeschlossenen sogar zu Kannibalismus gekommen sein soll, als die Assyrer die Nahrungszufuhr der Stadt hermetisch abschnitten. Entsprechend wurde der Untergang dieses Volkes gefeiert, und überall machte sich Erleichterung breit.

In der Bibel erscheint, im Buch des Propheten Nahum, die Zerstörung von Ninive als gerechte Strafe für die Untaten der Assyrer: „Weh der Stadt, die so viel Blut vergossen hat, die Meister ist in Lüge und Verstellung! Vollgestopft ist sie mit Raub und kann doch das Rauben nicht lassen. Ihr Untergang naht mit Peitschenknall und Rädergerassel, galoppierenden Pferden, rasenden Wagen und daherjagenden Reitern. Schwerter wie Flammen und blitzende Speere! Haufen von Gefallenen, man stolpert über die Leichen, sie sind nicht zu zählen. Es geht an Ninive, die Hure, die mit ihren Reizen und Zauberkünsten die Völker versklavt hat.“

KRIEGSTAKTISCHE ERWÄGUNGEN

Man sollte sich davor hüten, die Assyrer als ein Volk anzusehen, das von Natur aus grausam war. Die herablassende und entwürdigende Behandlung Unterworfener und Gefangener stellte für sie vor allem ein taktisches Mittel dar, um Gehorsam und Disziplin zu erzwingen. Man setzte ganz auf die abschreckende Wirkung: Waren die Assyrer erst einmal als ein Volk bekannt und berüchtigt, das gegenüber Besiegten keinerlei Nachsicht walten ließ, so würde es bald keiner mehr wagen, sich mit ihnen im Krieg messen zu wollen. Dem üblichen Verfahren, Kriegsgefangene zu verschleppen und auf dem eigenen Territorium anzusiedeln, lagen ebenfalls praktische Überlegungen zugrunde. Einerseits schwächte man damit die Gegner, und andererseits standen auf diese Weise billige Arbeitskräfte zur Verfügung.

Auf der Löwenjagd
Die Jagd war für die Assyrer vor allem ein Statussymbol. Einen Löwen zu erlegen, galt als ein Zeichen von Kraft und Stärke.

Der Kriegerkönig
Assurnasirpal II. machte die Assyrer zu einem Volk von Kriegern. Er selbst zeigt sich hier in voller Rüstung, im Gefolge ein Diener mit Schirm.

Der unaufhaltsame Aufstieg der Assyrer zur ersten Macht in Mesopotamien und großen Teilen des Vorderen Orients hatte genau im Jahr 883 v. Chr. begonnen, als Assurnasirpal II. den Thron in der damaligen Residenz Assur bestiegen hatte. Unter seiner Führung entwickelten sich die Assyrer von einem eher friedlichen Hirten- und Ackerbauvolk mit bescheidenen Besitzungen im nördlichen Teil des Zweistromlandes zu einem Kriegervolk ersten Ranges. Der neue König knüpfte mit seiner aggressiven Politik an frühere, allerdings sehr lange zurückliegende Glanzzeiten der Assyrer an. Im 2. Jt. v. Chr. war es assyrischen Herrschern wiederholt gelungen, im Konzert der Völker und Städte zwischen Euphrat und Tigris eine herausragende Rolle zu spielen. Doch seit ungefähr 1000 v. Chr. war es um die Assyrer ruhig geworden, die nun selbst von anderen Völkern und Städten abhängig waren.

Mit dieser Ruhe war es seit dem Auftreten Assurnasirpals vorbei. Dessen überlieferte Porträts bilden den König mit stolzer Haltung, harten Gesichtszügen, starren Augen und Adlernase ab. Ganz offenkundig tat der König alles, um von seinen Untertanen und seinen äußeren Gegnern gefürchtet zu werden. Furcht flößte man aber nicht allein mit einem respektablen und entschlossenen Aussehen ein. Vor allem brauchte der Herrscher eine starke Armee. In kurzer Zeit baute er eine Militärmaschinerie auf, wie sie der Orient bis dahin noch nicht gesehen hatte und die den Assyrern bald den Nimbus der Unbesiegbarkeit einbrachte.

ALLTAGSLEBEN

Von Bauern, Städtern und den Frauen

Die Assyrer waren zwar ein überaus kriegerisches Volk, doch selbst sie verbrachten nicht ihr ganzes Leben unter Waffen. Und auch die Existenz solch prächtiger Städte wie Ninive und Assur darf nicht darüber hinwegtäuschen, dass die meisten Menschen damals auf dem Land lebten. Der durchschnittliche Assyrer wohnte mit seiner Familie als Bauer in einer kleinen dörflichen Gemeinschaft. Wie im übrigen Vorderen Orient waren die Behausungen einfach. Armut herrschte jedoch nicht, da das Land zwischen Euphrat und Tigris ausgesprochen fruchtbar war.

In den Städten gab es hingegen ein reges Treiben. Vor allem in den Residenzen der Könige pulsierte das Leben. Die Einwohnerschaft war international und umfasste auch jene Fremden, die von den Königen verschleppt worden waren und die als billige Arbeitskräfte herangezogen wurden. Da die Städte die Zentren von Wirtschaft und Handel bildeten, entwickelte sich in ihnen eine erstaunliche berufliche Vielfalt. Gefragt waren insbesondere Architekten und Kunsthandwerker. Das lag nicht allein an den vielen Bauprojekten der Könige. Auch die Reichen und Adligen achteten sehr auf standesgemäßes Wohnen und versuchten, sich in der luxuriösen Ausstattung ihrer Villen und Paläste gegenseitig zu überbieten.

Innerhalb der Familie hatten die Frauen wenig zu sagen. Die Ehefrau gehörte zum Besitz des Mannes. Hart waren die bereits aus mittelassyrischer Zeit bekannten Gesetze. Dort heißt es beispielsweise: „Ein Mann darf seine Frau schlagen, er darf ihr die Haare ausreißen, ihre Ohren verdrehen und verletzen. Daran ist nichts Unrechtes." Bei Frauen, die eine Abtreibung vorgenommen hatten, machten die Assyrer ihrem Ruf der Grausamkeit alle Ehre: Zur Strafe für dieses Vergehen wurden sie gepfählt, und ihre Körper durften anschließend nicht bestattet werden.

DIE ASSYRER AUF KRIEGSZUG

Allein die Zahl der Kämpfer war beeindruckend: 20 000 Fußsoldaten, ausgerüstet mit Dolchen und Schwertern aus Eisen, und 12 000 Reiter, bewaffnet mit Pfeil und Bogen, konnte der König ins Gefecht schicken. Die Überlegenheit der Assyrer ergab sich auch aus dem geschickten Einsatz von Streitwagen, die jeweils von drei Männern gesteuert wurden. Bestens vorbereitet war man weiterhin auf die Belagerung und Einnahme von Städten. Kaum eine Stadtmauer konnte dem schweren Kriegsgerät der Assyrer standhalten, die mit sechsrädrigen Sturmböcken und mit Leitern anrückten. Auf denen kletterten dann wagemutige Krieger hoch, die mit Spitzhacken und Brechstangen die Mauern bearbeiteten und auseinander stemmten.

Durch die Kriegsbeute und die regelmäßig eingehenden Tribute der unterworfenen Völker und Städte waren die Schatzkammern gut gefüllt. So nutzte der König die Gelegenheit zu einer sinnvollen Investition, die sich außerdem dazu eignete, seinen persönlichen Ruhm zu vermehren. Nördlich von Assur gründete er bei dem Ort Kalach, dem heutigen Nimrud, eine neue Hauptstadt. Tausende von Zwangsarbeitern, in der Regel Kriegsgefangene, wurden eingesetzt, um das ehrgeizige Projekt Wirklichkeit werden zu lassen.

Den Mittelpunkt bildete eine prächtige Palastanlage. Der König vergaß aber auch nicht, durch andere Attraktionen auf seine neue Residenz aufmerksam zu machen. So konnte das erstaunte Publikum einen Naturpark mit einem zoologischen Garten bewundern, in dem exotische Tiere wie Löwen, Strauße und Affen gehalten wurden. Die offizielle Einweihung der Residenz feierte der König 879 v. Chr. mit einem Fest, das alles bisher Gekannte in den Schatten stellte. Wie es heißt, durften die 70 000 geladenen Gäste zehn Tage lang auf Kosten des Königs nach Herzenslust essen und trinken.

Als Assurnasirpal 859 v. Chr. starb, kontrollierten die Assyrer bereits wieder das gesamte nördliche und mittlere Mesopotamien. Doch die Assyrer waren weit davon entfernt, sich mit dem Erreichten zufrieden zu geben. Unter den Nachfolgern Assurnasirpals dehnten sie ihren Einfluss weiter aus. Das Ziel der neuen Operationen bildeten vor allem Syrien und Palästina. Dorthin hatte bereits Assurnasirpal seine Fühler ausgestreckt. Die Könige erhofften sich eine Kontrolle über die lukrativen Handelswege, die von Euphrat und Tigris zum Mittelmeer führten. Damaskus konnte zwar nicht unterworfen werden, dafür kam aber das Heilige Land über Vasallenfürsten unter die Herrschaft der Assyrer.

Die Sicherung der Macht

Die vielen Erfolge brachten allerdings auch Schwierigkeiten mit sich. Die Statthalter, die in den besetzten Gebieten die Interessen der assyrischen Zentrale wahrzunehmen hatten, gewannen zunehmend an Bedeutung. Ihre Loyalität zum jeweiligen König hing entscheidend davon ab, wie stark oder schwach der jeweilige Herrscher war. Da nutzte es wenig, dass sich die Regenten in die Obhut der Götter begaben und Orakel und Zaubersprüche verbreiten ließen, die die Zustimmung der Götter zu ihren Taten zum Ausdruck bringen sollten. Die Nachfolger Assurnasirpals vernachlässigten das Reich, und prompt versuchten einige Statthalter, die Gunst der Stunde zu nutzen und ihren eigenen Einfluss im Staat zu steigern.

Wieder auf Kurs wurde das von Bürgerkriegen erschütterte Reich der Assyrer von Tiglatpileser III. (745–727 v. Chr.) gebracht, der zu den großen Herrscherpersönlichkeiten des alten Orients gezählt wird. In der Tat ist mit seinem Namen die Begründung eines Großreiches verbunden – mit Dimensionen, die es dem König erlaubten, sich als „König der vier Weltgegenden" zu bezeichnen. Bei seinem Tod herrschten die Assyrer nun nicht nur in Nordsyrien, Damaskus und Gaza, sondern auch über das südliche Mesopotamien. 729 v. Chr. ließ Tiglatpileser sich unter dem Namen Pulu zum König von Babylon krönen.

Ermöglicht wurden diese großen Erfolge der Assyrer hauptsächlich durch eine weitere Heeresreform. Tiglatpileser schuf damit die modernste Armee der damaligen Welt. Nirgends gab es bis dahin ein stehendes Heer. Immer wurden die Soldaten zu den Waffen gerufen, wenn gerade ein Feldzug anstand oder wenn man sich zu verteidigen hatte. Tiglatpileser sorgte dafür, dass ein Teil der Armee die ganze Zeit einsatzbereit war. Auf diese Weise konnte man im Bedarfsfall eine Stadt drei Jahre lang belagern, ohne ständig Soldaten und Material auswechseln zu müssen.

Außerdem perfektionierte der König die

Löwenträger
Der Mann mit dem Löwen um die Schultern und dem Widder an der Hand ist ein Beispiel für die Qualität des assyrischen Kunsthandwerks.
Im Hintergrund der Palast von Dur-Scharrukin.

Der Glanz von Ninive
Das Bild vermittelt einen Eindruck von der Pracht der Metropole des Königs Sanherib.

Militärtechnik und legte überall im Reich Festungen an.

Aufgrund der umsichtigen Maßnahmen Tiglatpilesers konnten seine Nachfolger die Eroberungspolitik fortsetzen. Die Assyrer waren jetzt auf dem Höhepunkt ihrer Macht. Jeder König konnte seine persönliche Erfolgsbilanz vorweisen. Sargon II. (722–705 v. Chr.) gewann beispielsweise das Reich von Urartu, bekämpfte die Meder und besiegte die Ägypter. Nach dem Vorbild des Assurnasirpal setzte er sich mit der Gründung der neuen Hauptstadt Dur-Scharrukin, was so viel heißt wie Sargonsburg, ein architektonisches Denkmal. Inschriften kündeten hier von seinen Großtaten. Wie ein Buchhalter notierte er dabei die Zahl der von ihm während der Kriegszüge verschleppten Gegner: „27 290 Leute, die in dieser Stadt wohnten, führte ich fort." Sein Sohn Sanherib (704–681 v. Chr.) unterwarf Juda mit der Metropole Jerusalem und zerstörte das unbotmäßig gewordene Babylon. Das Blutbad, das er hier unter der Bevölkerung anrichtete, erschien selbst für assyrische Verhältnisse grausam.

Unter Sanherib wurde Ninive zu einer prächtigen Königsresidenz ausgebaut. Mit dem ihm eigenen Sinn für Großspurigkeit wollte er aus dieser alten Stadt ein Juwel machen, das alles andere in den Schatten stellte. Überragt wurde die erneuerte Stadt vom Palast des Königs. Und in der Tradition eines Assurnasirpal sorgte er auch dafür, dass Bewohnern und Besuchern inmitten der Stadt ein Naturerlebnis der besonderen Art beschert wurde. Überall entstanden Parks und Gärten, und außerhalb der Stadtmauern ließ er Obstgärten, Olivenhaine und Weinberge anlegen.

Nach der Ermordung Sanheribs, deren genaue Hintergründe nie geklärt werden konnten, folgte ihm sein Sohn Asarhaddon auf den Thron. Noch einmal unternahmen die Assyrer unter seiner Herrschaft Eroberungen im großen Stil. Nachdem es gelungen war, Ägypten und Nubien zu unterwerfen, wies das Assyrische Reich die größte Ausdehnung in seiner Geschichte auf.

Die Pflege der Kultur

„Ich bin Assurbanipal, der König der Welt, der König von Assyrien. In meiner fürstlichen Lust packte ich einen Löwen der Wüste bei seinem Schweif, und auf Geheiß des Ninib und Nergal, der Götter, meiner Herren, spaltete ich mit der Doppelaxt meiner Hände seinen Schädel." Mit diesen Worten preist Assurbanipal, der 669 v. Chr. die Nachfolge Asarhaddons angetreten hatte, auf einer Inschrift seine kämpferischen Qualitäten. Der Text dient als Erklärung einer Reliefdarstellung, die den König in der von ihm geschilderten Szene zeigt. Mit dieser Präsentation setzte er sich ganz in die Tradition seiner Vorgänger, die nicht müde wurden, ihre kriegerischen Fähigkeiten und ihre Erfolge in der Öffentlichkeit zu verbreiten.

In einer weiteren Prunkinschrift zeigt sich derselbe Assurbanipal jedoch von einer ganz anderen Seite: „Ich löse die kompliziertesten Divisions- und Multiplikationsaufgaben. Ich las die kunstvolle Schrifttafel von Sumer und das dunkle Akkadisch, das schwer zu meistern ist. Ich verstehe den Wortlaut von Steinen, die aus der Zeit vor der Sintflut stammen." Der König gibt sich hier nicht als kraftstrotzender Herrscher, sondern als gelehrter Mann. Tatsächlich spiegeln diese beiden Selbstzeugnisse den Spagat wider, den Assurbanipal in seiner langen Regierungszeit, die bis 626 v. Chr. dauerte, zu vollbringen hatte. Einerseits war er als Führer eines Großreiches gezwungen, die Politik seiner Vorgänger fortzusetzen. Das bedeutete, dass er Kriege zu führen hatte und das Reich zusammenhalten musste. Andererseits verkörperte dieser Monarch in besonderer Weise einen Aspekt der assyrischen Kultur, der gerne übersehen wird, wenn man nur auf Grausamkeit und Brutalität bei der Kriegführung achtet. Sein Beispiel zeigt, dass die Assyrer nicht jene kulturlosen Barbaren gewesen sind, für die sie von ihren altorientalischen Widersachern meist gesehen wurden.

Die Bibliothek in Ninive

Als eine kulturelle Pionierleistung des Assurbanipal ist vor allem die große Bibliothek zu nennen, die er in der Residenzstadt Ninive begründete. Archäologen fanden in den Ruinen des Palastes über 25 000 Tontafeln mit den unterschiedlichsten Texten, die der König hier gesammelt hat: Lehrgedichte, Mythen, Fabeln, Epen, medizinische und astronomische Fachliteratur, Hymnen und Gebete. Zum Inventar der Bibliothek des Assurbanipal gehörte auch das bis heute berühmteste Epos der altorientalischen Literatur. Auf 12 Tafeln mit etwa 3000 Versen ist die umfangreichste und vollständigste Fassung des so genannten Gilgamesch-Epos erhalten, die Sage von der Suche des Herrschers von Uruk nach bleibendem Ruhm.

Wenn er auch kaum die Gelegenheit gehabt haben dürfte, alles zu lesen, was sich in seiner Bibliothek befand – das Gilgamesch-Epos kannte ein kluger Mann wie Assurbanipal zweifellos. Ebenso wie Uruk strebte auch er nach bleibendem Ruhm, nicht anders als alle seine Vorgänger. Und doch ist in politischer Hinsicht mit seinem Namen der beginnende Niedergang des Assyrerreiches verbunden. Denn unter seiner Herrschaft ging Ägypten wieder verloren.

Besonders zu schaffen machte dem König der Aufstieg der Babylonier, die es geschickt verstanden, die unter den Assyrern leidenden Völker und Stämme für ihre eigenen machtpolitischen Ziele einzuspannen. Zwar konnte Assurbanipal mit der Eroberung Babylons 648 v. Chr. noch einmal einen spektakulären Erfolg erringen. Doch als er 626 v. Chr. starb, brachen Bürgerkriege aus, weil seine Nachfolger sich der gewandelten Situation nicht gewachsen zeigten. Die Babylonier hatten jetzt leichtes Spiel. Zusammen mit den Medern setzten sie zum vernichtenden Schlag an. Mit der Zerstörung von Ninive im Jahr 612 v. Chr. war die Geschichte der Assyrer für immer beendet.

Vornehme Dame
Phönizische Handwerker fertigten für Sargon II. diesen Frauenkopf aus Elfenbein an. Er diente als Dekoration eines Möbelstückes.

Die Zeit der großen Meister – die Zhou

Während der Bronzezeit zerfiel China in viele Herrschaftsgebiete. Trotz des ständigen Kriegszustands zwischen diesen Reichen erlebten Kunst, Kultur und Philosophie eine Blütezeit.

Rundspiegel aus Bronze
Auf dem kostbaren Spiegel aus dem 8.–6. Jh. v. Chr. erkennt man eine Tigerin, die mit sieben kleinen Tigern trächtig ist.

Im frühen 8. Jh. v. Chr. bildete die Ebene, durch die sich der breite Gelbe Fluss wälzt, das Zentrum der chinesischen Welt. An seinen Ufern lagen Felder, auf denen Hirse und Gerste angebaut wurden, und aus einfachen Lehmhäusern errichtete Dörfer. Dazwischen erhoben sich von hohen Lehmmauern umgebene Städte. Von hier aus kontrollierten einflussreiche Adelsgeschlechter, die ihre Macht auf Bronzewaffen und Streitwagen stützten, das Land. Händler aus weit entfernten Gebieten kamen in diese Herrschaftszentren, und die engen Straßen waren erfüllt vom Lärm aus den Werkstätten der Bronzegießer, wo man Waffen und reich verzierte Bronzegefäße fertigte. Mit diesen wurden die Tempel ausgestattet, in denen der Ritteradel den Dienst an den Göttern und den Ahnen vollzog. Der Adel war einem König untertan, der den Titel *tianzi*, „Himmelssohn", trug und aus der Zhou-Dynastie stammte, die um die Wende des 1. Jt. v. Chr. die Shang-Könige abgelöst hatte.

Doch die auf Unabhängigkeit bedachten lokalen Fürsten eroberten 771 v. Chr. mithilfe des Steppenvolks der Quanrong die Zhou-Hauptstadt Hao. Dies bedeutete das Ende der so genannten Westlichen Zhou-Dynastie. Die Herrscherlinie war damit aber nicht ausgestorben, und die nachfolgenden Könige verlegten ihre Hauptstadt in das weiter östlich gelegene Chengzhou. Nun regierte von 770 bis 256 v. Chr. die Östliche Zhou-Dynastie. Doch die politische Macht dieser Könige war gebrochen, sie standen nun in völliger Abhängigkeit von ihren ehemaligen Lehnsleuten. Ihre Rolle beschränkte sich ausschließlich auf eine zeremonielle Funktion. Die ehemaligen Untergebenen waren nun unabhängige Herrscher in ihren Reichen und verteilten Land und Befehlsgewalt an ihre Familienmitglieder.

BARBAREN BEEINFLUSSEN DIE CHINESISCHE KULTUR

Um 700 v. Chr. hatten sich in der nordchinesischen Tiefebene zwölf größere und eine Vielzahl kleinerer Reiche herausgebildet, die sich als die *zhongguo*, die „Staaten der Mitte", bezeichneten. Das Reich der Zhou und die daraus hervorgegangenen Staaten dehnten sich damals über ein Gebiet aus, das noch lange nicht die Größe des heutigen China besaß. Das südlichste Reich Yue lag südöstlich der Yangzimündung in der heutigen Provinz Zhejiang. Yue und andere in diesen Grenzregionen liegenden Reiche wurden anfangs als „halbbarbarisch" angesehen, doch mit der Ausbreitung der chinesischen Kultur rechnete man auch sie später zum Kreis der „Mittelstaaten". Jenseits davon befand sich die „Welt der Barbaren": Im Norden und Nordosten waren dies die nomadischen Reiter-

Glocken für die Ewigkeit
Bronzene Glocken gehörten zum Totenkult. Sie wurden zu Ehren der Ahnen geläutet, wie die obige Darstellung auf einem Metallgefäß zeigt.

völker der zentralasiatischen Steppen, die immer wieder raubend und plündernd die Staaten der Grenzregion heimsuchten. Der tropische Süden war von Stämmen bewohnt, die die Chinesen als Man-Völker bezeichneten. Obwohl der mit dichtem Dschungel bedeckte Süden gefährlich erschien, trieben Chinesen mit den hier ansässigen Stämmen regen Handel. Die chinesischen Händler boten Stoffe, Werkzeuge und Waffen aus Gusseisen und Bronze an und erhielten dafür Edelsteine, Bambus und Rhinozeroshäute.

Der Kontakt mit dieser barbarischen Welt erwies sich für China als fruchtbar – vieles, was heute als typisch chinesisch gilt, fand zu jener Zeit Eingang in die chinesische Kultur. Der Anbau von Reis auf bewässerten Feldern stammt zweifellos aus dem Süden, während man von den Bewohnern der nördlichen Steppen in der Kunst viele Motive des so genannten Tierstils übernahm. Aus den Steppen Zentralasiens gelangte auch die neue Waffengattung der berittenen Bogenschützen samt zugehöriger Reitkleidung, beispielsweise der Hose, nach China.

Die in China entstandenen Fürstenstaaten befanden sich in ständiger Rivalität miteinander. Dabei kam es zu Kriegen, Eroberungen sowie wechselnden Bündnissen und Machtverhältnissen. Bis etwa 500 v. Chr. hatten sich sieben große Staaten herausgebildet: Han, Wei, Zhao, Qi, Yan, Qin und Chu. Ihre fortdauernden Kriege sollten die Jahrhunderte von 453 bis 221 v. Chr. prägen. In der chinesischen Geschichte wird diese Periode als *zhanguo*, die „Zeit der Streitenden Reiche", bezeichnet. Doch trotz der Feindseligkeiten erreichte die chinesische Kultur auf den Gebieten der Wissenschaft, Kunst und Philosophie neue Höhepunkte.

Die Fürstenhöfe erblühen

Trotz aller Gegensätzlichkeiten untereinander entwickelten sich die Fürstenstaaten im Inneren sehr ähnlich. An der Spitze jedes Reiches stand ein Fürst, der sich nun zunehmend vom System der Lehensvergabe an den Hochadel abwandte. Denn die so entstandenen Abhängigkeitsverhältnisse waren von Untergebenen zu oft genutzt worden, um selbst die Herrschaft an sich zu reißen. Nun vertrauten die Fürsten Beratern aus dem niederen Adel. Gleichzeitig gründete man philosophisch-religiöse Schulen, die sich mit allen den Staat betreffenden Fragen auseinander setzten. Dazu entstanden geschichtliche, religiöse und vor allem philosophische Schriften, die bis heute einen guten Einblick in die Welt der chinesischen Bronzezeit geben.

Die prächtigen Residenzen waren Anziehungspunkt zahlreicher wandernder Gelehrter. Die Fürsten förderten die Gelehrsamkeit, um bei militärischen, technischen und wirtschaftlichen Entwicklungen einen Vorsprung gegenüber ihren Gegnern zu haben. In dieser kriegerischen Epoche hatten besonders militärische Neuerungen weit reichende Folgen. Bis zum 6. Jh. v. Chr. bildeten Adelige auf Streitwagen das Hauptaufgebot eines Heeres. Das aus Bauern bestehende leicht bewaffnete Fußvolk spielte eine untergeordnete Rolle. Daher spielten sich die Kämpfe in einem überschaubaren Rahmen ab. Doch dies änderte sich mit der zunehmenden Größe der an den Kämpfen beteiligten Staaten. Von nun an stellte die Infanterie die Hauptwaffengattung dar und die Größe der Heere wuchs. Ritterlichkeit gegenüber dem Gegner gehörte der Vergangenheit an, was zählte, war allein der Sieg. Dabei wurden auch raffinierte Täuschungsmanöver angewandt, indem man zum Beispiel Streitwagen mit nur einem Lenker und lebensechten Puppen besetzte.

HINTERGRUND

Die 100 Schulen der großen Meister

Die Zeit der Streitenden Reiche gilt als Blütezeit der chinesischen Philosophie. Es entwickelten sich unterschiedlichste, bis heute wichtige Denkrichtungen, bekannt als „Die 100 Schulen". Berühmtester Denker war Konfuzius. Seine Idee eines Staates, der auf Moral, Religion und geordneter Machtausübung basiert, wurde richtungsweisend. Der Taoismus war eine mehr mystische, auf religiösen Vorstellungen basierende Bewegung. Bedeutend waren auch die Pazifisten des Mo Zi. Die Staatstheorie der Legalisten, der „Gesetzesschule", gewann Gewicht beim Aufbau des Einheitsreichs.

Von der Bronze- in die Eisenzeit

Da feindliches Territorium erobert und besetzt werden musste, war die Belagerung befestigter Städte unvermeidlich. Auch hierfür entwickelte man besondere Taktiken und Waffen, z. B. die Armbrust. In einer Schlacht zwischen dem Staat Qin und dem Reich Wei, die 341 v. Chr. stattfand, setzte der General von Qin erstmals 10 000 Armbrustschützen in der offenen Feldschlacht ein. Durch den Pfeilhagel wurde die feindliche Armee aufgerieben. Derartige Massenheere benötigten natürlich die entsprechende Menge an Lebensmitteln und Versorgungsmaterial, und so ist es nicht weiter erstaunlich, dass in diese Periode auch zahlreiche wirtschaftliche sowie technische Entwicklungen fallen. China befand sich zwar immer noch in der Bronzezeit, doch in zunehmendem Maß begann sich die Eisenverarbeitung durchzusetzen. Da große Mengen an Werkzeug benötigt wurden, fertigte man dieses bereits in einer Art Massenfabrikation aus Gusseisen. Das Verfahren des Eisengusses war wegen der fortgeschrittenen Bronze- und Keramiktechnologie, bei der man gelernt hatte, höchste Temperaturen zu erzeugen, revolutionär. Da Gusseisen für Werkzeuge zu brüchig ist, entwickelte man ein neues Verfahren, mit dem einsatzfähiges Arbeitsgerät hergestellt werden konnte. Die Qualität von Schmiedestahl erreichte man aber nicht, und so wurden Waffen weiter geschmiedet.

Nun setzten sich riesige, mit neuen Werkzeugen ausgestattete Arbeiterheere in Bewegung, um gewaltige Bauprojekte in Angriff zu nehmen. Die einzelnen Staaten begannen damit, entlang besonders gefährdeter Grenzgebiete riesige Wallanlagen aus

Meister der Bronze
Die Bronzestatue eines mongolischen Jungen, der seine Vögel präsentiert.

Schmuck oder Waffe?
Der Dolch mit seinem ornamentalen Griff aus Gold und Türkis zeigt die hohe Kunstfertigkeit der Waffenschmiede aus der Östlichen Zhou-Dynastie.

gestampftem Lehm zu errichten. Diese entstanden sowohl an den Grenzen der nördlichen Staaten, um sich gegen die Einfälle der Steppenvölker zu schützen, als auch innerhalb Chinas.

Fortschritt und Wohlstand durch Wissenschaft

Auch die Erschließung neuer Ackerflächen erforderte den intensiven Einsatz von Werkzeugen. Sümpfe wurden trockengelegt, versalzte Böden entwässert und große Bewässerungsanlagen angelegt. Gleichzeitig entwickelten sich wissenschaftliche Ansätze in der Landwirtschaft, was den Einsatz von Dünger, die Unterscheidung von Bodenarten und die Beachtung des richtigen Zeitpunkts der Feldarbeiten zur Folge hatte. Nun waren Hungersnöte weitgehend ausgeschlossen. Und die Bauern waren jetzt nicht mehr ihrem Lehnsherrn verpflichtet, sondern zahlten ihre Steuern in Form von Naturalabgaben direkt an den Staat.

Der Reichtum eines Staates beruhte aber nicht allein auf einer florierenden Landwirtschaft. So entstanden Bergwerke, in denen Metalle und Salz abgebaut wurden, der Fischfang wurde intensiviert, und die nördlichen Staaten widmeten sich der Pferdezucht. Dies ließ den Handel erblühen, und zahlreiche Kaufleute zogen mit den Erzeugnissen ihrer Heimatgebiete in fremde Städte. Eine Folge dieses ausgedehnten Handels war im 5. Jh. v. Chr. das Aufkommen des ersten Metallgelds.

Die Fäden dieser erfolgreichen Wirtschaftspolitik liefen am Hof des jeweiligen Herrschers zusammen. Zu dieser Zeit wuchs die Größe der Städte beträchtlich an, was sich auch an der Erweiterung der Stadtmauern widerspiegelt. Die Städte waren meist rechtwinklig angelegt und nach den Himmelsrichtungen ausgerichtet, wobei die wichtigsten Gebäude wie Paläste und Tempel entlang der Nord-Süd-Achse lagen. Die Fürsten residierten hier in ihren prächtigen Palästen, die man auf terrassenartigen, erhöhten Lehmfundamenten errichtet hatte. Darüber erhob sich eine aufwändige Holzkonstruktion aus mächtigen Balken, die das mit Ziegeln gedeckte Dach trug. Die Zwischenwände bestanden aus luftgetrockneten Lehmziegeln oder Stampflehm.

Vor den Palästen erstreckten sich die Viertel der Handwerker. Darunter lebten hoch geachtete Meister in der Kunst der Töpferei, der Waffen- und Stellmacherei sowie des Bronzegusses, die die Geheimnisse ihres Handwerks sorgfältig hüteten. Besonders die Waffenschmiede erwiesen sich als äußerst erfindungsreich, was in dieser kriegerischen Zeit nicht verwunderlich ist. Ihnen gelang es, durch neue Legierungstechniken und der Anwendung der in Europa erst in der Moderne bekannten Verchromung extrem haltbare und scharfe Bronzeschwerter herzustellen. Die Schwertmeister erfeuten sich hoher Achtung von Seiten der Fürsten, und sie verstanden sich auch auf die neue Technik des Schmiedens eiserner Schwerter. Diese Waffen hatten eine so hervorragende Qualität, dass ihnen Namen gegeben wurden und sie weit über die Grenzen hinaus berühmt waren.

Der erste Kaiser von China

Auch die Bronzegießer schufen zu dieser Zeit nahezu unübertroffene, mit Motiven mythischer Tiere reich verzierte Gefäße, die in Pälasten und im Ahnenkult Verwendung fanden. Doch die Zeit der unabhängigen Staaten sollte bald vorüber sein. Das Reich Qin schickte sich an, die Vormachtstellung zu übernehmen, und eroberte einen Staat nach dem anderen.

256 v. Chr. war die nur noch dem Namen nach bestehende Herrschaft der Östlichen Zhou-Dynastie dann endgültig vorbei. Im Jahr 221 v. Chr. proklamierte sich der Fürst von Qin als Qin Shihuangdi zum ersten Kaiser eines vereinigten China.

Blütezeit Neubabylons

Unter Nebukadnezar II. knüpfte das Reich von Babylon noch einmal an seine frühere Größe an. Mit der Erweiterung der politischen Macht gingen die Befestigung und der prachtvolle Ausbau der Hauptstadt einher.

Mit dem 7. September des Jahres 605 v. Chr. brach für das ruhmreiche Land zwischen Euphrat und Tigris eine neue Ära an. An diesem Tag bestieg der junge Nebukadnezar II. als Nachfolger seines Vaters Nabupolassar den Thron in der Hauptstadt Babylon. In den 43 Jahren seiner Herrschaft war das von ihm regierte Reich, nach anfänglichen Problemen, die unangefochtene Führungsmacht im Vorderen Orient. Damit trat Nebukadnezar II. in die Fußstapfen des großen Hammurabi, der viele Jahrhunderte zuvor als erster König von Babylon im Zweistromland regiert hatte.

Nebukadnezar hatte allerdings auch das Glück, dass bereits sein Vater Nabupolassar eine tatkräftige Persönlichkeit gewesen war. Er hatte den Grundstein zum Aufstieg des Neubabylonischen Reiches gelegt, indem er eine große Völkerkoalition gegen die kriegerischen Assyrer geschmiedet hatte, die bis dahin die Großmacht in der Region gewesen waren. Zusammen mit den iranischen Medern eroberten die babylonischen Heere des Nabupolassar die assyrischen Residenzen Assur (614 v. Chr.) und Ninive (612 v. Chr.). Damit waren die Karten im Spiel um Macht und Einfluss neu gemischt worden. Jetzt waren die Babylonier im Vorteil.

Doch zur unumstrittenen Herrschaft war es ein langer und dorniger Weg. Nebukadnezar kam nach dem Tod des Vaters zunächst die undankbare Aufgabe zu, die neu erworbene Macht zu sichern. Schwierigkeiten gab es in der Tat genug. Insbesondere der Pharao in Ägypten nahm die Vorgänge in Mesopotamien mit großem Misstrauen zur Kenntnis.

Die Löwen von Babylon
Einer der 120 Löwen aus glasierten Ziegeln von der großen Prozessionsstraße in Babylon

Schon mit den Assyrern hatte er sich ständig um den Besitz von Syrien gestritten. Wie es der Potentat vom Nil vorausgesehen hatte, richtete nun auch Nebukadnezar sein Augenmerk auf dieses wirtschaftlich und strategisch interessante Land. Immer wieder kam es in der Folgezeit zu erbitterten militärischen Auseinandersetzungen, die für den babylonischen König allerdings auch eine unangenehme Nebenwirkung hatten.

Die Macht des Gottes
Zepter aus dem Marduk-Tempel von Babylon, dem Tempel des obersten Gottes im Babylonischen Reich. Entsprechend majestätisch waren die mit ihm verbundenen Kultsymbole.

Das Babylonische Exil

In Palästina brach ein Konflikt mit den Juden aus. Deren schwacher König Jojakin sah in dem Streit zwischen dem Pharao und Nebukadnezar eine gute Gelegenheit, sich aus der Abhängigkeit von den Babyloniern zu befreien. Und so weigerte sich Jojakin, die fälligen Tribute an die Oberherren zu entrichten. Doch der König vom Euphrat nahm die Herausforderung an und reagierte mit der für ihn typischen Entschlossenheit. Er schickte eine Armee nach Jerusalem, und nach dreimonatiger Belagerung fiel die Hauptstadt der Juden schließlich. Zur Strafe wurden 597 v. Chr. etwa 3000 Menschen nach Babylon deportiert.

Zehn Jahre später sollte es für die Juden noch schlimmer kommen. Nach abermals aufflammenden Unruhen schickte Nebukadnezar wieder Soldaten nach Jerusalem, das 587 v. Chr. erobert wurde. Dabei zerstörten die Babylonier auch den Tempel aus der Zeit des Königs Salomo. Und wiederum wurden Tausende von Juden ins Zweistromland deportiert, wo sie das berühmte „Babylonische Exil“ zu erleiden hatten, aus dem sie erst Jahrzehnte später von dem persischen Großkönig Kyros befreit werden sollten. Für die Juden wurde der babylonische König wegen dieser Ereignisse zum Inbegriff eines grausamen und gewalttätigen Despoten. In seinem Reich selbst aber wurde er als erfolgreicher Militär und Architekt der neuen babylonischen Großmacht gefeiert.

ZEITZEUGEN

Tatkräftiger und umsichtiger Herrscher seiner Zeit

Der babylonische Marduk-Priester Berossos, der im 4.–3. Jh. v. Chr. wirkte, beschrieb in seinem dreibändigen Geschichtswerk den Machtantritt Nebukadnezars 605 v. Chr. mit folgenden Worten:

„Nun geschah es, dass Nabopolassar zu dieser Zeit erkrankte und in der Stadt der Babylonier sein Leben aushauchte, nachdem er 21 Jahre lang König gewesen war. Als bald darauf Nebukadnezar vom Tod seines Vaters erfuhr, brachte er die Angelegenheiten Ägyptens und des übrigen Gebiets zum Abschluss und befahl …, die jüdischen, phönizischen und syrischen Gefangenen, dazu die von den ägyptischen Völkerschaften, zusammen mit den Schwerbewaffneten und dem Tross nach Babylonien zu geleiten. Dort waren inzwischen seine Angelegenheiten von den Chaldäern verwaltet … worden. Nun übernahm Nebukadnezar sie und damit das gesamte Reich seines Vaters. Dann ordnete er an, den Kriegsgefangenen nach ihrem Eintreffen Siedlungen in den dazu am besten geeigneten Landstrichen Babyloniens anzuweisen. Er selbst aber gab dem Heiligtum des Bel und anderen reichlich aus der Kriegsbeute und fügte zu der seit alters bestehenden Stadt Babylon einen neuen Stadtteil hinzu.“

Nebukadnezar habe dann, so berichtet Berossos weiter, eine doppelte Stadtbefestigung mit prächtigen Toren und einen prunkvollen Palast errichten lassen.

Babylon – die Stadt zwischen Himmel und Erde

Nebukadnezar aber wollte nicht nur als ein großer Kriegsfürst und politischer Organisator in die Geschichte eingehen. Allmählich wurde die Lage an den Grenzen ruhiger, sodass er sich endlich anderen Aufgaben zuwenden konnte. Vor allem träumte er davon, seine Residenzstadt Babylon zur prachtvollsten Metropole des gesamten Orients auszubauen, um sich selbst und seinem Volk ein ewiges Denkmal zu setzen. Dieser Plan resultierte nicht zuletzt aus dem Anspruch der Babylonier, der Mittelpunkt der Welt zu sein.

Die finanziellen Voraussetzungen für die Verwirklichung dieser Ideen waren ideal, denn dank der Tribute, die aus den unterworfenen Gebieten in hoher Zahl eingingen, waren die königlichen Schatzkammern prall gefüllt.

Außerdem hatten die Babylonier Talent zum ertragreichen Wirtschaften. Die von Archäologen entdeckten Keilschrifttexte aus der Zeit des Nebukadnezar zeugen von einem ausgeklügelten, auf Profit ausgerichteten Wirtschaftssystem, in dem der Einsatz von Sklaven eine wichtige Rolle spielte. Diese unfreien Arbeiter hatten sich besonders um die Pflege der vom Euphrat abgeleiteten Bewässerungskanäle zu kümmern, die für gute Ernten von großer Bedeutung waren. Eine wichtige Einnahmequelle bildeten überdies die weit reichenden Handelsbeziehungen, die der Staat unterhielt. Schließlich stellten auch die Priesterschaften einen nicht unwesentlichen Wirtschaftsfaktor dar, zumal sich fast die Hälfte des Landes in ihrem Besitz befand. Von einer äußerst florierenden Wirtschaft zeugt auch die Vielzahl der in den Keilschrifttexten erwähnten Berufe. Hierbei reichte die Spanne von Bäckern und Kupferschmieden über Vogelfänger bis hin zu Bierbrauern.

Geld spielte also keine Rolle, als sich der König an das „Projekt Babylon" machte. Dabei hatte die uralte Stadt am Tigris ohnehin schon viel zu bieten. Bereits Hammurabi hatte sich um eine repräsentative Ausgestaltung gekümmert. Er hatte den bis dahin unbedeutenden Gott Marduk zum Hauptgott der Stadt und des Reiches befördert und ihm einen prächtigen Tempel errichten lassen. Der 92 m hohe Stufenturm dieses Heiligtums diente später als historisches Vorbild für den in der Bibel beschriebenen „Turm zu Babel". In der Sprache der Babylonier trug der Tempelturm den Namen „Etemenanki". Die Übersetzung „Fundament von Himmel und Erde" zeugt von dem ehrgeizigen Anspruch, dass die Stadt Babylon die Achse darstellte, die Himmel und Erde miteinander verknüpfe.

Das Ischtar-Tor von Babylon
Das Meisterwerk des Nebukadnezar ist als Rekonstruktion im Berliner Pergamon-Museum zu bewundern.

Eine Mauer für die Ewigkeit

Seine größte Tat vollbrachte der nach dauerhaftem Ruhm strebende König Nebukadnezar mit dem Bau einer monumentalen Stadtmauer. Diese hatte zum einen tatsächlich den nahe liegenden Zweck, die Stadt zu schützen.

Denn wenn das Babylonische Reich zu dieser Zeit auch keinen ernsthaften äußeren Gegner zu fürchten hatte, so wusste der Herrscher nur allzu gut, wie schnell sich die politische und militärische Situation ändern konnte. In der Vergangenheit war die Stadt bereits mehrfach von den Assyrern gestürmt worden. Zum anderen aber kam es dem ruhmsüchtigen Regenten vor allem darauf an, ein von allen bewundertes Werk in die Welt zu setzen. So wurden die besten Architekten und Zehntausende von Arbeitskräften aktiviert, um diesen Wunsch des Königs zu verwirklichen.

In einer Inschrift hat der König seine eigenen Verdienste am Bau der Mauern von Babylon gebührend hervorgehoben und dabei vorsichtshalber nicht vergessen, die Verteidigungsfunktion in den Vordergrund zu stellen: „Damit das Rohr der Schlacht (also feindliche Geschosse) nicht an Imgur-Enlil, die Stadtmauer von Babylon, herankomme, ließ ich, was kein früherer König getan hatte, Babylon über 4000 Ellen Landes … von einer gewaltigen Mauer umgeben, sodass man von ferne nicht herankommen kann. Ihren Graben grub ich und dessen Böschung erbaute ich … berghoch. Ihre weiten Tore fügte ich ein, und Türflügel aus Zedernholz mit einem Überzug aus Bronze errichtete ich in ihnen."

Die Ausgrabungen, die der deutsche Archäologe Richard Koldewey zwischen 1899 und 1917 durchführte, haben wesentliche Erkenntnisse über das Aussehen und über die Ausmaße dieser vom König so gepriesenen Verteidigungs- und Selbstdarstellungsanlage geliefert. Geschützt wurde die Stadt demnach von einer mächtigen doppelten Mauer aus Lehmziegeln mit einer Breite von etwa 7 m. Die Außenmauern hatten eine Länge von nicht weniger als 18 km. In regelmäßigen Abständen hatte man in die Anlage zur besseren Sicht auf die Umgebung Türme eingebaut. Darüber hinaus boten Wassergräben weitere Sicherheit. Bei diesem enormen Aufwand konnten die Bewohner Babylons mit Recht der Meinung sein, dass ihre Stadt uneinnehmbar sei.

Der Wettergott
Der rechts abgebildete Würdenträger ehrt den Wettergott Adad. In den Händen trägt der Gott Symbole von Blitzen. In den Bewässerungskulturen Mesopotamiens war es wichtig, den Wettergott gnädig zu stimmen.

Das Ischtar-Tor von Babylon

Zu einem Prunkstück machte der König das nördliche Haupttor der Stadt. Das 15 m hohe Ischtar-Tor, das man heute in rekonstruierter Form im Pergamon-Museum in Berlin bewundern kann, war eine gewaltige, mit Türmen versehene Doppeltoranlage mit einem tunnelartigen Durchgang von knapp 50 m Länge. Der Name geht auf die Göttin Ischtar zurück, die von den Babyloniern als Göttin der Liebe verehrt wurde. Das Tor an sich war schon beeindruckend genug, doch faszinierte es die Zeitgenossen außerdem durch den üppigen Dekor. Auf dunkelblauem Hintergrund waren insgesamt 575 Stiere und Drachen abgebildet. Da Nebukadnezar nichts

dem Zufall überließ, hatten auch diese Ornamente ihren tieferen Sinn: Der Stier war das Symbol des Wettergottes Adad und der Drachen war wiederum dem höchsten Gott Marduk heilig.

Das war aber noch längst nicht alles, was der König seinem Volk im Zusammenhang mit diesem Tor zu bieten hatte. Es bildete zugleich auch den Mittelpunkt einer sich wiederholenden Zeremonie. Verbunden mit dem Tor war eine große gepflasterte Prozessionsstraße mit einer Breite von 22 m, gesäumt von dicken Mauern und dekoriert mit roten und gelben Löwenreliefs. Hier wurden die Feiern zum Neujahrsfest begangen, und es gehört nicht viel Phantasie dazu, sich vorzustellen, wie der König die Veranstaltung nutzte, um sich und seine Verdienste um das Reich und die Stadt ins rechte Licht zu rücken. Versäumt hat es Nebukadnezar jedenfalls nicht, auf einer Inschrift seinen Anteil an diesem Baukomplex hinreichend, wenn auch mit etwas dürren Worten, zu würdigen: „Die Straße von Babylon füllte ich für die Prozession des großen Herrn Marduk mit einer hohen Aufschüttung auf."

Weltwunder der Antike: die Hängenden Gärten der Semiramis

Gedacht hat der umsichtige Herrscher aber sicherlich auch an die auswärtigen Besucher, die sich der Stadt in Richtung Ischtar-Tor näherten. Sie mussten einfach zu der Überzeugung gelangen, dass sich hinter diesen Mauern die prächtigste Stadt der Welt befand. Und wenn sie das Tor passiert hatten, gab es nichts, was sie von dieser Meinung hätte abbringen können. Denn wo sonst auf der Welt gab es solch breite Straßen, so viele Tempel und Märkte, ein solches geschäftiges Treiben, so viel Glanz und so viel Luxus? Rund 200 000 Menschen haben nach vorsichtigen Schätzungen damals in Babylon gelebt. Mehr Einwohner konnte zu dieser Zeit keine andere Stadt aufweisen.

Neugierig werden viele der Besucher auch auf eine spezielle Attraktion gewesen sein, die man später zu den sieben Weltwundern der Antike zählte. Phantastische Dinge hatte man über die „Hängenden Gärten der Semiramis" gehört. Diese Semiramis war jedoch eine etwas mysteriöse Gestalt. Es handelte sich dabei um eine assyrische Königin, die lange Zeit zuvor, um 800 v. Chr., in Ninive geherrscht hatte. In Babylonien und im Iran soll sie spektakuläre Bauprojekte in Angriff genommen haben. So traute man ihr also zu, auch die Urheberin jener staunenswerten Gartenanlage gewesen zu sein, die zu den Zierden Babylons gehörte und die sich in der Nähe des Palastes des Nebukadnezar befand.

Den Berichten von beeindruckten Zeitzeugen zufolge, die allerdings nicht in allen Punkten übereinstimmen, waren diese Gärten in luftiger Höhe als eine mehrfach gestufte, quadratische Terrassenanlage konstruiert, die auf Gewölben ruhte. Das Wasser zum Gießen der Pflanzen wurde mithilfe eines technisch anspruchsvollen Systems aus dem

Klägliche Reste
Von dem so stolzen Babylon, wo einst der Turm zu Babel in den Himmel ragte, sind nur noch ein paar Ruinen übrig (Bild oben). Wie im gesamten Orient, so war es auch für die Babylonier wichtig, den Willen der Götter zu erkunden. Zu diesem Zweck las man aus den inneren Organen von Stieren (unteres Bild).

Babylonische Weltkarte
Für die Babylonier war die Welt eine Scheibe mit Babylon im Zentrum. Auf dieser frühen Landkarte ist in der Mitte der Euphrat zu erkennen. Der Rest der Welt ist an den Rand gedrängt.

angrenzenden Euphrat geschöpft.

Enttäuscht werden die antiken Besucher jedoch gewesen sein, wenn man sie darüber informierte, dass die Hängenden Gärten in Wirklichkeit wohl nichts mit der legendären Semiramis zu tun hatten. Nach glaubwürdigen Berichten war es niemand anders als der König Nebukadnezar selbst, der in seinem anscheinend nicht zu bändigenden Bestreben, denkwürdige Dinge zu produzieren, dieses Meisterwerk der Gartenbaukunst in Auftrag gegeben hatte. Das bezeugt beispielsweise der Schriftsteller Berossos, der zwar einige Jahrhunderte später lebte, aber über den Vorteil verfügte, aus Babylon zu stammen. Im Übrigen gibt er eine originelle Begründung für das Handeln des Königs: „In dem Palast errichtete er steinerne Anhöhen, gab ihnen eine Gestalt, die der von Bergen sehr ähnlich war, bepflanzte sie mit vielerlei Bäumen und bewerkstelligte und vollendete so den so genannten Hängenden Park, weil es seiner Frau nach bergiger Umgebung verlangte, da sie im Gebiet von Medien aufgewachsen war."

Ein schlecht verwaltetes Erbe

Nebukadnezar hatte zweifellos gehofft, als Begründer einer neuen, vor allem dauerhaften babylonischen Großmacht in die Geschichte einzugehen. Doch mit seinem Tod im Jahr 562 v. Chr. war es mit dem Glanz auch schon wieder vorbei. Es war die überragende Persönlichkeit dieses Herrschers gewesen, die den Staat der Babylonier zusammengehalten hatte. Seine Autorität hatte die Gegensätzlichkeiten überdeckt, die schon bald nach seinem Tod wieder ausbrachen. Hauptsächlich der Adel, die Armee und die mächtigen Priesterschaften des Marduk versuchten nun, jenen Einfluss zurückzugewinnen, den sie in der langen Regierungszeit des Nebukadnezar verloren hatten. So ging es mit dem Babylonischen Reich rapide und unaufhaltsam bergab.

Nach dem Tod Nebukadnezars wurde das Lehrstück aufgeführt, wie man ein großes Reich in nur 23 Jahren zugrunde richten kann. Gemäß dem bei den Babyloniern vorherrschenden dynastischen Prinzip hatte Nebukadnezar seinen Sohn Awil-Marduk zu seinem Nachfolger bestimmt, der aber nur zwei Jahre regierte. Das Ruder übernahm dann der Feldherr und Großgrundbesitzer Neriglissar. Als dieser starb, ergriff sein Sohn die Macht – allerdings geriet er gleich in den Sog des Bürgerkriegs und wurde ermordet. Die Gewinner der Auseinandersetzungen hievten ihren Kandidaten Nabonid auf den Thron. Dieser ernannte, um das Fundament seiner Herrschaft zu sichern, seinen Sohn Belsazar zum Mitregenten. Doch dann beging er einen folgenschweren Fehler, als er sich die einflussreichen Marduk-Priester zu unerbittlichen Feinden machte, indem er sich dem Kult des Mondgottes Sin zuwandte.

Zu der inneren Krise kam eine schwer wiegende äußere Bedrohung. Bei den Persern, den östlichen Nachbarn der Babylonier, war der ehrgeizige Kyros an die Macht gekommen. Dieser hatte kein anderes Ziel, als die Herrschaft über den Vorderen Orient zu übernehmen. Mit seiner schlagkräftigen Armee hatte er keine Schwierigkeiten, die zerstrittenen Babylonier zu besiegen. Als er einen seiner Generäle in deren Hauptstadt schickte, öffnete man ihm, ohne Widerstand zu leisten, die Stadttore und übergab ihm König Nabonid als Gefangenen. Der triumphale Einzug des Perserkönigs Kyros in Babylon Ende Oktober 539 v. Chr. beendete ein glanzvolles Kapitel der Geschichte Mesopotamiens.

Der Ruhm und der große Name ist Babylon aber bis heute geblieben, so wie es sich Nebukadnezar gewünscht hatte. Immerhin hat auch Alexander der Große daran gedacht, die Stadt am Euphrat zur Hauptstadt seines Reiches zu machen. An der Ausführung dieses Planes hinderte ihn nur der frühe Tod, der ihn 323 v. Chr. ausgerechnet in Babylon ereilte.

Indien – Wiege des Buddhismus

Ab dem 4. Jh. v. Chr. gelang es der Maurya-Dynastie, ein indisches Großreich zu errichten, das auch dank dem großen Denker und Reformer Buddha kulturell geeint war.

Wie schön das Leben war! Der junge Prinz Siddhartha Gautama, der wohl 560–480 v. Chr. lebte, genoss seinen morgendlichen Ausritt durch die königlichen Gärten von Kosala am Fuß des mächtigen Himalaja. Vor ihm lagen dichte Wälder und grüne Weiden. Siddharta zügelte sein Pferd und hielt inne, um die wundervolle Umgebung einen Moment lang auf sich wirken zu lassen. Als er weiterritt, erblickte er plötzlich eine menschliche Gestalt, wie er sie noch nie zuvor gesehen hatte: einen ärmlich gekleideten Mann mit runzligem Gesicht, der sich in gebückter Haltung

Der Stupa von Sanchi
Der Kultbau zu Ehren Buddhas ist das älteste erhaltene Bauwerk der indischen Architektur.

Meditierende Buddhas
Höhlenfresken zeugen von der weiten Verbreitung des Buddhismus unter König Ashoka.

nur mühsam Schritt für Schritt voranbewegte. Bis zu diesem Tag hatte es Siddharthas Vater tatsächlich geschafft, seinen mittlerweile 29-jährigen Sohn von allem Leid der Welt fern zu halten und ihm nur die angenehmen Seiten des Daseins zu präsentieren. Kurz nach der Geburt nämlich war dem Knaben der Legende nach prophezeit worden, er werde einmal vier Zeichen erblicken, die ihn mit menschlichem Elend konfrontieren und veranlassen würden, sein privilegiertes Leben hinter sich zu lassen, um als großer Lehrer die Daseinsprobleme neu zu erklären und einen Weg zu ihrer Bewältigung zu finden.

Eine solche Aufgabe empfand der Vater für ein Mitglied der Adelskaste als unwürdig. Deshalb bemühte er sich nach Kräften, die Erfüllung der Prophezeiung zu verhindern – umsonst. Nicht lange und Siddhartha sah erstmals einen Kranken, wenig später einen Leichnam, der zur Einäscherung getragen wurde. Das Leben war voll von Leid, Krankheit und Tod, denen sich letztlich niemand, und sei er auch noch so privilegiert, entziehen konnte. Doch in der tiefsten Verzweiflung über diese plötzliche Erkenntnis entdeckte der junge Prinz schließlich das vierte Zeichen, das ihn wieder ein wenig hoffnungsvoll stimmte: einen Asketen, der nichts anderes als sein schlichtes Gewand besaß, mit dem er seine Blöße bedeckte, und dennoch innere Ruhe und größte Zufriedenheit ausstrahlte. Es schien also doch eine Möglichkeit zu geben, ein erfülltes Dasein zu führen, wenn man nur auf weltliche Dinge wie Macht und Einfluss verzichtete und sich ganz auf sich selbst konzentrierte. Und so tat Siddhartha jenen Schritt, der ihm prophezeit worden war: Er brach mit seinem bisherigen Leben, verließ Frau und Kind, um fortan als Asket durch die Wälder zu streifen, um inneren Frieden und Erleuchtung zu finden.

Hintergrund dieser weit reichenden Entscheidung war der Glaube Siddharthas und seiner indischen Zeitgenossen an die Wiedergeburt des Menschen, so lange, bis sich am Ende das Individuum mit dem göttlichen Geist vereinigen durfte. Doch der Weg dorthin gestaltete sich lang und mühselig, denn da man diesem Ziel nur durch ein tugendhaftes Leben näher kam, musste die Seele in der Regel mehrere Leben durchlaufen. Diese Vorstellung aber war für die meisten Menschen wenig tröstlich. Gerade die Armen empfanden es als äußerst entmutigend, den Mühen und Wechselfällen des Daseins erneut unterworfen zu sein. Gab es denn wirklich keinen Weg, der diesen unerbittlichen Kreislauf durchbrach? Ihre in Ritualen und Opferbräuchen erstarrte brahmanische Religion erwies sich in dieser Hinsicht kaum als hilfreich. Rund 1000 Jahre lang war das Leben auf dem Subkontinent von den Ariern geprägt gewesen, einem indoiranischen Nomadenvolk. Deren Priester, die Brahmanen, hatten das starre Kastensystem etabliert, mit dem sie ihre Herrschaft und die Unterdrückung der Urbevölkerung zementierten. Nun aber war die Zeit reif, um nach neuen Wegen zu suchen!

Aus Siddhartha wird Buddha

Doch strengste Askese, das erkannte Siddhartha schon bald, war keinesfalls der richtige Weg! Der Mensch musste zufrieden und ausgeglichen sein, wollte er zur Erleuchtung finden. Nur so konnte es gelingen, auf dem Weg der Konzentration und Meditation das erlösende Wissen zu erlangen. Nachdem er endlich diesen entspannten Zustand erreicht hatte, begab sich der mittlerweile 35-Jährige der Überlieferung nach unter einen Feigen- oder Bodhi-Baum, wo er so lange meditiert haben soll, bis er sich in jene geistige Ebene versetzen konnte, die als Nirvana bezeichnet wird. Nirvana bedeutet so viel wie Verlöschen, Aushauchen oder Verwehen und ist gewissermaßen das erlösende Nichts. Damit war aus Siddhartha nun Buddha geworden, der „Erleuchtete".

Um diesen Weg zur Erleuchtung durch Konzentration und Meditation auch anderen Menschen zu vermitteln, zog Buddha bis zu seinem 80. Lebensjahr durch die Gangesebene. Er fand zahlreiche Anhänger seiner Lehre, die nicht zuletzt deshalb so erfolgreich wurde, weil sie für jeden Menschen galt, gleich welcher Kaste er gemäß seiner Geburt angehörte. Alle Menschen waren gleich!

König Chandragupta errichtet ein Grossreich

Unterdessen erlebte Indien ein wechselvolles Schicksal. Nachdem bereits 512 v. Chr. die Perser einen Teil des Landes erobert und den Nordwesten zur 20. Satrapie ihres Weltreichs gemacht hatten, wagte sich im 4. Jh. v. Chr. auch der siegreiche Alexander der Große über den Indus, bevor seine erschöpften Soldaten meuterten und den Rückzug erzwangen. Die Begegnung mit einer Weltmacht wie Persien blieb für Indien nicht ohne Folgen. Hatte es bislang in der Gangesebene 16 verschiedene Königreiche gegeben, die miteinander rivalisierten, so gelang es dem ebenso ehrgeizigen wie skrupellosen König von Magadha, Chandragupta Maurya, um 300 v. Chr. ein Großreich zu errichten, das ganz Nord- und Mittelindien umfasste.

Mit dem Sieg über die Seleukiden, die sich nach dem Tod Alexanders des Großen in Ostindien niedergelassen hatten, begann der phänomenale Aufstieg des jungen Abenteurers Chandragupta. Geschickt nutzte er das entstandene Machtvakuum aus und machte sich selbst zum König von Magadha. In den folgenden Jahren eroberte er weite Teile Indiens, sodass sich sein Reich schließlich vom Indus bis zum Golf von Bengalen und tief in den Süden des Subkontinents erstreckte. Auch wenn ihn zeitgenössische Berichte als Tyrannen schildern, der das Land mit eiserner Hand regiert haben soll, so scheint es seinen Untertanen dennoch vergleichsweise gut gegangen zu sein.

Pataliputra, das heutige Patna, die Hauptstadt von Magadha, stieg zur bedeutendsten Metropole des Reiches auf und bot seinen Bewohnern mit zahlreichen Basaren, Gasthöfen, Theatern und Rennbahnen ein abwechslungsreiches Unterhaltungsprogramm. Gleichzeitig strömten Studenten aus dem ganzen Land an die Universität von Taxila, deren medizinische Fakultät den Ruf genoss, die beste in der östlichen Welt zu sein.

Der König konvertiert zum Buddhismus

Seine eigentliche Blütezeit aber erreichte Indien unter der Herrschaft des Chandragupta-Enkels Ashoka, der seinen Herrschaftsbereich bis nach Afghanistan und Belutschistan ausdehnte. Obwohl es ihm gelang, ein effektives Verwaltungssystem zu errichten, mit dem er sein riesiges Reich regierte, so stand doch auch er 8 Jahre lang in dem Ruf, ein sehr grausamer und blutrünstiger Herrscher zu sein, der seine

Kunstvolles Fabelwesen
Die Makara-Skulptur aus der Zeit von 320 bis 185 v. Chr. zeigt das Können der Handwerker.

Ashoka-Säule
Die Säule zählt zu den bedeutendsten Kunstwerken der Maurya-Zeit. Das Löwenkapitell ist heute das offizielle Emblem der indischen Republik.

Untertanen erzittern ließ. Dann aber trat ein Ereignis ein, das ihn veranlasst haben soll, seinen Herrschaftsstil komplett zu ändern: Bei seinem Feldzug nach Kalinga kam es zu einem fürchterlichen Massaker, bei dem Zehntausende starben und ebenso viele deportiert wurden. Die Gewissensbisse, die Ashoka anschließend plagten, bewogen ihn, zum Buddhismus überzutreten und fortan nur noch das Wohl seiner Untertanen im Auge zu haben. Ashoka verdankte der junge Buddhismus, der ursprünglich nur eine Reformbewegung gewesen war, seinen Aufstieg zur Weltreligion. Der Herrscher nahm nicht nur den buddhistischen Glauben an, er setzte sich auch aktiv für dessen Verbreitung ein, indem er Missionare aussandte, die überall auf dem indischen Subkontinent Klöster errichteten. Hier versuchten Buddhas Schüler, die man an ihren rasierten Schädeln und den gelben Gewändern erkennen konnte, abgeschieden von der Welt, den Zustand meditativer Glückseligkeit zu erreichen.

Verbunden mit der Ausbreitung des Buddhismus war das Wiederaufleben des Übersinnlichen, das Buddha selbst strikt abgelehnt hatte. Aber die Menschen, die es von jeher gewohnt waren, zu verschiedenen Göttern zu beten, konnten sich mit einer gänzlich gottlosen Welt nicht abfinden. So schuf der Volksglaube verschiedene „Erleuchtungswesen", so genannte Bodhisattvas, die man kultisch verehren und in Notsituationen um Hilfe bitten konnte. Auch Buddha selbst wurde zum Gegenstand der Verehrung. Der Bodhi-Baum in Gaya, Ort seiner Erleuchtung, entwickelte sich zum Pilgerzentrum. Hatte Buddha einst testamentarisch verfügt, dass sein Leichnam verbrannt und die Asche in alle vier Winde verstreut werden solle, so wurden die sterblichen Überreste Siddhartha Gautamas dennoch zur heiligen Reliquie, die in einem als Stupa bezeichneten Kultbau beigesetzt wurde. Der Stupa war ein halbkugelförmiges massives Steinmonument, das seinen Ursprung in den indoarischen Grabhügeln aus früherer Zeit hatte.

Zum Gedenken an Buddha ließ Ashoka angeblich rund 84 000 solcher Stupas im ganzen Land errichten. Doch nur einer dieser Stupas hat die Zeiten unversehrt überstanden und kann noch heute in der buddhistischen Klosteranlage der Ortschaft Sanchi bewundert werden, das älteste erhaltene Beispiel indischer Architektur überhaupt. Von der Unterwerfung Ashokas unter die Lehre Buddhas zeugen auch zahllose Fels- und Säuleninschriften im ganzen Land.

Während von den Bauwerken der frühbuddhistischen Architektur heute nur noch wenige Überreste erhalten sind, gibt es eine große Anzahl von kultischen Steinplastiken, die in der Maurya-Zeit angefertigt wurden. Unter Ashoka entstand in Mathura, einer Ortschaft an der Yamuna, ein bedeutendes Zentrum buddhistischer Kunst und Kultur. Die dortige Bildhauerschule war noch hunderte Jahre später die wichtigste in ganz Nordindien. Aus dieser Zeit erhaltene Buddhabildnisse und Skulpturen zählen zu den großen Kostbarkeiten altindischer Kunst.

Die frühe Blütezeit erlischt

Die Prinzipien der Toleranz und Gewaltlosigkeit, die Ashokas Regierung kennzeichneten, waren für einen Herrscher jener Zeit sehr ungewöhnlich, dennoch scheint er seine neue Frömmigkeit letztlich übertrieben zu haben: Die umfangreichen Spenden, mit denen er die buddhistischen Klöster bedachte, ruinierten den Staatshaushalt und führten zu einer allgemeinen Unzufriedenheit. Nach Ashokas Tod um 231 v. Chr. dauerte es nicht lange, bis sein Reich erneut in Einzelstaaten zerfiel. Erst um 185 v. Chr. gelang es dem Eroberer Demetrios von Baktrien noch einmal kurzzeitig, ganz Indien zu vereinigen.

Das persische Großreich

Ab der Mitte des 6. Jh. v. Chr. eroberte sich ein kleiner, im Südwesten Irans beheimateter Stamm ein Weltreich: die Perser. In der Blütezeit herrschten die persischen Könige von der Ägäis bis zum Indus und vom Nil bis zum Kaspischen Meer.

Bogenschützen
Die Wände des Dareios-Palastes in Susa zierten lasierte Backsteine. Die zwei Bogenschützen aus der königlichen Garde der 10 000 Unsterblichen tragen reich verzierte Kleider und die für Susa typischen gedrehten Stirnbänder.

An Gott- und Selbstvertrauen mangelte es dem persischen König Dareios dem Großen gewiss nicht, als er den Bau eines neuen Palastes in Susa anordnete: „Ich, Dareios, der große König, der König der Könige, der König der Länder, der König auf dieser Erde, der Sohn des Hystaspes, der Achämenide. Spricht Dareios, der König: Ahura Mazda, der der größte der Götter ist, er hat mich erschaffen, er hat mich zum König gemacht, er hat mir dieses Reich verliehen, das groß ist." Stolz zählte der Herrscher, der von 522 bis 486 v. Chr. regierte, die Provinzen auf, aus denen seine besten Künstler stammten: Goldschmiede aus Medien, Architekten aus Ägypten, Ziegelbrenner aus Babylonien, Steinmetzen aus Kleinasien. Für die Ausstattung wurden Kostbarkeiten aus dem ganzen Reich nach Susa gebracht. Die Zedern für den Dachstuhl ließ sich der Herrscher aus dem Libanon kommen, das Gold stammte aus dem reichen Lydien, die Schmucksteine Lapislazuli, Karneol und Türkis aus Afghanistan und Usbekistan, das Elfenbein bezog er aus Nubien. Der Palast sollte das glanzvolle Abbild der Weltherrschaft des persischen Großkönigs werden.

Das zur Schau getragene Selbstbewusstsein hatte einen realen Grund. Denn zu Recht konnte sich Dareios I. als mächtiger Herr über einen Vielvölkerstaat feiern lassen. In seinem etwa 4 Mio. km^2 großen Reich lebten 10 Mio. Einwohner aus ganz unterschiedlichen Kulturräumen. Sie sprachen eine Vielfalt von Sprachen: Babylonisch, Ägyptisch, Griechisch, Persisch, Elamisch und andere mehr, und huldigten ihren eigenen Göt-

Porträt eines Jünglings
Der goldene Kopf eines Jünglings mit Ohrlöchern war vermutlich Teil einer Statue und stammt aus dem umfangreichen Oxus-Schatz, der nahe des Flusses Oxus gefunden wurde.

tern. Was sie zusammenhielt, war die Person des Herrschers, dem sie untertan und tributpflichtig waren und der sich zum Zeichen seiner Macht prächtige Residenzen in Susa und Persepolis errichten ließ. Die Einheit des Vielvölkerreichs wurde zum Neujahrsfest am 21. März in Persepolis mit einer prächtigen Zeremonie beschworen. In einer gewaltigen Prozession strömten die Abgeordneten aus allen Provinzen des Reiches in die persische Residenz, um dem König der Könige ihre Aufwartung zu machen. In Purpur und Gold gewandet, schritten sie nacheinander die große Freitreppe zum Audienzpalast nach oben, in den Händen kostbare Gaben für den Großkönig. Dareios I. hat die Gesandten seines Reiches in zahlreichen detaillierten Reliefs an den Wänden seines Palastes festgehalten. Ihre Haartracht und Kleidung verrät ihre Herkunft, der Wert ihrer Geschenke ihre Stellung im Reichsgefüge.

Kyros II. gründet ein Weltreich

Ein wenig ähnelt die Geschichte Persiens einem Märchen aus Tausendundeiner Nacht. Denn nichts deutete zunächst darauf hin, dass aus der Landschaft Parsa im Südiran einmal eine Weltmacht hervorgehen sollte. Die Perser waren Nachfahren arischer Völkergruppen, die im 2. Jt. v. Chr. aus der südrussischen Steppenlandschaft in das iranische Hochland eingewandert waren. Sie gehörten auch der weit verzweigten indoeuropäischen Sprachfamilie an und gaben dem Iran erst seinen eigentlichen Namen: „Land der Arier". Die nomadisierenden Hirtengruppen stießen in langen Wanderzügen nach Süden vor, wo sie vermutlich um 700 v. Chr. unter ihrem Stammesführer Achämenes, dem Begründer der Dynastie der Achämeniden, die Region Parsa mit der Stadt Anzan erreichten. Hier kamen die Perser mit den Hochkulturen des Zweistromlands, der Region zwischen Euphrat und Tigris, in Berührung. Die Perser selbst saßen auf elamischem Gebiet und waren zunächst dem Reich von Elam mit seiner Hauptstadt Susa, später den Assyrern und schließlich den Medern untertan. Doch sie erwiesen sich im Spiel um die Macht schnell als gelehrige Schüler ihrer Oberherren.

Der schlaue Kyros II., der Begründer des Weltreichs, verband in seiner Politik militärische Stärke mit diplomatischer Geschicklichkeit. 559 v. Chr. trat er die Nachfolge seines Vaters in den persischen Stammlanden an. Zunächst noch klein und unbedeutend, verstand er es, die politische Opposition in den Nachbarländern so zu unterstützen, dass ihm die Macht wie eine reife Frucht in den Schoß fiel. So verhandelte Kyros II. geschickt mit dem Oberbefehlshaber der medischen Armee über einen Sturz des ungeliebten Mederkönigs Astyages. Als es zur entscheidenden Schlacht kam, liefen die medischen Truppen zu ihm über und lieferten Astyages aus. Kyros II. zog 550 v. Chr. in Ekbatana, der Mederhauptstadt, ein. Dort übernahm er rasch die Herrschaft. Er war weise genug, in Armee und Verwaltung die medischen Strukturen zu belassen und auch die vornehmen Familien in ihren Ämtern zu halten. Am Ort der Schlacht ließ er seine neue Hauptstadt Pasargadae errichten. Mit der gleichen Geschicklichkeit ging Kyros II. an die Eroberung des mächtigen Babylonischen Reiches.

Hier nutzte er die religiösen Verstimmungen aus, die König Nabonid durch die Missachtung des Kultes um den Stadtgott Marduk ausgelöst hatte. Der verärgerten Priesterschaft und Bevölkerung bot sich der Perser als politische Alternative an. So brauchte Kyros nur wenige Schlachten zu schlagen, bis ihm 539 v. Chr. Babylon freiwillig die Tore öffnete und ihn als Befreier begrüßte.

PERSER UND GRIECHEN PRALLEN AUFEINANDER

Sofort bemühte sich der neue Herrscher um die Verehrung des Stadtgottes Marduk, was ihn in den Augen der Babylonier zum rechtmäßigen König machte. Hier zeigte sich einmal mehr die Toleranz der persischen Herrscher in Fragen der Religion. Sie beließen den unterworfenen Völkern ihre Götter, sofern sie nur die Person des Großkönigs respektierten und seine Herrschaft anerkannten. Mit dieser liberalen Haltung fiel es Kyros II. leicht, das jüdische Volk aus der Babylonischen Gefangenschaft nach Palästina zu entlassen und ihnen den Tempelbau in ihrer alten Heimat Jerusalem zu gestatten.

Unerbittlich hart konnte Kyros II. jedoch sein, wenn ihm Widerstand entgegenschlug. Dies musste König Kroisos von Lydien bitter erfahren. Dieser hatte geglaubt, den Sturz des Mederkönigs, einst sein Schwager, rächen zu müssen und war 547 v. Chr. auf persisches Territorium vorgerückt. Kroisos besaß fast unermessliche Reichtümer, da er über das äußerst wohlhabende Kleinasien mit seinen griechischen Küstenstädten regierte. Doch all sein Gold erwies sich als wertlos gegen die persische Armee. Kyros II. eroberte die lydische Hauptstadt Sardes und machte

Grabmal Kyros' des Großen
Kyros der Große ließ es sich noch zu seinen Lebzeiten errichten. Auf einem sechsstufigen Unterbau ruht ein schlichtes Kalksteinhaus.

Wagen aus dem Oxus-Schatz
Das nur etwa 10 cm große Modell zeigt einen Kriegswagen, der als Schlüssel für die militärischen Eroberungen des Perserreichs gilt.

Das Tor des Xerxes
Zwei geflügelte Stiere mit Bart und Menschenkopf dienten als Wächterfiguren für das von Dareios' I. Sohn Xerxes erbaute Tor im Palastbezirk von Persepolis.

Kleinasien zur persischen Provinz. Der Widerstand der griechischen Städte wurde brutal unterdrückt. Der Erfolg Kyros' II. besaß aber seine Schattenseiten: Mit der kleinasiatischen Küste war nun das Einflussgebiet der griechischen Welt erreicht, der Supermacht des Westens, die keinesfalls eine fremde Macht vor ihrer Haustür duldete.

Der Konflikt mit den Griechen sollte das Perserreich später noch schwer belasten. Zu den politischen Händeln um die kleinasiatischen Küstenstädte traten tief greifende kulturelle Unterschiede. Die Vielvölkerherrschaft des Perserkönigs erschien den Griechen als blanke Gewaltherrschaft, die sie in Wort und Schrift hart geißelten. Die göttliche Legitimation des persischen Königtums und die Verehrung, die der Herrscher bei der Bevölkerung genoss, standen im krassen Widerspruch zu der demokratisch orientierten Verfassung griechischer Städte. Doch noch war Kyros' II. Welt sorgenfrei. Er hatte sich ein riesiges Imperium erobert. Am Ende seines Lebens zog er an die Ostgrenze seines Reiches, um seine Herrschaft gegen die Nomaden- und Steppenvölker jenseits des Flusses Syrdarja in Zentralasien zu festigen. Bei diesen Kämpfen kam er 530 v. Chr. ums Leben. Seine letzte Ruhe fand der Begründer des persischen Weltreichs in Pasargadae. Künftig pilgerte jeder neue Perserkönig bei Amtsantritt in seine einstige Residenz.

PRACHTENTFALTUNG IN PERSEPOLIS

Unter seinen Nachfolgern Kambyses II. und Dareios I. wuchs das Reich noch einmal kräftig. Kambyses II. eroberte das alte Kulturland Ägypten, Dareios I. fügte die reichen Fürstentümer am Indus hinzu. Doch es mehrten sich Zwistigkeiten innerhalb des Herrscherhauses. Kambyses II. ließ seinen eigenen Bruder ermorden, hatte mit einem Gegenkönig zu kämpfen und kam selbst unter nie ganz geklärten Umständen ums Leben.

Sein Nachfolger Dareios I., der Große, stammte aus einer Seitenlinie der Achämeniden-Dynastie und musste sich seinen Weg zur Macht mit gnadenloser Härte erkämpfen. Rebellen, die sich gegen seine Herrschaftsnachfolge erhoben, ließ er foltern und hinrichten. Ihnen wurden Nasen, Ohren und Zungen abgeschnitten und die Augen ausgestochen. Die übliche Todesstrafe für Hochverräter war das Pfählen. Nach der Erobe-

rung der Macht ging Dareios I. daran, seine Herrschaft im Innern zu stabilisieren. Im Gegensatz zur griechischen Propaganda, die die Sittenlosigkeit und Haremswirtschaft am persischen Hof hervorhob, war das Perserreich in Wirklichkeit ein straff organisiertes und gut geführtes Staatswesen. Das gesamte Reich war in 20 Satrapien eingeteilt, in Provinzen, die weitgehende Autonomie genossen, dem König aber tribut- und heerpflichtig waren. Die Satrapen, was so viel wie „Schützer der Macht" bedeutete, gehörten in der Regel dem engsten Familienkreis des Herrschers an. Sie residierten in den Provinzhauptstädten wie kleine Könige und bezogen Einnahmen aus ihren Gebieten. Um die pünktliche und genaue Steuerabrechnung an den Hof des persischen Königs zu kontrollieren, waren ihnen königliche Beamte zur Seite gestellt, die dem Herrscher direkt unterstanden. Daneben sorgten jede Menge Sonderbevollmächtigte und Eilboten, die „Augen" und „Ohren" des Königs, dafür, dass die Anweisungen des Hofes auch in den entlegensten Winkeln des Reiches befolgt wurden.

Die Tribute stellte Dareios I. von Sachleistungen auf Gold- und Silberzahlungen um. Als geltende Währung gab er den Gold-Dareikos aus. Mit diesen Einnahmen konnte er an den grandiosen Ausbau seiner Residenzen in Susa und Persepolis gehen. Herzstück der Anlagen bildete jeweils der Audienzsaal, in dem

Prächtiger Königssitz
An den Palastanlagen von Persepolis, etwa 40 km südlich der alten Hauptstadt Pasargadae, bauten noch Dareios' I. Nachfolger.

der königliche Thron, umgeben von hohen Säulen, stand. In Persepolis umstanden den Königssitz 36 schlanke, fast 19 m hohe Säulen. Unweit der Residenz befanden sich die Grabstätten der Großkönige in Naqsch-i-Rustem. Tief in den Berg wurden Felsengräber gehauen, deren Zugänge in den Stein gemeißelte Reliefs und Inschriften schmückten.

Für die Kommunikation in den weit auseinander liegenden Reichsteilen war ein gut ausgebautes Straßennetz notwendig. Die wichtigste Königsstraße verlief, von Ephesos im westlichen Kleinasien ausgehend, über Babylon nach Susa. Berittene Eilboten benötigten für die rund 2300 km lange Strecke ungefähr 5–7 Tage. Geritten wurde zu jeder Tages- und Nachtzeit und bei den schlechtesten Wetterverhältnissen. Königliche Wechselstationen ermöglichten zudem den Pferdewechsel im Tagesrhythmus. Weitere bedeutende Straßenverbindungen führten über Ekbatana nach Afghanistan zum Syrdarja sowie nach Ägypten und Indien. Diese erfolgreiche Kontrolle der unterworfenen Provinzen füllte Dareios' I. Schatzkammern weiter.

Relief des Herrschers
Der König ist hier mit zwei Dienern dargestellt, die ihn mit einem Sonnenschirm schützen.

Also sprach Zarathustra …

Persepolis war eng mit dem Kult der Perser verbunden und diente vorwiegend religiösen Zeremonien. Als höchster Gott wurde Ahura Mazda verehrt. Unter Kyros dem Großen und Dareios I. öffnete sich die altpersische Religion dem Einfluss der Lehren Zarathustras. Dieser aus Afghanistan stammende Priester interpretierte das Leben als ewigen Kampf zwischen Gut und Böse. Der Mensch war herausgefordert, sich in freier Entscheidung einer der widerstreitenden Prinzipien anzuschließen. Dem Schöpfergott Ahura Mazda trat als satanischer Gegenentwurf der schlechte Ahriman entgegen. Zarathustras Lehre ebnete einer stark vergeistigten Gottesverehrung den Weg. Blutige Tieropfer lehnte er ab, nur die Verehrung des heiligen Feuers, das in Feuerbewahrtürmen sorgsam gehütet und zum Gottesdienst ins Freie getragen wurde, ließ er gelten.

Auch wenn Zarathustras Religion nicht in ihrer reinen Form am persischen Hof Eingang fand und neben Ahura Mazda auch noch andere altiranische Gottheiten verehrt wurden, hatte sie doch wesentlichen Einfluss auf die Legitimation des Königtums. Denn Ahura Mazda verkörperte die „rechte Ordnung", gegen die man nicht verstoßen durfte. Der König als vom Schöpfergott eingesetzter und gebilligter irdischer Herrscher konnte von seinen Untertanen die völlige Unterordnung verlangen. Aufruhr gegen ihn bedeutete nichts anderes als die Störung der göttlichen Ordnung. Die persische Gesellschaft zeigte sich daher stark hierarchisch geprägt und ganz auf den König als obersten Machthaber ausgerichtet. Der König stand weit über allen andern, auch dem Adel, den er mit der Vergabe von großen

Lehensgütern wirtschaftlich an sich band. Des Königs Wille war Gesetz. Dareios der Große war allerdings Realpolitiker genug, um seine Herrschaft mehr auf Bajonette denn auf sein Gottesgnadentum zu stützen.

Ein Heer Unsterblicher

Seine Macht ruhte auf der Einsatzbereitschaft seines Heeres, dessen Herzstück die Eliteeinheit der „10 000 Unsterblichen" bildete. Ihr Name rührte von der Tatsache her, dass Verluste in ihren Reihen sofort wieder ausgeglichen und damit der Eindruck der Unsterblichkeit der Soldaten erweckt wurde. Sie kämpften mit Pfeil und Bogen sowie mit der Lanze. Daneben waren alle Satrapien verpflichtet, Truppen zu stellen. Jeder Mann im Alter von 15 bis 50 Jahren konnte zum Heeresdienst eingezogen werden. Die Einheiten kämpften jeweils in ihrer eigenen landesüblichen Ausrüstung, nach ihren eigenen Kriegsgewohnheiten und in ihrer eigenen Sprache. So war das persische Heer ein bunt zusammengewürfelter Haufen. Während die persischen Bogenschützen ohne Helm und Panzer in den Krieg zogen, kannten die Babylonier, Syrer und Ägypter bereits schwere Schutzwaffen wie Metallhelme und -schilde. Die indischen Verbündeten brachten sogar Kriegselefanten mit.

Zahlenmäßig erwies sich die persische Armee ihren Feinden zwar meist als haushoch überlegen, doch ihre Kampfkraft konnte sie nur auf weiten Ebenen entfalten. Die unterschiedliche Ausrüstung ebenso wie die Sprachenvielfalt der Generäle verhinderten rasche taktische Manöver. Dass der Schlagkraft ihrer Armee Grenzen gesetzt waren, mussten die Könige schon bald erkennen. Gegen die nomadisierenden Reitervölker, die ihre Grenzen im Osten und Norden des Reiches bedrohten, hatten die Perser wenig aufzubieten. Dareios I. kehrte nach seinem Feldzug gegen die Skythen an der unteren Donau unverrichteter Dinge wieder zurück. Zwar hatte er den Bosporus überquert und Makedonien und Thrakien unterworfen, doch die skythischen Reiter ließen ihn ins Leere stoßen. Auch gegen die gut aufgestellten und trainierten Truppen der griechischen Stadtstaaten zog Dareios I. den Kürzeren. Seine erste ernste Niederlage erlebte er im Jahr 490 v. Chr. bei Marathon. Noch schlechter erging es seinem Sohn und Nachfolger Xerxes I., dessen Feldzug gegen Griechenland mit der verlorenen Seeschlacht von Salamis gründlich scheiterte. Die Zerstörung der Akropolis in Athen stellte ein unsinniges Unternehmen dar, das den Zorn der Griechen nur noch mehr anheizte. Der Nimbus der Unbesiegbarkeit war für die persischen Großkönige damit verloren. Ihre Niederlagen provozierten Aufstandsbewegungen in den Provinzen, die nur mit despotischer Härte niederzuringen waren.

Der glücklose Xerxes I. flüchtete sich in ein exzessives Leben und fiel 465 v. Chr. einem Mordanschlag zum Opfer. Nach ihm folgten schwache Herrscher auf den Thron, und es begann eine Zeit des schleichenden Niedergangs der persischen Macht, bis Alexander der Große von Makedonien dem sterbenden Koloss den Todesstoß versetzte.

ALLTAGSLEBEN

Ehre, wem Ehre gebührt

Der persische König genoss aufgrund seiner göttlichen Legitimation eine besonders herausgehobene Stellung gegenüber seinen Untertanen. In Susa und Persepolis herrschte ein sehr strenges Hofzeremoniell, laut dem sich niemand ohne ausdrückliche Genehmigung dem König nähern durfte.

Bei einer Audienz mussten die Gäste eine besondere Form der Ehrerbietung vollziehen: eine Verbeugung, die je nach Stand unterschiedlich tief – bis zum Kniefall – ausfiel und an die sich eine von der Ferne zugeworfene Kusshand anschloss.

Der griechische Geschichtsschreiber Herodot, der im 5. Jh. v. Chr. lebte, berichtete, dass sich auch die Perser auf der Straße gemäß ihres Standes begrüßten. Gleichrangige küssten sich auf den Mund, bei geringen Standesunterschieden auf die Wange. Begegnete ein Untergebener einem weit höher Stehenden, so warf er sich vor diesem auf den Boden. Die Griechen empfanden ein solches Verhalten als sklavisch und einem freien Mann als unangemessen.

Phantasievoller Gefäßgriff
Der Griff eines Kruges oder Bechers ist in Form eines geflügelten Ziegenbocks gestaltet und veranschaulicht die Kunstfertigkeit persischer Goldschmiede.

Das Weltreich Alexanders des Großen

In einem einzigartigen Feldzug stieß der makedonische König Alexander bis Zentralasien vor und verbreitete die griechische Kultur bis an die Grenzen der damals bekannten Welt.

Vor der trojanischen Küste tauchten wieder einmal griechische Kriegsschiffe auf. Am Bug des Flaggschiffs stand ein junger, blond gelockter Feldherr in goldglänzender Rüstung. In der Mitte der Dardanellen, jener Meerenge, die Europa mit Asien verbindet, brachte er dem Meeresgott Poseidon einen mit Blumen geschmückten Stier zum Opfer dar. Die Gunst der Götter durfte den Makedonen nicht verlassen, denn er hatte Großes geplant. Kaum war die kleinasiatische Küste erreicht, da schleuderte Alexander einen Speer ans Ufer, sprang in voller Rüstung ins Meer und erklärte mit lauter Stimme Asien zu seinem Eigentum. Mit dieser symbolischen Geste begann 334 v. Chr. Griechenlands größtes Abenteuer: Der erst 22-jährige Alexander brach auf, um den Persern die Macht über den Erdball streitig zu machen. Zur Begründung dieses gewagten Unternehmens bediente er sich aller möglichen propagandistischen Tricks: Der Eroberungszug wurde zum „Rachefeldzug" für die Zerstörung griechischer Tempel durch den Perserkönig Xerxes über 140 Jahre zuvor erklärt. Außerdem sollten die griechischen Städte in Kleinasien vom Joch der persischen Unterdrückung befreit werden. Im Rückgriff auf die Helden Homers beschwor Alexander die glorreiche griechische Vergangenheit. Er pilgerte sofort nach seiner Ankunft in Kleinasien zu den spärlich besiedelten Trümmerresten von Troja und ließ sich im Athenetempel den Schild des Achill aushändigen, den er zu seinen Ahnen zählte. Seinen Zug gegen die Perser überhöhte er so ideologisch als Ringen zwischen der

Alexanderschlacht
Mosaik der Schlacht bei Issos, aufgefunden in Pompeji. Als Vorlage diente ein Gemälde des Philoxenos von Eretria, das vermutlich nach dem Tod Alexanders entstand.

zivilisierten Welt der Griechen und der Welt der Barbaren. Einem Lindwurm gleich wand sich ein gewaltiger Heereszug die kleinasiatische Küste hinab.

Das strategische Geschick Alexanders des Grossen

Die Armee Alexanders umfasste rund 35 000 Mann. Herzstück der Truppen war die aus dem makedonischen Adel rekrutierte, hervorragend ausgebildete Reiterei. Die Männer gehörten zu den engsten Vertrauten Alexanders und nannten sich *hetairoi,* Kampfgefährten des Königs. Sie warfen mit hölzernen Wurfspießen ihre Gegner zu Boden und töteten sie mit dem gebogenen Jagdsäbel. Den größten Teil des Heeres stellte die Infanterie dar. Sie entstammte der makedonischen Landbevölkerung und wurde in Abteilungen von etwa 1500 Mann zusammengefasst. Wenn sie im Block, der so genannten Phalanx, mit ihren 5 m langen Spießen auf dem Schlachtfeld vorwärts drängten, glichen sie wandelnden Festungen. Zum Sturmangriff dienten die leichter bewaffneten königlichen Schildträger mit ihren kürzeren Lanzen. Dazu kamen noch eine Reihe von Spezialeinheiten wie kretische Bogenschützen, thessalische Reiter, thrakische und illyrische Speerwerfer sowie die athenische Flotte.

Wie sich im Verlauf des Feldzugs zeigen sollte, basierte die strategische Überlegenheit Alexanders gegenüber den Persern auf dem flexiblen Zusammenspiel der unterschiedlichen Truppenteile. Auf dem Schlachtfeld reagierte er schnell und unkonventionell und setzte häufig als Führer der Reiterei sein eigenes Leben aufs Spiel. Seine Angriffe zielten stets auf den stärksten Punkt der gegnerischen Linien. Eine taktische Meisterleistung Alexanders war die so genannte schiefe Schlachtordnung, die bei zahlenmäßiger Überlegenheit der feindlichen Truppen angewendet wurde. Dabei preschte nur ein Flügel der Reiter vor, während die übrigen Truppenteile durch Staffelung zurückgehalten wurden, bis sie in die durch die Kavallerie geschlagenen Breschen der feindlichen Front nachrücken konnten.

Überragende Siege gegen die Perser

Für persische Verhältnisse war die Armee Alexanders nicht groß, doch die Generäle des persischen Herrschers Dareios III. unterschätzten deren Kampfkraft. Nachlässig zogen sie ihre Truppen am Fluss Granikos östlich der Landschaft Trojas zusammen, einem abschüssigen Ufergelände, das ihrer Reiterei kaum Entfaltungsmöglichkeit gab. Schon beim ersten Kampf im Mai 334 v. Chr. erfocht die makedonisch-griechische Armee einen überragenden Sieg. Die Perser wurden zur Flucht gezwungen, die in ihren Diensten stehenden griechischen Söldner gnadenlos niedergemetzelt. Dem Eroberer stand nun

Griechische Rüstung Die Griechen zogen ausgerüstet mit ehernen Helmen, Panzern und Beinschienen in die Schlacht. Bei den Helmformen gab es eine große Vielfalt: Sie konnten abgerundet oder kegelförmig sein oder einen Helmbusch besitzen.

ALLTAGSLEBEN

Soldat in der Armee Alexanders des Großen

Das Leben in der Armee Alexanders gestaltete sich für die gewöhnlichen Soldaten spartanisch. Um den Tross zu reduzieren, war die Versorgung auf das Nötigste beschränkt: Zu essen gab es Oliven, Feigen, Käse, Brot und das, was in den eroberten Gebieten zur Verfügung stand – meist Fisch, Gerstenbrei, Bohnen und Rüben. Oft kämpfte die Armee mit Nachschubschwierigkeiten und die fliegenden Händler, die den Truppen in Scharen folgten, boten ihre Waren zu überteuerten Preisen an.

Ihre Ausrüstung mussten die Soldaten im Marschgepäck selbst mitführen. Die Tagesetappen umfassten 30–50 km Fußmarsch. Annehmlichkeiten wie Reisewagen für Offiziere sowie Knechte für vornehmere Soldaten hatte Alexander abgeschafft. Ein Knecht versorgte zehn Krieger.

Unter diesen Umständen legten die Truppen Alexanders bis zum Industal ungefähr 20 000 km zurück und sahen ihre Familien jahrelang nicht wieder. Im Lauf des Feldzugs heirateten dann immer mehr Krieger Perserinnen, so wurden rund 10 000 Kinder im Lager geboren.

Für Alexander und sein engstes Gefolge standen in der Regel Musiker, Dichter und Künstler für Abendgesellschaften zur Verfügung. Auch Ärzte, Wissenschaftler und Priester gehörten zum Umkreis des Königs.

Die Alexanderschlacht
Deutlich erkennt man, wie sich der Perserkönig Dareios III. auf dem Streitwagen voller Entsetzen von Alexanders Truppen abwendet.

das westliche Kleinasien mit den griechischen Küstenstädten offen. Dareios III. reagierte mit der Aufstellung eines großen Reichsheers, das er dieses Mal selbst anführte. Bei Issos in Kilikien kam es im November 333 v. Chr. zur entscheidenden Schlacht. Das persische Heer war dem griechisch-makedonischen zahlenmäßig um das Zwei- bis Dreifache überlegen, doch wiederum brachte der rasche Vorstoß der makedonischen Reiterschar unter Führung Alexanders den Ausschlag. Er griff sofort das Zentrum des persischen Truppenkontingents an, in dem sich der König auf seinem prachtvollen Streitwagen befand. Angesichts des vorpreschenden Alexanders verlor Dareios III. die Nerven. Entsetzt wandte er sich zur Flucht, seine Truppen gaben die Schlacht verloren. Der Sieg Alexanders war überwältigend. Dareios' III. Ansehen bei seinen Untertanen war dahin. Eine besondere Demütigung war für ihn der Verlust seines Trosses mit seinen engsten Familienangehörigen und der Kriegskasse.

Alexander löst den legendären Gordischen Knoten

Alexander nahm in der Folgezeit die phönizischen Handelsstädte an der syrisch-libanesischen Küste ein, die zu den wichtigsten Operationsbasen der großen persischen Flotte gehörten. Anschließend marschierte er weiter nach Ägypten, wo er als Befreier von der persischen Oberhoheit begrüßt und als Pharao inthronisiert wurde.

Mehr und mehr wurde deutlich, dass er sich als Nachfolger des persischen Herrschers zu fühlen begann. Zur göttlichen Bestätigung seiner Weltherrschaftspläne besuchte er die bedeutendsten Orakelstätten der Antike. In der alten phrygischen Hauptstadt Gordion bewahrte man einen alten Königswagen auf, an dessen Joch sich ein kompliziert geknüpfter Knoten befand. Wer ihn löse, so hieß es in der Überlieferung, werde Herr über ganz Asien sein. Alexander, der sich in Gordion im Winterlager befand und unter seinen Soldaten erste Ermüdungserscheinungen ausmachte, nahm die Gelegenheit wahr, seine

Kriegselefant
Alexander der Große integrierte Kriegselefanten in seine Truppen. Gekämpft wurde von turmartigen Aufbauten aus, die vermutlich eine griechische Erfindung waren.

Führungsqualität zu demonstrieren: Er schritt zum Zeustempel empor, besah sich den Knoten, zückte dann sein Schwert und hieb ihn in der Mitte entzwei. Damit hatte er vor den Augen seiner Soldaten die Prophezeiung erfüllt und sich zum Herrn über Asien gemacht. In Ägypten suchte er ein weiteres Mal die Zustimmung der Götter. Er führte seine Truppen durch die Libysche Wüste zur Oase Siwa, wo er als Sohn des Sonnengottes Amun-Re empfangen wurde. Da Amun-Re mit dem griechischen Göttervater Zeus identifiziert wurde, konnte Alexander vor seinen Truppen den Rang eines Zeussohnes beanspruchen und sich daher sogar in die Reihe der Halbgötter einordnen. Spätestens zu diesem Zeitpunkt hatte er sich von dem ursprünglichen Unternehmen eines griechischen Rachefeldzugs verabschiedet und die Inbesitznahme des gesamten Perserreichs an seine Stelle gesetzt.

Liegende Göttin
Die mesopotamische Statuette aus dem 3. Jh. v. Chr. zeugt von griechischem Einfluss.

Endlich König von Asien

Zu diesem Zweck überquerte er Euphrat und Tigris und schlug Dareios III. in der Schlacht von Gaugamela östlich des Tigris am 1. Oktober 331 v. Chr. vernichtend. Noch auf dem Schlachtfeld ließ sich Alexander zum „König von Asien" ausrufen. Die Niederlage für den Großkönig war diesmal total. Trotz seiner erdrückenden zahlenmäßigen Überlegenheit und des Einsatzes von „Wunderwaffen" wie sichelbestückten Streitwagen und skythischer Reiterscharen musste er das Schlachtfeld erneut fluchtartig verlassen.

Alexander zog als neuer Herrscher und Triumphator in die persischen Residenzstädte Babylon, Susa, Ekbatana und Persepolis ein. In Susa setzte er sich demonstrativ auf den Thron der Perserkönige. Eigentlich wäre der Feldzug nun zu Ende gewesen und mit der Plünderung und Brandschatzung Persepolis' der griechischen Rache Genüge getan worden. Doch Alexander, der sich den Göttern längst näher als den Menschen fühlte, strebte nach der Herrschaft über die gesamte damals bekannte Welt. Der erste Schritt dazu war die Schaffung eines großen makedonisch-persischen Reiches auf der Basis der Gleichberechtigung beider Völker. So übernahm er die persischen Verwaltungsstrukturen und setzte nicht nur Makedonen, sondern auch hochrangige persische Adlige in die höchsten Verwaltungsämter ein.

In seinen Heeresverband gliederte er persische Truppenkontingente ein. Wie ernst Alexander seine Verschmelzungspolitik nahm, zeigten seine zahlreichen Städtegründungen in den eroberten Gebieten, mit denen er gezielt das griechische Kulturelement förderte. Die Städte, von denen die ägyptische Stadt Alexandria die bedeutendste war, erhielten Stadtverfassungen nach Art der griechischen Polis, bestehend aus Rat, Volksversammlung

und kommunaler Beamtenschaft. In ihnen lebten aus dem Militärdienst entlassene Soldaten der makedonischen Armee, aus Griechenland angeworbene Kolonisten und die einheimische Bevölkerung zusammen. Ihre Handelstätigkeit schlug eine Brücke zwischen Orient und Okzident. Der Verschmelzung beider Völker diente auch die Massenhochzeit von Susa im Jahr 324 v. Chr., bei der 10 000 Soldaten und 90 wichtige Vertraute Alexanders persische Frauen heirateten. Alexander selbst nahm eine Tochter Dareios' III. zur Frau.

Bis ans Ende der bekannten Welt

Die Politik der Aussöhnung stieß bei den Makedoniern auf wenig Gegenliebe. Durch die Gleichberechtigung der Perser fühlten sie sich ausgegrenzt. Fassungslos standen sie ihrem jungen Helden gegenüber, der immer mehr persische Sitten annahm, sich orientalisch kleidete und gar den in Persien üblichen Kniefall von ihnen forderte. Auf noch größeres Unverständnis stieß der weitere Vorstoß Alexanders in die östlichen Provinzen des Perserreiches, der nicht mehr mit militärischen Gründen zu rechtfertigen war, denn Dareios III. fiel 330 v. Chr. einem Attentat eigener Leute zum Opfer.

Den wissbegierigen Alexander, der als Jüngling von dem Philosophen Aristoteles erzogen worden war, zog es jedoch bis ans Ende der bekannten Welt. In strapaziösen Märschen durch unwirtliches Wüstengebiet führte er seine Truppen ins Innere Afghanistans, überquerte die schneebedeckten Pässe des Hindukusch, erreichte schließlich Samarkand im heutigen Usbekistan und stand 326 v. Chr. an den Ufern des Indus. Dieser Teil des Feldzugs glich eher einem Forschungsunternehmen denn einer militärischen Operation. Staunend erlebten die griechischen Soldaten in Zentralasien die wilden Skythen, verängstigt hörten sie das Trompeten der 200 Kriegselefanten, die der indische König Poros ihnen entgegenführte. Obwohl auch in der Elefantenschlacht siegreich, verweigerten die völlig entkräfteten Soldaten Alexander nun die Gefolgschaft. Schweren Herzens entschloss sich der Feldherr zum Rückzug. Für den Rückmarsch nach Persien teilte Alexander sein Heer in drei Abteilungen, wobei die Flotte erstmals den Küstenverlauf am Persischen Golf erkundete und er selbst den beschwerlichen Weg durch unbekannte Wüstengebiete wählte.

Der plötzliche Tod des Königs

Nur etwa ein Viertel seines Heeres überlebte den strapaziösen Weg. Offenbar war auch Alexander an die Grenzen seiner Kräfte gegangen. Zunehmend wurde er jähzornig und unberechenbar, vor allem unter Alkoholeinfluss. Mitten in den Planungen zu einem

ZEITZEUGEN

Die Schlacht bei Gaugamela

Der im 2. Jh. n. Chr. im Römischen Reich lebende Historiker Arrian verfasste eine der vorzüglichsten Beschreibungen des Alexanderfeldzugs. Er stützte sich dabei auf wesentlich ältere Quellen aus der Zeit Alexanders des Großen.

Arrian gibt ein anschauliches Bild von der Entscheidungsschlacht bei Gaugamela: „Als nun Dareios seine eigentliche Schlachtreihe in ihrer ganzen Massiertheit heranführte, befahl Alexander den Angriff auf die feindliche Reiterei. Er selbst führte bis dahin seine eigene Truppe immer noch in dichter Kolonne … und stürmte unter Schlachtgeschrei auf Dareios selbst zu. Für kurze Zeit kam es zu erbittertem Nahkampf, und während die Reiter in seiner Nähe wie auch Alexander selbst mit der Wucht ihrer Masse auf den Gegner eindrangen und dazu ihre Speere gebrauchten, deren Schäfte sie den Persern ins Gesicht stießen, war auch schon die makedonische Phalanx, in dichter Reihe und von Lanzen starrend, in den Gegner eingebrochen. Da nun fühlte Dareios, längst schon voller Angst, alles Schreckliche auf sich hereinbrechen: Als Erster wandte er sich zur Flucht. In Angst gerieten auch die persischen Truppen."

An Toten gab Arrian auf griechischer Seite 100 Gefallene an, auf persischer Seite aber 300 000 – eine Zahl, die weit übertrieben sein dürfte. Erstmals fielen Alexander als Kriegsbeute Elefanten in die Hände.

Arabienfeldzug ergriff ihn in Babylon im Jahr 323 v. Chr. ein heftiges Fieber, vermutlich Malaria. Er starb überraschend am 13. Juni.

Das Riesenreich, das sich Alexander der Große in seinen knapp 33 Lebensjahren erobert hatte, wurde nur durch sein Charisma als Feldherr und König zusammengehalten. Unter seinen Nachfolgern, den Diadochen, die sich in den folgenden Jahrzehnten blutige Kämpfe um die Macht lieferten, versuchten einige Generäle die Reichseinheit zu bewahren. Darunter befand sich Antigonos Monophthalmos, der Einäugige, der mächtigste und einflussreichste von ihnen. Er herrschte in Asien über den größten Teil des Alexanderreichs und schickte sich an, auch die anderen Diadochenreiche zu erobern. Als jedoch die nächsten Angehörigen Alexanders, Roxane und ihr Sohn, 310/309 v. Chr. ermordet wurden, ließ sich die Idee der Reichseinheit nicht mehr aufrechterhalten. In der Schlacht von Ipsos, 301 v. Chr., fiel Antigonos durch die vereinigten Streitkräfte der übrigen Diadochen Ptolemaios, Seleukos und Lysimachos. Danach war der Weg frei für die Entstehung von Partikularstaaten. Es bildeten sich drei mächtige Königreiche: In Makedonien herrschte Antigonos Gonatas. In Ägypten riss der General Ptolemaios die Herrschaft an sich und begründete die Dynastie der Ptolemäer, die mit dem Selbstmord der letzten Pharaonin Kleopatra 30 v. Chr. endete. In Asien gingen die ehemals persischen Kerngebiete an den Offizier Seleukos über, der mit einer iranischen Prinzessin verheiratet war. Das Seleukidenreich zeigte starke hellenistische Einflüsse: Es wurde griechisch gesprochen, in griechischer Münze bezahlt, und die politische Elite stammte aus dem Westen. Die klassische hellenistische Staatenwelt war damit geschaffen. Doch dem Reich fehlte die innere Stabilität

Konflikte mit Rom

Einzelne Regionen machten sich selbstständig, in die östlichen Provinzen drangen ab 240 v. Chr. die Parther ein und errichteten ein eigenes Reich. Erst König Antiochos III. konsolidierte ab 223 v. Chr. die Verhältnisse. Er festigte seine Macht in Mesopotamien und Kleinasien und sicherte nochmals die Indusgrenze. Allerdings geriet Antiochos III. durch seine Expansionspolitik im östlichen Mittelmeerraum in Konflikt mit der aufstrebenden Weltmacht Rom.

Er einigte sich 202 v. Chr. mit Philipp V. von Makedonien über eine Aufteilung der ägäischen Besitzungen des Ptolemäerreichs. Dies provozierte die Intervention Roms auf Bitten seiner Verbündeten. Rom erklärte Makedonien den Krieg. Als Antiochos III. sich Gebiete in Syrien, Kleinasien und Thrakien aneignete und dazu dem römischen Erzfeind Hannibal Zuflucht an seinem Hof gewährte, bedeutete das den Bruch mit Rom. 190 v. Chr. überschritten römische Truppen den Hellespont und schlugen das seleukidische Heer vernichtend bei Magnesia in Westkleinasien. Antiochos III. verlor ganz Kleinasien bis zum Taurus, musste seine Flotte ausliefern und hohe Kriegsentschädigungen bezahlen. Rom stieg zur beherrschenden Macht im östlichen Mittelmeerraum auf, während in Mesopotamien die Parther das Erbe der Seleukiden antraten.

Knöchelspielerinnen
Die griechische Kunst überlieferte viele Szenen aus dem Alltag. Hier vergnügen sich zwei Mädchen bei einem Spiel.

Im Zeichen des Drachen

Die kraftvolle Persönlichkeit des ersten Kaisers schmiedete aus China ein einheitliches Reich mit straffer Verwaltung. Unter der nachfolgenden Han-Dynastie wurde China zur asiatischen Großmacht, deren Herrschaftsgebiet bis nach Korea reichte.

Im Jahr 210 v. Chr. fand in China eine kolossale Begräbniszeremonie statt, an deren Ende sich das riesige Grabmal, das sich der Erste Gottkaiser, Qin Shihuangdi, hatte bauen lassen, für immer über ihm schloss. Die Palaststadt mit dem gewaltigen Grabhügel stellte das symbolische Abbild seines Reiches dar, das der Herrscher, den Zeit seines Lebens die Furcht vor dem Tod plagte, mit ins Jenseits nahm. Genauso verhielt es sich mit der voll bewaffneten Armee aus 8000 lebensgroß gestalteten Tonsoldaten, die den Kaiser in der anderen Welt bewachen sollten. Doch schon bald nach seinem Tod

Die Terrakottaarmee
Mehr als 8000 Figuren fand man 1974 im Grab des ersten chinesischen Kaisers Qin Shihuangdi nahe der Stadt Xi'an. Jeder Soldat besitzt individuelle Gesichtszüge.

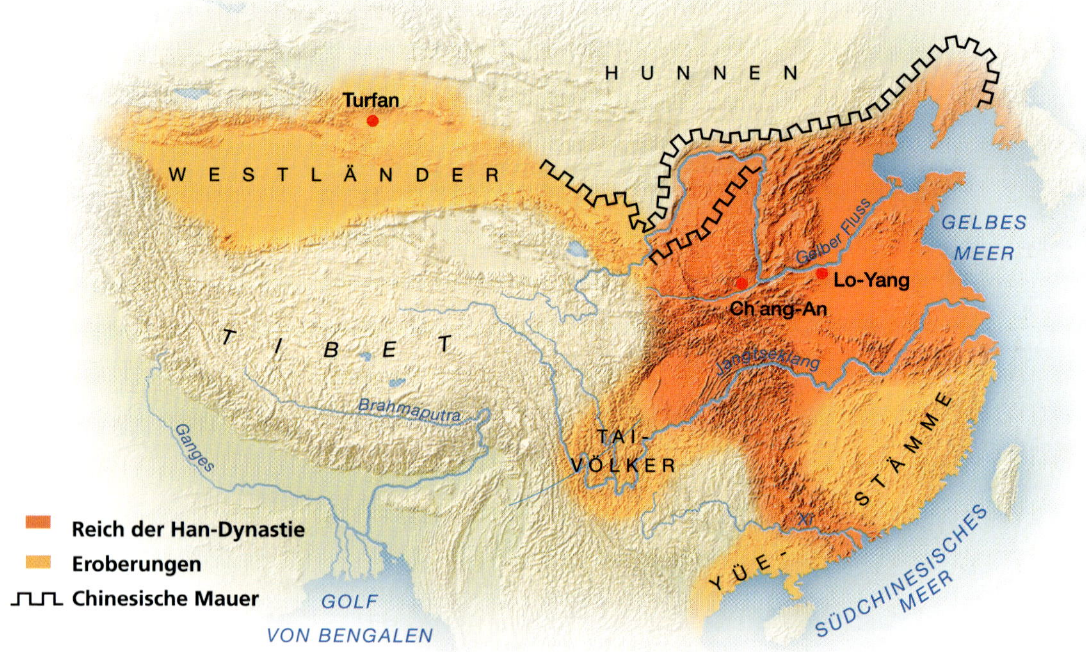

Zweirädriger Pferdewagen
Das naturalistische Modell zeigt, dass es sich mit einem Schirmdach, vor Sonne und Regen geschützt, angenehm reisen ließ.

erschütterten Aufstände sein Reich, und seine Dynastie, die 10 000 Generationen währen sollte, erlosch für immer. Doch wer verbarg sich hinter diesem Herrscher, der bis heute eine der umstrittensten Persönlichkeiten der chinesischen Geschichte darstellt?

Eigentlich hieß er Zheng und war der Fürst von Qin, des westlichsten der sieben großen Staaten, die sich in China während der Bronzezeit gebildet hatten. Bereits seine Vorfahren bauten dieses Reich zu einem straff organisierten, zentralistisch geführten Staatswesen aus. Dadurch erwies sich Fürst Zheng als stark genug, um mit seiner gut ausgerüsteten und hervorragenden Armee, die über eine starke Kavallerie verfügte, in rücksichtslos geführten Feldzügen die anderen Reiche zu unterwerfen. 221 v. Chr. war mit der Niederwerfung des letzten unabhängigen Reiches von Chu die Eroberung Chinas abgeschlossen. Der siegreiche Fürst von Qin benannte sich in Qin Shihuangdi um, was so viel wie „Erster Gottkaiser" bedeutet. Mit der gleichen großen Energie, mit der er seine Feldzüge führte, widmete er sich nun dem Aufbau des Reiches. Seine Hauptstadt Xianyang wurde prächtig ausgestaltet. Alten Überlieferungen zufolge wurden dort sämtliche Paläste der unterworfenen Reiche nachgebaut. Es folgte die Schaffung eines Beamtenapparats, der den alten Adel endgültig ersetzte. Zur besseren Verwaltung ließ Qin das Land in fest abgegrenzte, in Kreise gegliederte Herrschaftsbereiche unterteilen.

Für das ganze Reich gültige Gesetze wurden erlassen und Verstöße dagegen mit drakonischen Strafen wie Brandmarkung, Zwangsarbeit oder Hinrichtung belegt. Verboten war auch der private Waffenbesitz.

Das Ziel des ersten Kaisers stellte ein einheitliches Staatswesen dar. Die in den einzelnen Staaten bisher gültigen unterschiedlichen Schriften, Maße, Gewichte und Währungen wurden vereinheitlicht. Shihuangdi ließ auch ein von der Hauptstadt ausgehendes Straßennetz bauen, das dem Kurierdienst, aber auch dem schnellen Vormarsch der Armee im Einsatz gegen mögliche Rebellen dienlich war. Unter weiteren umfangreichen Projekten, beispielsweise der Anlage von Kanälen und dem Bau des gewaltigen kaiserlichen Grabmals, ragte vor allem der Baubeginn der Großen Mauer an der Nordgrenze Chinas hervor. Für all diese Arbeiten wurden hunderttausende von Zwangsarbeitern und Sträflingen eingesetzt.

Suche nach Unsterblichkeit

Als absoluter Alleinherrscher, der keinen Widerspruch duldete, befahl der Herrscher auch die Verbrennung von konfuzianischen und anderen Schriften, in denen er die Gefahr der Verherrlichung der alten Verhältnisse sah. Widerspenstige Gelehrte, die sich weigerten, ihre Schriften abzuliefern, wurden mit dem Tod bestraft. Der Kaiser selbst war eine schillernde Persönlichkeit, die zwar den Aufbau und die Verwaltung des Staates nach rein sachlichen Gesichtspunkten durchführte, doch persönlich stark zum Mystizismus neigte. Da ihn die Furcht vor dem Tod plagte, sandte er sogar Expeditionen aus, die nach dem Elixier der Unsterblichkeit suchen sollten. Ständig reiste er in seinem Reich umher, um mystische Orte aufzusuchen. Sein Hoheitsanspruch machte auch vor der Götterwelt nicht Halt. Einmal ließ er sogar einen Berg abholzen und rot anstreichen, da er sich von der Göttin des Berges beleidigt gefühlt hatte.

Beim Volk und dem seiner Rechte beraubten Adel war der erste Kaiser zwar gefürchtet, aber nie beliebt. Qin Shihuangdi starb auf einer seiner vielen Reisen im Jahr 210 v. Chr. Er wurde in seinem verschwenderisch ausgestatteten Grabmal, bewacht von seiner Armee aus Tonsoldaten, bestattet.

Die Gründung der Han-Dynastie

Sein schwacher Nachfolger sah sich umgehend zahlreichen Aufständen gegenüber, die das ganze Reich ergriffen. Unterschiedliche Rebellengruppen bekämpften nicht nur die Regierung, sondern auch sich gegenseitig. Aus diesen Wirren ging ein Mann hervor, dessen Dynastie China endgültig zur asiatischen Großmacht machen sollte. Liu Bang stammte aus einer bäuerlichen Familie und war Inhaber eines kleinen Amtes, das ungefähr dem des Vorstehers einer ländlichen Polizeistation entspricht. Er wurde zum Führer einer Gruppe von Aufständischen und dank seiner Fähigkeiten gelang es ihm, die anderen Rebellengruppen zu besiegen und die Hauptstadt zu erobern.

Liu Bang ernannte sich 202 v. Chr. zum Kaiser und gründete die Han-Dynastie, die von nun an über vier Jahrhunderte die Geschicke Chinas bestimmen sollte. Die neue Hauptstadt Chang'an wurde nur wenige Kilometer entfernt von der nun zerstörten alten Hauptstadt Xianyang errichtet. Von hier aus gingen Liu Bang und seine Nachfolger daran, das Land neu zu ordnen. Das Bücherverbot wurde aufgehoben und das grausame Strafrecht entschärft. Darüber hinaus machten die Han-Kaiser die konfuzianischen Beamten zur tragenden Schicht des Landes. Ihren Rang und ihre Titel verdankten sie dem Studium der klassischen Werke und einer abschließenden staatlichen Prüfung. Zur Ausbildung dieser Beamten gab es für die höheren Ränge eine zentrale Hochschule, für die niedere Beamtenschaft ähnliche Einrichtungen in den einzelnen Provinzen. Die ruhigeren Zeiten führten auch zu einer wirtschaftlichen Erholung Chinas, und der Wohlstand nahm wieder zu.

China erstarkt zum Weltreich

Doch an den nördlichen Grenzen erwuchs China ein gefährlicher Gegner, der erst nach langen Kämpfen niedergerungen werden konnte: Maodun, der Herrscher des Steppenvolks der Xiongnu, bedrohte mit seinen Reiterheeren China. Um 200 v. Chr. war es Maodun gelungen, aus den losen Stammesverbänden, die in den Steppen der heutigen Mongolei lebten, ein mächtiges Steppenreich zu errichten. Kaiser Wen, ein Sohn Liu Bangs, erkaufte sich mit alljährlichen Tributen, unter denen sich auch große Mengen wertvoller Seidenstoffe befanden, den Frieden an seinen Nordgrenzen. Außerdem verheiratete

HINTERGRUND

Der Drache als Zeichen kaiserlicher Macht

Für den westlichen Kulturkreis stellt der Drache ein Furcht erregendes Monster dar und wird als Vertreter dunkler Mächte angesehen. Ganz anders verhält es sich in China: Hier gilt das Fabeltier als Glück verheißendes Symbol, das den Himmel und den Kaiser verkörpert.

Die sich schlangenartig windende, elegante Drachengestalt wird in der chinesischen Mythologie mit dem Himmel und dem Ziehen der Wolken in Zusammenhang gebracht. Für ein Ackerbauvolk, wie es die Chinesen sind, ist der vom Himmel fallende Regen für das Gedeihen der Felder lebenswichtig.

Da der Kaiser den mythologischen Vorstellungen zufolge sein Herrschaftsmandat vom Himmel erhält und somit als „Sohn des Himmels" gilt, wurde der Drache zum Symbol der kaiserlichen Macht.

Im Unterschied zum Westen ist der Drache in der chinesischen Darstellung meist keine plumpe Riesenechse. Drachen sind in China schon seit der Bronzezeit auf Bronzegefäßen belegt und seit dieser ein beliebtes und immer wiederkehrendes Motiv in der chinesischen Kunst.

Drache aus Jade Chinesische Drachendarstellungen können wie hier auch eher abstrakt und ornamental sein.

er Prinzessinen aus dem chinesischen Kaiserhaus an die Herrscher der Steppe.

Doch unter der 54-jährigen Herrschaft von Kaiser Wudi wendete sich das Blatt, er begründete die Großmachtstellung Chinas. Chinesische Heere drangen bis in die Mandschurei und nach Korea vor, wo sie militärische Stützpunkte errichteten. Die chinesische Expansion richtete sich auch nach Süden – kaiserliche Streitkräfte erreichten die südchinesische Küste sowie das Grenzgebiet zu Burma. Das bis zu diesem Zeitpunkt weitgehend unabhängige südliche China wurde bis nach Nordvietnam zu einer chinesischen Provinz der Han-Herrscher.

Den Heeren Wudis gelang es auch, die Xiongnu zu schlagen. Und künftig sollte dann die immer weiter ausgebaute Große Mauer besseren Schutz vor den räuberischen Nachbarn bieten. In diese Zeit fällt auch die berühmte abenteuerliche Reise des Gesandten Zhang Qian, der 139 v. Chr. auf der Suche nach Verbündeten gegen die Xiongnu bis in das nördliche Afghanistan gelangt war. Politisch war seine

ALLTAGSLEBEN

Der Bau der Chinesischen Mauer

Unter der Herrschaft des ersten Kaisers wurden bereits bestehende Wallanlagen zu einem zusammenhängenden Befestigungswerk ausgebaut. Als Arbeitskräfte dienten dabei ungefähr 300 000 Soldaten, Bauern und Zwangsarbeiter, die die Wallanlagen in Stampflehmtechnik errichteten. Zusätzlich befanden sich auf den mindestens 4 m hohen Wällen in bestimmten Abständen Wachtürme, die bei Gefahr Feuersignale geben konnten. Die Arbeiten an der Mauer setzten sich über Jahrhunderte fort. Ihr heutiges Gesicht samt der Ausführung in Stein datiert erst aus dem 16. Jh., während der Ming-Dynastie.

Die Große Mauer
Der Bau des längsten Bauwerks der Welt hat tausende von Menschen das Leben gekostet. Viele davon sind unter den Mauern begraben.

Mission zwar nicht erfolgreich, dafür aber auf anderem Gebiet. Zhang Qian brachte Kunde von unbekannten Ländern und Völkern, und diese Kenntnisse bereiteten den Weg für eine der berühmtesten Handelsrouten der Welt, der Seidenstraße.

CHINA HANDELT SOGAR MIT ROM

In China erkannte man die Bedeutung dieser Verbindung nach Westen, und so gerieten im Lauf des 1. Jh. v. Chr. die Oasenstädte des Tarimbeckens unter chinesische Oberherrschaft. Sie bildeten einen wichtigen Stützpunkt für die mit wertvoller chinesischer Seide beladenen Karawanen auf ihrem Weg nach Westen. Dieser führte über Vorderasien bis ins Römische Reich. Zwar waren China und Rom auf diese Weise durch einen Handelsweg miteinander verbunden, aber die beiden Weltreiche hatten bestenfalls schemenhafte Kenntnisse voneinander. Im Jahr 97 machte sich eine chinesische Gesandtschaft auf den Weg in das Römische Reich, doch die Parther, durch deren Hoheitsgebiet die Route führte, hielten die Delegation von der Weiterreise ab, sodass die Chinesen unverrichteter Dinge wieder umkehren mussten.

Die Zeit der Han-Dynastie gilt als die klassische Epoche der chinesischen Geschichte. Vieles, was zu dieser Zeit geschaffen wurde, prägte China in den darauf folgenden 2000 Jahren, und mit dem Begriff Han

Wachturmmodell aus Keramik
Solche zweistöckigen Wachtürme befanden sich in bestimmten Abständen an Chinas Grenzanlagen.

Schale und Löffel
Das Essgeschirr aus der Han-Zeit ist aus Terrakotta und wirkt in seiner Formgebung sehr modern.

Mobiler Ofen
Mit diesen tragbaren Öfen hatten die Chinesen der Han-Zeit stets eine kleine Heizung bei sich.

bezeichnen sich die Chinesen bis heute. Handwerk, Kunst und Wissenschaften befanden sich auf einem hohen Niveau. So verdankt die Welt der Han-Zeit die Erfindung des Papiers. Aber auch die Astronomie stand in hoher Blüte, was sich in der Einführung eines Kalenders zeigte, der mehrere Jahrhunderte in Gebrauch blieb. In diese Zeit hinein fällt auch das Wirken des bedeutendsten Historikers Chinas, Sima Qian, dessen Ruhm auf seinem monumentalen Werk *Shiji,* den *Historischen Aufzeichnungen,* basiert. Darin fasste er ältere Chroniken zusammen und schilderte detailliert die Geschichte Chinas vom Beginn der schriftlichen Aufzeichnungen bis in seine eigene Lebenszeit im späten 2. Jh. v. Chr.

Die religiöse Welt war geprägt vom Ahnenkult und damit vom Konfuzianismus, aber auch vom Taoismus. Ein besonderes Merkmal der Han-Zeit ist die Öffnung nach Westen und die Ausstrahlung der chinesischen Kultur über weite Teile Asiens. Zentralasien, Korea, Japan und Südostasien gerieten durch Eroberung, Handel und Gesandtschaften in engen Kontakt mit der chinesischen Welt und übernahmen von ihr viele Kulturgüter, etwa die Schrift.

Nur vorübergehende Ruhe

Die Expansion Chinas hatte aber nicht nur Vorteile, und die zahlreichen Feldzüge belasteten den Staatshaushalt. Zudem schwächte die Auseinandersetzung zwischen Landbesitzern und Beamten die Macht des Kaiserhauses weiter. So konnte der Usurpator Wang Mang, der ursprünglich als Regent für den minderjährigen Kaiser eingesetzt war, die Macht an sich reißen und sich 9 n. Chr. zum Kaiser erheben. Ohne Erfolg versuchte er, die Wirtschaft zu reformieren. Er wurde im Jahr 23 durch den Aufstand der Rebellengruppe Rote Augenbrauen getötet. Danach kam es zu bürgerkriegsähnlichen Wirren, die das Land teilweise verwüsteten.

Einer der Thronanwärter, Liu Xiu, konnte sich gegen seine Gegner durchsetzen und im Jahr 25 die Macht der Han-Dynastie wiederherstellen. Er verlegte die Hauptstadt in das weiter östlich gelegene Luoyang – seitdem bezeichnet man das Herrscherhaus als die Östliche Han-Dynastie. Das Reich konnte außenpolitisch neue Erfolge verzeichnen. Beispielsweise wurde die Kontrolle über die mittlerweile unabhängig gewordenen Oasenstädte des Tarimbeckens zurückerlangt.

Das Reich versinkt in Anarchie

Im 2. Jh. griffen erneut Günstlingswirtschaft und Korruption am kaiserlichen Hof um sich. Eine wichtige Rolle spielten dabei die einflussreichen Eunuchen und die Clans der Kaiserinnen. Die Autorität der Kaiser schwand dagegegen. 184 brach der Aufstand der sektenähnlichen Rebellengruppe Gelbe Turbane los. Die zur Unterdrückung der Aufständischen ausgesandten Generale bekriegten sich bald gegenseitig. Die Hauptstadt Luoyang wurde geplündert und niedergebrannt. Wirtschaft und Staat brachen während der nun folgenden Anarchie weitgehend zusammen.

In Nordchina konnte schließlich General Cao Cao seinen Herrschaftsanspruch durchsetzen, nach seinem Tod übernahm sein Sohn die Macht. Dieser zwang den letzten Herrscher der Han-Dynastie im Jahr 220 zur Abdankung. Mittlerweile hatten sich zwei weitere lokale Reiche gebildet, und es begann die Zeit der so genannten Drei Reiche, die das chinesische Mittelalter einläutete.

Herren der Insel – das Yamato-Reich in Japan

Im 3. Jh. v. Chr. drangen von Korea aus neue Einwanderer auf die japanischen Inseln vor. Sie brachten zahlreiche neue Kulturgüter mit und gründeten ein Reich, dessen Herrscher als Ahnen des japanischen Kaiserhauses gelten.

Die steinzeitlichen Ureinwohner der japanischen Inselkette lebten jahrtausendelang von der Jagd, dem Fischfang und dem Sammeln wilder Pflanzen. Sie bewohnten Dörfer mit schilfgedeckten Grubenhäusern und schufen eine mit Schnurmustern reich verzierte Keramik. Der japanische Begriff für Schnurmuster lautet *jomon,* daher wird die vorgeschichtliche Periode als Jomon-Zeit bezeichnet.

Im Lauf des 3. Jh. v. Chr. begann sich dieses Bild zu wandeln. Von Korea aus setzten Einwanderer zuerst auf die südlichste der japanischen Hauptinseln, nach Kyuschu, über. Mit ihnen kam auch die Kenntnis der Verarbeitung von Bronze und Eisen sowie der Anbau von Reis auf bewässerten Feldern nach Japan. Um das Jahr 100 breiteten sich diese Stämme von Kyuschu her schrittweise über die japanischen Inseln aus. Sie dürften um 300 bis in die Region des heutigen Osaka vorgestoßen sein. Dabei drängten sie die Ureinwohner, die heute noch in Japan lebenden Ainu, nach Norden zurück.

Die spätere Überlieferung schreibt dieses Vordringen dem mythischen ersten Kaiser Jimmu-Tenno zu und verlegte ihn in das Jahr 660 v. Chr. zurück. Seitdem gilt dieses Jahr in der traditionellen japanischen Geschichtsschreibung als Gründungsdatum des japanischen Reiches und der bis heute herrschenden Kaiserdynastie. Die zuerst auf der Insel Kyuschu entstandenen kleinen Königreiche pflegten enge Beziehungen zum asiatischen Festland, und 57 v. Chr. erschien bereits ein japanischer Abgesandter am chinesischen Hof.

Aus den Annalen der chinesischen Wei-Dynastie, 220–265, stammt die erste Erwähnung von Handelsbeziehungen mit Japan. Diese Berichte werfen zudem Licht auf die japanische Frühgeschichte. So erwähnen sie das Reich Yamatai oder Yamato, das von einer Priesterkönigin namens Himiko regiert wurde, die in einer mit Wachtürmen befestigten Siedlung lebte und Herrin weiterer 28 Königreiche war. Bis heute ist nicht sicher, wo das Reich von Yamato zu lokalisieren ist. Früher vermutete man das Gebiet

Haniwa-Figuren Tonfiguren wie diese Frau und der Krieger dienten in der Yamato-Zeit als traditionelle Grabbeigaben.

um das heutige Osaka, da hier später auch die erste Hauptstadt errichtet wurde. Heute neigt man aufgrund neuer archäologischer Erkenntnisse dazu, Yamato auf der Insel Kyuschu zu suchen. Hier entdeckte man bei Yoschinogari, das zu der im Süden von Kyuschu gelegenen Präfektur Saga gehört, eine große Siedlung, die an die Beschreibung in den chinesischen Texten erinnerte. Sie war von einem Graben umgeben; ein zweiter Graben trennte einen wohl dem Adel vorbehaltenen Bereich ab. Ebenso fanden sich Hinweise auf die großen Wachtürme aus Holz. Die Wohnhäuser der Bevölkerung bestanden aus Grubenhäusern, die denen der vorangegangenen Periode ähnelten. Es handelte sich hierbei um rechteckige Gruben, in die man vier oder mehr herausragende Holzpfosten eingelassen hatte. Diese trugen die Dachkonstruktion. Das Dach selbst war mit Schilf oder Reisstroh gedeckt und reichte fast bis zum Boden herab. Daneben gab es noch Vorratsbauten auf Holzpfosten.

Haniwa-Pferd
Die Grabfiguren spiegeln das Leben wider und geben heute einen guten Einblick in den japanischen Alltag der Yamato-Zeit.

Grabfunde belegen die Hochkultur

Bereits vor dem Jahr 300 ließen sich Angehörige der herrschenden Schicht in so genannten *kofun,* besonderen Hügelgräbern, bestatten. Sie bestanden aus einer steinernen Kammer, die von einem Grabhügel überwölbt war. An diesen schloss sich ein weiterer trapezförmiger Hügel an. Aus diesem Grund bezeichnet man diese Bauten als Schlüssellochgräber. Oft waren diese Grabanlagen zusätzlich von einem künstlichen See umgeben. Sie konnten gewaltige Ausmaße erreichen, etwa das Grab des Kaisers Nintoku, das ungefähr 486 m lang ist. Auf diesen Grabhügeln stellte man die als *haniwa* bezeichneten Tonfiguren auf, die detailgetreu gepanzerte Krieger, Pferde, Schiffe und Hausmodelle darstellten und so einen unschätzbaren Einblick in die Lebensweise dieser Zeit geben.

Die aus diesen Gräbern stammenden Funde zeigen die hoch stehende japanische Kultur dieser Zeit. Der starke koreanische und chinesische Einfluss ist unverkennbar und spiegelt sich in zahlreichen Importwaren wie Bronzespiegeln und Waffen wider. Viele dieser Gegenstände sind jedoch auch mit Sicherheit von eingewanderten koreanischen oder chinesischen Handwerkern in Japan selbst hergestellt worden.

Obwohl die Bindung an festländische Vorbilder sehr eng war, entstanden aber auch bereits typisch japanische Kunstwerke wie die großen, reich verzierten Bronzeglocken, japanisch *dotaku.* Diese fanden bei kultischen Handlungen Verwendung, die u. a. auch mit der Bitte an die Götter um einen reichen Erntesegen in Zusammenhang standen. Zahlreiche heute in Japan noch lebendige Traditionen haben ihre Wurzeln in dieser frühen Periode. Dazu gehört vor allem die Religion des Shinto, was Weg der Götter bedeutet, sowie die eng mit ihm verbundenen Mythen um die Entstehung des japanischen Kaisertums. Beim Shinto handelt es sich um eine Naturreligion, in der zahlreiche Götter und Geister wirken. Die Sonnengöttin Amaterasu ist die bedeutendste.

Japans Kaiser – Enkel der Sonnengöttin

Der Gründungsmythos des japanischen Reiches besagt, dass Ninigi, der Enkel der Sonnengöttin, von ihr die Reichsinsignien Spiegel, Schwert und kommaförmiges Juwel erhielt. Dessen Nachkomme ist der mythische erste Kaiser Jimmu-Tenno. Dieser wird somit als Urahn der Herrscher von Yamato betrachtet, die als Begründer des japanischen Kaiserhauses gelten. Somit leitet dieses seine Abkunft direkt von der Sonnengöttin her, und die frühen japanischen Herrscher vereinigten sowohl das höchste weltliche als auch das höchste religiöse Amt in einer Person.

Bei Jimmu-Tenno handelt es sich – wie bei den auf ihn folgenden Kaisern – um halb legendäre Gestalten, die historisch nicht fassbar sind und vermutlich in den ersten Jahrhunderten nach Christus geherrscht haben. Ein genaueres Licht fällt auf diese Machthaber erst mit der häufigeren Erwähnung Japans und seiner Kaiser in den chinesischen Quellen ab dem 4. Jh.

Das Yamato-Reich beherrschte um 300 den größten Teil der japanischen Inseln. Im Jahr 366 hatte es bereits solche Macht erlangt, dass es eine Invasion nach Korea durchführen und dort in Mimana, nahe beim heutigen Pusan, eine dauerhafte Militärbasis errichten konnte, die 200 Jahre lang Bestand hatte. Von hier aus griffen die Japaner in die Streitigkeiten der drei Königreiche Paekche, Koguryo und Silla ein, in die Korea zu jener Zeit geteilt war. Als Ziele verfolgten die japanischen Herrscher dabei vornehmlich die Ausdehnung ihrer Macht über Korea und das Eintreiben von Tributzahlungen.

ALLES CHINESISCHE WIRD MODERN

Die Verbindungen zum Festland waren aber nicht nur kriegerischer Natur. Bereits vor 400 brachten koreanische Gelehrte die chinesische Schrift nach Japan, die hier schnell übernommen wurde. Mindestens ebenso große Bedeutung hatte die Einführung des Buddhismus. Als offizielles Datum der japanischen Geschichtsschreibung gilt hierfür das Jahr 552, als sich der König des koreanischen Staates Paekche für militärische Hilfe bedankte und eine Buddhastatue sowie religiöse Schriften nach Japan sandte.

Die Kenntnis des Buddhismus und seiner Lehren dürfte jedoch wahrscheinlich bereits früher von chinesischen und koreanischen Gelehrten ins Land gebracht worden sein. So befand sich Japan auf dem besten Weg, ein zentralisiertes Staatswesen nach chinesischem Vorbild zu werden. Gesandtschaften wurden nach China geschickt, die von dort mit reichen Kenntnissen zurückkehrten. Chinesische Seiden- und Brokatweber, Metallgießer und Künstler kamen nach Japan und führten neue Künste und Handwerkstechniken ein.

Japanischer Tempel
Der Reformer Prinz Shotoku sorgte für die Verbreitung des Buddhismus in Japan und gründete zahlreiche Tempel. Damit war der Buddhismus praktisch Staatsreligion, aber der einheimische Shinto wurde daneben weiterhin ausgeübt.

Das Hofzeremoniell orientierte sich am chinesischen Vorbild. Auch chinesische Lebensart und Kleidung wurden in der Oberschicht zunehmend modern.

Seit dem 5. Jh. hatte sich das Yamato-Reich mit seiner Herrscherdynastie auf dem südlichen Teil der japanischen Inseln fest etabliert. Von hier aus wurde die Grenze in ständigen Kämpfen mit den Ureinwohnern, aber auch einzelner japanischer Clans untereinander, immer weiter nach Norden verschoben. Das noch junge Staatswesen entwickelte sich rasch, und damit waren die Grundlagen für die kulturelle Blütezeit der folgenden Jahrhunderte gelegt.

Könige der Berge – das Reich von Funan

Indische Einwanderer gründeten das Königreich von Funan, das zu einem hoch entwickelten und reichen Staat aufstieg. Zur Zeit seiner größten Ausdehnung beherrschte es Indochina und unterhielt Handelsbeziehungen bis ins Mittelmeer.

Göttliche Symbole in Stein
Die Stele aus dem 7. Jh. zeigt die Symbole der „Trimurti", der Dreieinigkeit des Göttlichen: links die Zeichen Brahmas, in der Mitte der Dreizack Schivas und rechts die Symbole Vischnus.

Als der vornehme indische Kaufmann Kaundinya sich im 1. Jh. mit seinem Schiff der Küste Funans, dem heutigen Kambodscha, näherte, kam ihm ein fremdes Boot entgegen. Kaundinya fühlte sich bedroht, griff ohne zu zögern nach seinem Bogen und schoss auf den vermeintlichen Angreifer. Glücklicherweise verfehlte der Pfeil aber sein Ziel, denn in besagtem Boot befand sich nur eine ängstlich zitternde und obendrein noch gänzlich unbekleidete junge Frau. Zu seiner Überraschung stellte sich heraus, dass es sich bei der Fremden um die Königin des unbekannten Landes handelte. Wider Erwarten nahm die unerfreuliche Begegnung doch noch ein glückliches Ende. Die beiden heirateten und Kaundinya sorgte als neuer König als Erstes dafür, dass seine Gemahlin ihre Blöße mit einem Kleidungsstück bedeckt.

Reiseberichte

So die Legende von der Entstehung des Reiches von Funan, die in unterschiedlichen Varianten erzählt wird. Historisch gesehen liegen die Anfänge Funans jedoch im Dunkel der Geschichte. Und ob die Einheimischen tatsächlich nackt herumliefen und keine Kleider kannten, ist mehr als ungewiss. Zwar berichtete eine chinesische Gesandtschaft, die im 3. Jh. dieses geheimnisvolle Land bereiste, das sie Funan nannten – was möglicherweise Berg bedeutet –, nicht ohne eine gewisse Überheblichkeit: „Die Menschen sind alle hässlich und schwarz, ihr Haar ist kraus, sie tragen weder Kleider noch Schuhe." Doch könnte die Schilderung der Chinesen eine Übertreibung sein, um die eigene kulturelle Überlegenheit gegenüber den Menschen von Funan zu betonen. Fest steht lediglich, dass das Volk von Funan mehrheitlich aus der Bevölkerungsgruppe der Khmer bestand, also südasiatischen Ursprungs war und bereits seit dem 2. Jt. v. Chr. in dieser Gegend lebte.

Aber wie auch immer – in späteren chinesischen Berichten ist von unbekleideten Menschen ohnehin nicht mehr die Rede, im Gegenteil. Erstaunt mussten die Reisenden feststellen, dass „selbst die Armen ein Stück Kleidung" trugen, während die Reichen sogar aufwändig verarbeitete Sarongs aus Brokat besaßen. Die frühe Verbreitung der indischen Kultur in Funan aber erfolgte wohl durch Kaufleute, die seit dem 1. Jh. an der Küste des heutigen Südvietnam Handelsniederlassungen gründeten.

Wahrheit und Legende vermischen sich auch hinsichtlich der königlichen Herrscher von Funan. Wie es heißt, soll ein Nachfahre

Hindus verehren den elefantenköpfigen Gott Ganesha als Überbringer von Glück und Wohlstand

Buddhakopf aus Sandstein
Der Buddhismus, der von indischen Missionaren nach Funan gebracht wurde, fand bei dem dort heimischen Volk der Khmer schnell viele Anhänger.

des angeblichen Reichsgründers Kaundinya die Macht an seinen resoluten General Fan Shiman übergeben haben, der von 205 bis 225 regierte. Der ehrgeizige Feldherr unterwarf in mehreren Feldzügen die benachbarten kleinen Lokalfürsten und sicherte Funan die Vorherrschaft in Südostasien. So umfasste sein Reich nicht nur das Territorium des heutigen Kambodscha, die Südwestküste Vietnams, Teile Thailands und des südlichen Laos, sondern reichte möglicherweise sogar bis nach Birma und Java. Nach dem Tod Fan Shimans kam es zu erheblichen Streitigkeiten unter den potenziellen Nachfolgern, von denen mehrere einem Mordanschlag zum Opfer fielen. Schließlich konnte sich Fan Chan als rechtmäßiger König durchsetzen. Doch auch er starb keines natürlichen Todes, sondern wurde 243 von seinem mächtigen General Fan Xun meuchlings ermordet, der das Land dann vermutlich bis 284 regierte.

An den Küsten entwickeln sich Städte

Ungeachtet der blutigen Querelen seiner Könige entwickelte sich Funan zu einem wohlhabenden Staat mit unterschiedlichen Gesellschaftsschichten. Während die Menschen in den abgelegenen Gegenden offenbar noch als Jäger und Sammler lebten, war der Großteil der Bevölkerung in der Landwirtschaft tätig und stellte so die Ernährung der Einwohner von Funan sicher, die im Wesentlichen aus Fisch und Reis bestand. Da es in der Region an sieben Monaten im Jahr nicht regnete, behalfen sich die Bauern mit einem einfachen Kanal- und Bewässerungssystem, das eine ausreichende Reisernte ermöglichte.

Die chinesischen Reisenden berichteten auch, dass es entlang der Küste mehrere Städte gab, die aus Holzhäusern, teilweise auch aus Pfahlbauten über dem Wasser bestanden, deren Dächer mit Bambusblättern bedeckt waren. Hier lebten die Menschen in einer urbanen Atmosphäre, trieben Handel und ergötzten sich in ihrer Freizeit nach chinesischer Beobachtung bevorzugt an Hahnen- und Schweinekämpfen. Zum Stadtbild gehörten darüber hinaus etliche Elefanten, die bereits damals in dieser Region üblichen Reise- und Transportmittel der wohlhabenden Bevölkerungsschicht.

Handelsbeziehungen bis ins Mittelmeer

Überreste dieser Niederlassungen gibt es heute freilich nicht mehr – mit einer Ausnahme: Oc Eo, die alte Hafenstadt Funans am Golf von Thailand im heutigen Vietnam. Die Stadt unterhielt weit reichende Handelsbeziehungen nicht nur mit Indien und China, sondern auch zur mediterranen Welt. So fand man neben verschiedenen Ringen mit Sanskritinschriften, einem bronzenen Buddhakopf sowie einem Schmuckstein mit einem eingravierten sassanidischen Porträt auch zahlreiche Münzen. Unter diesen befinden sich römische Exemplare aus dem Jahr 152 sowie Geldstücke aus dem Partherreich, das damals südöstlich des Kaspischen Meeres lag. Es ist anzunehmen, dass Oc Eo ein blühender und bedeutender Umschlagplatz für Handelsgüter der verschiedensten Art war, von Elefanten, Elfenbein und Rhinozeroshörnern bis hin zu Gewürzen und aromatischen Hölzern.

Funan selbst exportierte Erzeugnisse der Gold- und Silberschmiedekunst, doch wie die chinesischen Besucher erstaunt feststellen konnten, fertigten die Einwohner des Landes Luxusartikel wie Ringe aus Gold und Teller aus Silber nicht ausschließlich zum Verkauf an. Der größte Teil ihres eigenen, täglich benutzten Essgeschirrs bestand aus diesem kostbaren Edelmetall!

Indische Religionen erobern Funan

Mit den Handelsbeziehungen zu Indien kamen erst der Buddhismus und ab dem 3. Jh. auch die hinduistische Religion nach Funan. Indische Mönche und Missionare sorgten für die Verbreitung der hinduistischen Lehre. Wie die chinesischen Quellen berichten, verehrten die Bewohner von Funan vor allem die Hindu-Gottheiten Schiva und Vischnu: „Es ist ihr Brauch, Himmelsgeister anzubeten. Sie fertigen Bronzefiguren dieser Himmelsgeister an; diejenigen mit zwei Gesichtern haben vier Arme und diejenigen mit vier Gesichtern haben acht Arme. Jede Hand hält etwas anderes – manchmal ein Kind, manchmal einen Vogel oder Vierfüßer oder auch die Sonne oder den Mond.“ Bei dem so beschriebenen Himmelsgeist handelt es sich ganz offensichtlich um den Gott Vischnu, der als Bewahrer der Welt gilt und in vielerlei Gestalt auftritt, um die Erde vor dem Bösen zu bewahren. Neben verschiedenen buddhistisch inspirierten Kunstwerken stellte Vischnu ein bevorzugtes Motiv der Künstler von Funan dar, die, auch wenn sie nach indischem Vorbild arbeiteten, dennoch ihren eigenen für Funan typischen Stil entwickelten. So trugen ihre Figuren nicht nur indochinesische Gesichtszüge, sie waren meist auch athletischer gestaltet als die eher etwas rundlichen indischen Originale. Schiva wurde dem Beispiel Indiens folgend auch in Funan in der Regel als Fruchtbarkeitsgott in Form des *Lingas* verehrt. Dabei handelt es sich um ein Phallussymbol, das vor allem in ländlichen Gegenden sehr verbreitet war: Die Bauern erhofften sich von ihm den Segen des Gottes für eine reiche Ernte.

Trotz seines Reichtums und seiner Bedeutung für den Seehandel war die Blütezeit Funans nicht von Dauer. Auseinandersetzungen innerhalb der Herrscherfamilie hatten blutige Bürgerkriege zur Folge, die Funan auf Dauer so schwächten, dass es im 5. Jh. selbst zum Vasallenstaat eines jener Nachbarländer wurde, die einst von Fan Shiman besiegt worden waren.

HINTERGRUND

Das Linga – in Sanskrit Symbol in Form eines Phallus

Das Phallussymbol des Lingas war vor allem beim einfachen Volk Funans die populärste Verehrungsform des Gottes Schiva. Da es in ihm hauptsächlich den Fruchtbarkeitsgott sah, wurde „Linga" gleichzeitig zur Bezeichnung für den Grabstock, den die Bauern zum Aufhacken des Ackerbodens benutzten. Damit ist das Linga der charakteristische Gott einer Ackerbau treibenden Gesellschaft, deren Leben von Grabstock und Samen abhängig ist.

Wie viele andere religiöse Darstellungen stammt auch das Linga aus Indien. Älteste Kultbilder in Indien stellten es naturalistisch in Form eines Phallus dar. Nachdem die Vieh züchtenden Arier aber um 1500 v. Chr. in Indien ihre Herrschaft über die einheimische Bevölkerung antraten und die brahmanische Religion einführten, galt die Phallusverehrung als obszön. Unter ihrem Einfluss verschwand die naturalistische Form und machte einem Symbol in sehr unterschiedlichen Darstellungsweisen Platz.

Gewöhnlich ist das Linga ein abgerundeter polierter Stein, der aufrecht in einen Sockel gefügt ist. Manchmal ist es mit dem Gesicht des Schiva versehen, mitunter auch mit mehreren Köpfen, die die verschiedenen Aspekte des Gottes Schiva symbolisieren sollen.

Schivalinga
Diese prächtig verzierte indische Phallusskulptur aus Stein stammt aus dem 2. Jh.

Indiens goldenes Zeitalter

Unter der Gupta-Dynastie erlebte das politisch geeinte Indien eine Blütezeit, gekennzeichnet durch das Wiederaufleben des Hinduismus und einen beachtlichen kulturellen Aufschwung.

Der junge Chandragupta I. hatte doppelten Grund zur Freude. Nachdem es ihm gelungen war, im Jahr 320 den Thron des kleinen nordindischen Königreichs Magadha am Golf von Bengalen zu besteigen, konnte er die Hochzeit mit der schönen Tochter einer einflussreichen Adelsfamilie aus dem Nachbarland feiern. Das verschaffte ihm nicht nur einen Prestigegewinn, denn die Mitgift seiner Gemahlin bestand aus weitläufigen Ländereien, die die Machtposition Chandraguptas I. enorm stärkten.

Chandragupta I., der aus einer Familie lokaler nordindischer Herrscher stammte, war der Begründer der mächtigen Gupta-Dynastie, der es in mehreren Generationen gelang, die zahllosen kleinen Fürstentümer Nordindiens zu einem blühenden Großreich zu vereinigen. Er selbst, ein Mann von überragenden militärischen Qualitäten, schuf mit der Eroberung verschiedener Nachbarländer im Nordosten Indiens die Grundlage für die spätere Entwicklung.

Nach seinem Tod 335 setzte der Sohn Samudragupta diese Expansionspolitik erfolgreich fort und wurde in seiner 45-jährigen Regierungszeit einer der bedeutendsten Monarchen, die Nordindien jemals hatte. So erwies er sich nicht nur als großer Feldherr, dessen Reich von Assam bis an die Grenzen des Pandschab reichte, er machte sich gleichermaßen als Intellektueller und Förderer von Kunst und Wissenschaft einen Namen. Doch Samudragupta zeigte auch, dass er ein gutes Herz besaß: „Sein Geist war allzeit darum bemüht, das Los der Armen, Verelendeten, Not Leidenden und Betrübten zu lindern", heißt es zumindest in einer Säuleninschrift.

Chandragupta II., der 380 den Thron bestieg, vollendete das

Vischnu-Tempel von Deogarh
Die quadratischen Ziegelbauten der Gupta-Zeit waren ursprünglich reich mit ausdrucksstarken Steinmetzarbeiten verziert.

Der Hindugott Vischnu auf der Schlange Ananta ruhenc

ZEITZEUGEN

Leben auf dem Land – Reiseberichte –

Der chinesische Mönch Fa Hsien, der um 400 mehrere Jahre lang Indien bereist hatte, schrieb seine Eindrücke über das Gupta-Reich voller Bewunderung nieder, auch wenn er das Bild des Landes vielleicht ein wenig zu positiv gezeichnet hat.

Beeindruckt von der Sicherheit und dem Wohlstand, in dem die Menschen lebten, beschrieb er das indische Volk als „zahlreich und glücklich", lobte die religiöse Toleranz sowie die große Zahl der Studenten an den Universitäten und in den buddhistischen Klöstern. Dort – und nur dort – scheint er sich auch mit den Ernährungsgewohnheiten der Inder vertraut gemacht zu haben: „Keiner im ganzen Land tötet ein lebendes Wesen, trinkt Wein oder isst Zwiebeln und Knoblauch."

Dass es in ganz Indien Hospitäler gab, in denen sich die „Armen und Hilflosen, Waisen, Witwen und Krüppel" kostenlos behandeln lassen konnten, fand ebenso seine uneingeschränkte Anerkennung wie die vergleichsweise milde Justiz Chandraguptas II.: „Der König wendet nur in Ausnahmefällen körperliche Strafen an."

Werk seiner Vorfahren und herrschte schließlich über ein Reich, welches das ganze Indus-Ganges-Tal umfasste. Mit ihm begann das goldene Zeitalter der Gupta-Dynastie. Denn als die Waffen schwiegen, wandelte sich der König vom kriegslüsternen Feldherrn zum friedliebenden Mäzen von Kunst und Wissenschaft. An Nordindiens Hochschulen lehrten damals Mathematiker und Astronomen, die ihrer Zeit weit voraus waren, wussten sie doch bereits, dass sich die Erde als Kugel um die eigene Achse dreht!

Kunst und Kultur erblühen, das Kamasutra entsteht

Eindrucksvolle Leistungen gelangen auch in der Literatur. Erstmals wurden nicht nur die alten Mythen und Sagen schriftlich aufgezeichnet, es entstanden auch neue Werke. Chandragupta II. hatte keine zentrale Residenzstadt, er besaß Paläste in verschiedenen Städten. Dorthin lud er zu Dichterwettbewerben ein und nahm die Begabtesten in den Kreis seiner Höflinge auf. Zu ihnen zählte der wohl berühmteste Dichter Indiens, Kalidasa, dessen Popularität mit der Goethes und Shakespeares verglichen werden kann. Kalidasa verfasste auch Theaterstücke, die interessante Einblicke in die Gesellschaft der Gupta-Zeit erlauben.

Aus der gleichen Epoche, jedoch von einem anderen Autor, stammt das Kamasutra, jenes Handbuch der Erotik, in dem es freilich nicht ausschließlich um sexuelle Praktiken geht. Es handelt sich vielmehr um eine Darstellung des extravaganten Lebensstils der Oberschicht. Von allen materiellen Sorgen befreit, hatte der Adel sein Dasein zu einem einzigen Fest der Sinne erklärt. Dazu gehörte natürlich auch der Liebesakt.

Das müßige Luxusleben musste allerdings auch das einfache Volk, vor allem die Bauern, bezahlen. Das Land gehörte nicht ihnen, sondern dem König. Der Pachtzins betrug jährlich ein Viertel der Ernte. Als Gegenleistung sorgte der König für die Bewässerung der Äcker, indem er Kanäle anlegen ließ. Schon Samudragupta hatte durch die Urbarmachung weiter Landstriche dafür gesorgt, dass die königliche Kasse gut gefüllt blieb. Er hatte somit auch die Grundlage für eine florierende Landwirtschaft gelegt, die die Bevölkerung mit Reis und Weizen versorgte. Der Fleischverbrauch dagegen war unter dem Buddhismus und dem Gebot, jegliches Leben zu achten, zurückgegangen. Das Verzehren von Rindfleisch war ohnehin tabu. In der Gupta-Zeit wurde der Buddhismus nämlich nach und nach vom auflebenden Hinduismus verdrängt.

Damit war das Rind heilig – und ist es in ganz Indien noch heute. Ihre Heiligkeit im hinduistischen Kulturkreis hat die Kuh dem Gott Krishna zu verdanken, der der Legende nach bei einer Hirtenfamilie aufgewachsen und von Kühen ernährt worden sein soll.

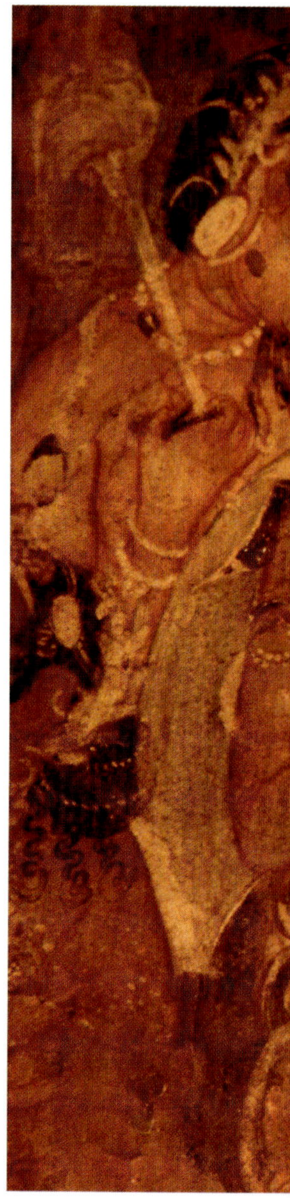

Das Kastensystem etabliert sich

Auch die Gupta-Könige bekannten sich zum Hinduismus, ließen aber andere Kulte wie den Buddhismus unangetastet. Doch die Hinwendung zum alten Hinduglauben bedeutete, dass das Kastensystem nun endgültig etabliert wurde. Es gab vier Hauptkasten: An der Spitze standen die Brahmanen, hinduistische Priester. Die zweite Kaste bildete sich aus der adligen Oberschicht, dann folgten Händler und Handwerker sowie schließlich Arbeiter und Bauern. Ganz unten aber standen die kastenlosen Parias, die Unberührbaren, die niederere Tätigkeiten wie die Be-

Prinz-Nanda-Fresko
Die schöne Sundari versuchte Prinz Nanda zu verführen, doch der interessierte sich nicht für körperliche Vergnügen. Sundari war, wie man erkennen kann, entsetzt darüber.

stattung der Toten zu erledigen hatten. In die jeweilige Kaste wurde man hineingeboren. Der Aufstieg in eine höhere Kaste war undenkbar. So musste sich jeder zwangsweise in sein Schicksal ergeben, brauchte nicht von fernen Zielen träumen und konnte deshalb ein ruhiges, zufriedenes Leben führen.

Das goldene Zeitalter ging 414 mit dem Tod Chandraguptas II. zu Ende. Nur wenig später fielen aus Nordwesten die Weißen Hunnen ins Gupta-Reich ein – jener Teil des großen Volks, der nicht nach Europa drängte, sondern Nordindien erobern wollte. Das ist den Eindringlingen letztlich nicht gelungen, Nordindiens Tage als Großmacht waren aber dennoch gezählt. Um 500 zerbrach das Reich in eine Vielzahl rivalisierender Kleinstaaten.

Golddinare
Münzen dieser Art aus dem wertvollen Edelmetall dienten in der Gupta-Zeit als Zahlungsmittel.

EUROPA

Griechenland – Geburt des Abendlands

Eine neue Kultur erblühte im 8. Jh. v. Chr. im östlichen Mittelmeer: das klassische Griechenland, das in Kultur, Wirtschaft und Politik prägend für ganz Europa wurde und der Welt eine neue Staatsform schenkte – die Demokratie.

Kämpfende Krieger
Ein beliebtes Motiv der frühen griechischen Vasenmalerei waren Szenen mit kämpfenden Kriegern. Diese schwarzfigurige Vasenmalerei hatte im Keramikerviertel von Athen ihr Zentrum und erwies sich als ein Exportschlager Attikas.

Man schreibt das Jahr 594 v. Chr. Aufruhr in Athen! Eine wütende Menge zieht durch die Gassen der attischen Metropole vor die Häuser der Reichen und Mächtigen, die hinter fest verschlossenen Fenstern und Türen den Pöbel nur eine Parole skandieren hören: *ges anadasmós* – Neuverteilung des Bodens! Die adligen Großgrundbesitzer befürchten eine Revolution und bestimmen in ihrer Not einen Schlichter aus ihren Reihen, der das Kunststück eines friedlichen Ausgleichs zwischen den tief verfeindeten Klassen vollbringen soll. Und tatsächlich: Mit dem Gesetzgeber Solon betrat Europas erster fassbarer Staatsmann von Format die Bühne der Weltgeschichte. Er nahm dem Adel, was jahrhundertelang sein Vorrecht gewesen war, die politische Vormachtstellung.

Indem Solon mehr Bürger über die Geschicke des Staatswesens mitbestimmen ließ, ebnete er der Demokratie den Weg. „Mit des Gesetzes Kraft, indem ich Gewalt und Recht harmonisch miteinander verband, vollbrachte ich mein Werk", stellte der Reformer nicht ohne Stolz rückblickend fest. Zu Recht kann man Solon, der selbst aus adligem Hause stammte und 594 v. Chr. zum Archonten, zum leitenden Beamten mit weit reichenden Vollmachten, berufen wurde, als einen der Väter der Demokratie bezeichnen. Mit seinem großen Reformwerk ordnete er nicht nur Wirtschaft und Staatsverfassung neu, er leitete auch einen Mentalitätenwechsel in der Gesellschaft ein. Die Sorge um das öffentliche Wohl sollte den Klassenegoismus ersetzen – gewiss ein für lange Zeit unerreichtes Idealbild. Doch der erste Schritt der Entwicklung hin zum mündigen Staatsbürger war getan.

Flucht aus dem Chaos

Dabei hatte es zu Beginn der griechischen Geschichte nicht danach ausgesehen, als ob das geschundene Land am Hellespont zu kulturellen Höhenflügen in der Lage sein würde. Nicht näher bekannte Seevölker überzogen um 1200 v. Chr. den Ägäisraum mit Angst und Schrecken und brachten die dortigen

Der Heratempel von Paestum im Golf von Salerno wurde von griechischen Kolonisten um 540 v. Chr. errichtet

Sport und Kult
In Olympia befanden sich nicht nur Spielstätten, sondern auch zahlreiche Tempel und Schatzhäuser zur Darbringung von wertvollen Weihegeschenken. Dass sportliche Betätigung im Alten Griechenland nicht nur den Männern vorbehalten war, zeigt die Darstellung dieser anmutigen Läuferin (rechts). Zumindest im militärisch geprägten Sparta genossen auch Mädchen eine sportliche Erziehung.

staatlichen Ordnungen, darunter auch die mykenische Kultur, zum Einsturz. Das zerstörte Griechenland lag für einwandernde Stämme, die aus dem Norden kamen, offen. Vor allem dorisch sprechende Völker fanden ihren Weg auf die griechische Halbinsel, die Peloponnes, und die Ägäische Inselwelt. Aus diesem Chaos flohen viele Menschen nach Kleinasien, den Kykladeninseln und nach Kreta und gründeten dort neue Siedlungen. Mit der Sesshaftwerdung zerfiel das alte Heerkönigtum. Der König verlor seine Machtstellung im Lauf der Jahrhunderte zugunsten der Aristokraten, die durch Landbesitz zu Einfluss und Reichtum gekommen waren. Der politischen Klärung folgte eine erste zivilisatorische Blüte. Im 9. Jh. v. Chr. wurde die Buchstabenschrift von den Phöniziern übernommen, die zum Ausgangspunkt des westeuropäischen Schriftsystems wurde. Städtische Siedlungszentren wuchsen zu Stadtstaaten, den so genannten Polis, heran, in denen Handwerk und Kunst gediehen. In Athen bildete sich ein Schwerpunkt der frühen Keramikkunst, der geometrische Stil, heraus, den strenge symmetrische Muster wie Mäanderbänder, Zickzacklinien, Rauten und Wellen kennzeichneten.

Krieg und Kolonisation – die Eroberung des Mittelmeerraums

Die Welt der frühen Griechen war geprägt von Krieg. Jede Stadt, zu der immer ein Teil des Umlandes dazugehörte, war ein selbstständiges Gebilde, das Verfassungsangelegenheiten, Außen-, Innen- und Wirtschaftspolitik allein regelte und auf seine Eigenständigkeit achtete. Mittelpunkt der Polis war die Agora, der Marktplatz, auf dem Ideen ausgetauscht und Politik diskutiert wurde. Verbunden fühlten sich die Griechen nur über ihre Sprach- und Kultgemeinschaft. Man traf sich an überregionalen, teilweise noch aus mykenischer Zeit stammenden religiösen Zentren, um wie in den Heiligtümern Dodona und Delphi die Orakel zu befragen oder wie in Olympia kultische Wettkampfspiele zu feiern.

Die ersten Olympischen Spiele sind für 776 v. Chr. überliefert. Zu den alle 4 Jahre stattfindenden Spielen trafen sich Athleten aus allen Winkeln der griechischen Welt. Für die Zeit der Wettkämpfe musste jede Kriegshandlung ruhen. Die sportliche Rivalität, dieses friedliche Kräftemessen, war Ausdruck des kriegerischen Tugendideals, dem die Griechen huldigten. In der Realität nahm der Kampf um die wenigen Ressourcen des von Gebirgen und Tälern zerklüfteten Landes immer schärfere Züge an. Bevölkerungsdruck und soziale Spannungen suchten sich in einer großen Emigrationswelle, die als so genannte Griechische Kolonisation in die Geschichte einging, ein Ventil.

In den rund 200 Jahren von 750 bis 550 v. Chr. gründeten heimatlose Griechen im westlichen Mittelmeerraum zahlreiche Kolonien, so z. B. auf Sizilien, Sardinien, Korsika, Korfu und in Unteritalien. Griechische Händler und Siedler ließen sich aber auch in Nordafrika und am Schwarzen Meer sowie in Südfrankreich nieder, wo eine der bekanntesten Gründungen Massilia war – die heutige Hafenstadt Marseille. Die neuen Siedlungen pflegten enge Beziehungen zu ihren griechischen Mutterstädten und wirkten so auf diese zurück. Auch Handel und Kunst erlebten neue Impulse.

Dekorative Vasenmalerei
Diese Amphore ist ein hervorragendes Beispiel für den geometrischen Stil. Der Dekor ist streng und zeigt am Hals einen Fries aus stilisierten Tierfiguren.

Wirtschaftsaufschwung

Vom kleinasiatischen Lyderreich übernahmen die Griechen um 650 v. Chr. die Münzprägung. Die Umstellung auf die Geldwirtschaft kam vor allem den Händlern und exportorientierten Handwerkern zugute und führte zu einer kräftigen Belebung der Wirtschaft. Auch die Kunst profitierte von den neuen Einflüssen. Der so genannte geometrische Stil wurde zwischen 720 und 630 v. Chr. als Folge des Imports östlicher Kunstwerke vom orientalischen Stil abgelöst. So entstanden beispielsweise in Korinth hochwertige Keramikprodukte, auf denen exotische Dämonen und Fabelwesen dargestellt waren.

Drakonische Strafen und Tyrannei

Die Auswanderungswelle konnte die sozialen Spannungen im griechischen Mutterland nicht dauerhaft lösen. Die Bauern gerieten durch die Einführung des Münzwesens und durch die traditionelle Erbteilung weiter in Not. Sie mussten ihr Land an Großgrundbesitzer verpfänden. Konnten sie die Schulden nicht begleichen, kamen sie in Schuldknechtschaft – sie mussten als Leibeigene dem Schuldner dienen. Im 7. Jh. v. Chr. spitzten sich die sozialen Gegensätze zu. Der Adel, der sich durch zügellose Enteignung der Bauern selbst diskreditierte, konnte seinen Führungsanspruch immer weniger legitimieren. Nicht nur von den Kleinbauern, die auf eine Bodenreform drängten, sondern auch vom aufstrebenden bürgerlichen Mittelstand wurde eine Neuordnung der politischen Verhältnisse angemahnt. Vor allem wohlhabende Bürger, die im Krieg die gleichen Pflichten übernahmen wie die Aristokratie, ließen sich nicht länger von der Politik ausschließen. Längst war nicht mehr der ritterliche Einzelkämpfer ausschlaggebend für das Kampfgeschehen, sondern das viele Männer umfassende Heer aus Fußsoldaten, die man Hopliten nannte. Jeder Freie, der sich die Rüstung eines schwer Bewaffneten leisten konnte, wurde als Hoplit eingezogen. Man kämpfte in geschlossenen Reihen, der Phalanx – einer Walze, mit der die Feinde buchstäblich überrollt wurden.

Um die tief greifende soziale Krise zu überwinden, ging jede Polis ihren eigenen Weg. Vielfach übernahmen Tyrannen, Allein-

HINTERGRUND

Antike Staatsformen

In der Politik zeigten die Griechen große Experimentierfreude. Besonders lange hielt sich die Oligarchie – das griechische *oligoi* bedeutet die Wenigen –, die die Machtausübung einem kleinen Kreis von Adligen vorbehielt.

Die vornehmen Familien, die sich selbst *aristoi*, die Besten, nannten, dominierten die Politik und bekleideten die höchsten Staatsämter. Schwangen sich einzelne Aristokraten zu Alleinherrschern auf, sprach man von einer Tyrannis.

In Athen entwickelten sich demokratische Spielformen, die jedoch von einer wirklichen Volksherrschaft noch weit entfernt waren. Die Ausübung politischer Ämter war vom Einkommen abhängig.

Antiker Stimmzettel
Mit beschrifteten Scheiben wurde in der demokratischen Vollversammlung über die Verbannung von Politikern abgestimmt.

herrscher, die Macht. Ihre Herrschaft wies nicht unbedingt jene negativen Züge auf, wie es die heutige Interpretation des Wortes nahe legt. In Athen wurde ein demokratischer Weg beschritten. Man versuchte dabei, mit Gesetzen und unter Beteiligung einer breiten Masse von politisch Stimmberechtigten das Chaos zu ordnen. Der Adel beauftragte um 624 v. Chr. einen Mann namens Drakon mit der Aufzeichnung des bestehenden Rechtes, um die schlimmsten Willkürakte zu verhindern. Drakon hielt die Strafmaße für verschiedene Delikte fest und regelte das Vorgehen bei Mord und Totschlag. Diese so genannten drakonischen Strafen sind zwar bis heute im Sprachgebrauch lebendig geblieben, doch grundlegend Neues schuf Drakon damit nicht.

Geburt der Demokratie

Erst mit dem Auftreten Solons rund 30 Jahre später bahnte sich eine Verfassungsänderung an. Solons größte Tat war die Aufhebung aller Schulden und das Verbot der Schuldknechtschaft. Den Bauern gab er eine neue Perspektive, indem er ihnen den ertragreicheren Anbau von Wein und Oliven empfahl und für den Besitz von Grund und Boden eine Höchstgrenze setzte. Die Bevölkerung wurde in vier Einkommensklassen eingeteilt, die, abgestuft nach ihrem Besitz, politische Aufgaben wahrnahmen. In der Volksversammlung, die alle Beamten wählte, saßen Bürger ab einem bestimmten Mindesteinkommen. Die höchsten Ämter, darunter die der leitenden Staatsbeamten, waren den Reichen vorbehalten, mithin auch dem Adel. Das Privileg der Geburt war jedoch gebrochen zugunsten der wirtschaftlich erfolgreichen Aufsteiger.

Solons langfristig angelegten Reformen, die nicht sofort Wirkung zeigten und eine Phase der Tyrannis in Athen nicht verhindern konnten, wurden 508 v. Chr. von dem Adligen Kleisthenes fortgesetzt. Im Kampf um die Macht mit seinen aristokratischen Gegnern setzte Kleisthenes auf die Masse des einfachen Volkes. Er reformierte die Verwaltung und durchschnitt damit die alten, auf Ge-

Man liegt zu Tisch
Das Fresko gibt anschaulich Aufschluss über das gesellige Leben der Griechen. Große Bedeutung kam der Gastfreundschaft, den gemeinsamen Trinkgelagen und Mahlzeiten zu.

folgschaft aufbauenden Machtstrukturen des Adels. Auf der untersten Ebene standen die Gemeindeverwaltungen, in denen selbst der einfachste Bauer die Spielregeln der Demokratie einübte und unabhängig vom Adel Politik machte. Durch die Verwaltungsreform erlebte die Volksversammlung eine Aufwertung. Sie wurde zum Schauplatz der politischen Auseinandersetzung, in der der Adel nicht mehr automatisch seine Gefolgsleute mobilisieren konnte.

Sparta erkämpft sich die Macht auf der Peloponnes

Zu ganz anderen politischen Lösungsmodellen fand man dagegen in Sparta, dem großen Gegenspieler Athens auf der Peloponnes. Um die fruchtbaren Böden des Eurotastales hatten die dorischen Einwanderer lange Zeit hart kämpfen müssen. Als sie endlich erfolgreich waren, unterwarfen sie die besiegte Bevölkerung ihrem harten Diktat: Ein Teil, die Heloten, musste als rechtlose Zwangsarbeiter die Felder für die neuen Herren bestellen. Ein anderer Teil, Periöken genannt, behielt zwar seine persönliche Freiheit, wurde aber unerbittlich zum Heeresdienst herangezogen. Als die soziale Krise auch in Sparta zu schwelen begann, reagierten die kampferprobten Spartaner nicht mit der Gründung von Kolonien fern ihrer Heimat, sondern überschritten um 720 v. Chr. das Taygetos-Gebirge und unterwarfen auf der Suche nach neuem Land das benachbarte Messenien.

Mit gnadenloser Härte wurde der Widerstand gebrochen, und die freien Bauern Messeniens wurden zu Hörigen gemacht. Land gab es zwar nun genügend, doch der Preis dafür war hoch. Umgeben von versklavten Völkern musste Sparta stets Rebellionen fürchten. Über ein ausgeklügeltes Bündnissystem, den Peloponnesischen Bund, sicherte sich Sparta die Macht gegenüber den anderen griechischen Stadtstaaten.

Im Innern schlug Sparta den Weg zum Militärstaat ein. Die zahlenmäßig wenigen Spartaner herrschten über ein Heer von Rechtlosen, die für sie den Unterhalt erwirtschafteten, und konzentrierten sich völlig auf den Kampf. Die jungen Männer lebten in Männerbünden und unterwarfen sich dem sprichwörtlich gewordenen spartanischen Lebensstil. In dieser kriegerischen Atmosphäre, die den Künsten und Wissenschaften keinen Raum ließ, konnte das Königtum länger als anderswo in Griechenland überleben. Über Sparta regierten zwei Königshäuser gleichzeitig. Ihre Macht wurde von einem Adelsrat eingeschränkt, einem Gremium von 30 auf Lebenszeit gewählten Mitgliedern. Anders als in Athen kam der Volksversammlung wenig Bedeutung zu. Sie wählte zwar jährlich die leitenden Beamten, die fünf Ephoren, doch konnten politisch missliebige Beschlüsse der Volksversammlung vom Rat verworfen werden. Sparta, ständig kampfbereit und auf Kriege und Überfälle vorbereitet, legte mehr Wert auf eine straffe Exekutive als auf basisdemokratische Elemente.

Wirksamer Kopfschutz
Die griechischen Fußsoldaten zogen mit schwerer Rüstung in den Kampf. Neben dem Bronzehelm gehörten Panzer, Beinschienen, Schild, Schwert und Lanze zur Ausstattung eines Hopliten.

Die Kunst als Ausdruck nationaler Identität

Das gesteigerte Selbstbewusstsein in der griechischen Welt zeigte sich in einer ersten Blüte der Künste, die sich nicht mehr an den orientalischen Vorbildern ausrichtete. Mit der Schaffung der archaischen Kunst wurde die eigene Identität zum Ausdruck gebracht. Vor allem der Tempelbau und die Vasenmalerei setzten Glanzpunkte.

Ab dem 7. Jh. v. Chr. schufen griechische Bildhauer dann lebensgroße Statuen von jungen Frauen und Männern, die mit strenger Würde und starrem Lächeln das Schönheitsideal der frühen Griechen widerspiegelten, das sich aus dem Streben nach ewiger Jugend und zeitloser Eleganz speiste. Für die westliche Hemisphäre wurde das griechische Kunstschaffen vorbildlich.

Goldene Kügelchen
Im späten 6. Jh. v. Chr. fertigte ein etruskischer Goldschmied das bärtige Angesicht des Flusses Acheloos in der Granuliertechnik. Dabei fixierte er auf bislang nicht bekannte Weise kleine Goldkügelchen auf der entsprechenden Fläche des Werkstücks und bedeckte es mit Sand, bevor er es in den Schmelzofen schob.

Die Etrusker – Meister der Nekropolen

Die sagenhafte Grabarchitektur und Kunstfertigkeit des etruskischen Volkes erlaubt faszinierende Einblicke in die erste Hochkultur Italiens.

Als im 8. Jh. v. Chr. die Griechen an die Westküste Mittelitaliens vordrangen, trafen sie dort auf ein Volk, das sich schon bald als größter Handelsrivale im westlichen Mittelmeer entpuppen sollte. Das Volk selbst bezeichnete sich als *Rasenna,* erst die Römer gaben ihm den Namen *Tusci* oder *Etrusci.* Die Griechen hingegen nannten die unliebsamen Konkurrenten *Tyrrhenoi* und verleumdeten sie zunächst als Piraten. Bald aber entwickelten sich intensive, durch Verträge abgesicherte Handelsbeziehungen, denn die Etrusker saßen buchstäblich auf den in der damaligen Zeit begehrtesten Rohstoffen. Die Colline Metallifere zwischen Volterra und Populonia bargen ungeheure Mengen an Kupfer, Silber und Eisen, und im Tuffgebirge des südlichen Etrurien zwischen Tarquinia und Cerveteri wurden Zinn, Blei, Kupfer und Eisen abgebaut.

Die reichen Erzvorkommen bildeten zusammen mit den äußerst fruchtbaren Böden die Pfeiler für den Aufstieg der Etrusker zu einer der wichtigsten kulturellen und politischen Mächte neben den Griechen und Phöniziern. Im günstigen Klima Etruriens, das neben der heutigen Toskana auch Teile Umbriens und Latiums umfasste, gediehen Getreide, Oliven, Weintrauben und Haselnüsse, und in den Wäldern fand sich das für die Erzverhüttung und den Schiffsbau nötige Holz im Überfluss.

Im 8. Jh. v. Chr. entwickelten sich auf dieser Grundlage

STANDPUNKT

Urbevölkerung Italiens?

Schon die Griechen waren sich über die Herkunft der Etrusker nicht einig. Herodot zufolge stammten sie aus Kleinasien, Dionysios von Halikarnassos betrachtete sie als Ureinwohner Italiens. Im 18. Jh. entstand die Theorie, dass die Etrusker über die Alpen nach Italien kamen. Da bei Besiedlung und Funden keine plötzlichen Veränderungen erkennbar sind, gingen die Etrusker wohl aus der italischen Villanova-Kultur hervor.

einige Siedlungen der voretruskischen Villanova-Kultur zu urbanen Zentren: Veio, Cerveteri, Tarquinia und Vulci in Südetrurien, Roselle, Vetulonia, Populonia und Chiusi weiter im Norden. Im Lauf der Zeit befestigten die Etrusker ihre Städte mit Wehrmauern und versahen sie mit einem Kanalisationssystem, einem gepflasterten Forum, einem Stadion und einem meist dem Hauptgott Tinia geweihten Tempel.

Luxus im Jenseits

Mit der Stadtbildung ging die allmähliche Differenzierung der zuvor egalitären Gesellschaft einher. Eine aristokratische Schicht entstand, die ihre Stellung dem Besitz von Land und Minen verdankte und die bald die politische und religiöse Führung übernahm. Handwerker, Händler und Seeleute bildeten die Mittelschicht, Bauern, Minenarbeiter und Sklaven die unterste gesellschaftliche Klasse.

Besonders deutlich veranschaulicht die etruskische Grabkultur diese gesellschaftliche Entwicklung. Seit dem 7. Jh. v. Chr. beerdigten die Etrusker ihre Toten je nach Status in oft prachtvoll ausgestatteten Nekropolen. Bei den etruskischen Grabmälern handelt es sich um die größten und aufwändigsten der Antike außerhalb Ägyptens. Im Süden Etruriens fanden die Toten in kunstvoll ins Tuffgestein gehauenen Grabhöhlen ihre letzte Ruhe, weiter im Norden bestattete man die Ascheurnen in monumentalen gemauerten Kammern. Die Etrusker versuchten, den Ahnen ihre gewohnte und behagliche Umgebung zu erhalten, und bildeten die Grabkammern den Wohnhäusern nach. Im Wandel der Grabarchitektur zeigt sich insofern auch der zur jeweiligen Zeit bevorzugte Haustyp. Im 7. Jh. v. Chr. herrschte das Langhaus vor, etwa 100 Jahre später ein dreizelliges Breithaus und vom 5. bis ins 3. Jh. v. Chr. eine Frühform des Atriumhauses, also ein um einen Hof erbautes Gebäude.

Damit es den Verstorbenen im Jenseits an nichts mangelte, versah man die Gräber mit Türen und Fenstern sowie dem nötigen, in Originalgröße aus Stein gemeißelten Mobiliar. Die Etrusker bemalten die Wände mit kunstvollen Fresken und legten dem Status des Toten entsprechende Beigaben hinein. So sollte sich eine rei-

Im Tod vereint
Oft lebensgroße Skulpturen der Verstorbenen gehörten zur etruskischen Begräbniskultur ebenso wie Fresken oder Inschriften, die von ihren Vorzügen und Taten berichteten. Ehepartner wurden im gleichen Grab, meist aber in verschiedenen Kammern beigesetzt.

Votivstatuette
Solche sehr modern wirkenden, lang gezogenen Bronzeplastiken gehörten zu den Spezialitäten der etruskischen Bronzegießer. Dieser verlieh man den Namen *l'ombra della sera,* Abendschatten.

che Etruskerin aus Cerveteri auch nach ihrem Ableben an einem kompletten Speiseservice und zahlreichen Schmuckstücken erfreuen, darunter aufwändig gearbeitete Teile in Granulations- und Treibtechniken, auf die sich die Etrusker meisterhaft verstanden.

Gleichberechtigte Etruskerinnen

Die Grabarchitektur, vor allem die Wandmalereien, bezeugen eine Besonderheit der etruskischen Gesellschaft, die bei den griechischen Zeitgenossen bestenfalls Verwunderung, meist aber Unverständnis und Ablehnung hervorrief: die Gleichberechtigung der Frau. Etruskische Frauen verfügten über Eigentum, waren oft hochgebildet und nahmen ganz selbstverständlich am öffentlichen Leben teil. Am meisten schockierte es die Griechen, wenn die Etruskerinnen bei Festen gemeinsam mit ihren Männern tanzten, tranken und gar auf den Bankettliegen Platz nahmen.

Ihre unterschiedlichen Auffassungen hinderten die Griechen allerdings nicht daran, intensive Kontakte zu den Etruskern zu pflegen und sich sogar als Händler oder Handwerker in etruskischen Städten niederzulassen. Die offene etruskische Gesellschaft integrierte die Griechen meist schnell und machte sich deren Kenntnisse und Fähigkeiten zunutze. So erlernten sie von den griechischen Keramikern das Töpfern auf der Töpferscheibe und entwickelten auf der Grundlage des griechischen Alphabets eine etruskische Schrift. Ausgesprochen beliebt waren Luxuswaren aus dem östlichen Mittelmeerraum, vor allem Elfenbein und Gold. Umgekehrt begehrte man im gesamten Mittelmeerraum und auch nördlich der Alpen die etruskische Buccherokeramik – schwarz glänzende Tongefäße, die oft mit Reliefs verziert wurden – sowie die kunstvoll geschmiedeten oder gegossenen und dann gravierten Bronzearbeiten.

Im 6. Jh. v. Chr. emanzipierte sich die etruskische Kunst vom bis dahin dominierenden griechischen Einfluss. Auch machtpolitisch strebten die Etrusker ihrem Zenit entgegen. Sie dehnten ihren Machtbereich nach Kampanien und in die Poebene aus und kontrollierten fast die gesamte italienische Halbinsel. Um 600 v. Chr. entstand aus vorwiegend religiösen Motiven der Zwölfstädtebund. Einmal im Jahr trafen sich die *lauchme*, die Könige der Mitgliedsstädte, am wichtigsten Heiligtum *Fanum Voltumnae* nahe Orvieto und besprachen neben religiösen wohl auch politische Angelegenheiten. Zu einem festen Staatsgebilde entwickelte sich dieser Bund allerdings nicht. Man bekämpfte und verhinderte zwar um 540 v. Chr. gemeinsam an der Seite der Phönizier die Ansiedlung der Griechen auf Korsika. Doch nachdem die Römer wenig später einen etruskischen Herrscher gestürzt hatten und die Griechen unter Hieron I. von Syrakus die etruskische Flotte 474 v. Chr. vor der kampanischen Küste vernichtend geschlagen und damit die etruskische Vormacht im westlichen Mittelmeer beendet hatten, kam es zu keinem weiteren wirksamen gemeinsamen militärischen oder politischen Zug der Etrusker.

An der Wende vom 5. zum 4. Jh. v. Chr. erlebte Etrurien

ALLTAGSLEBEN

Ein Leben in Luxus

Vom äußerst luxuriösen Lebensstil der etruskischen Oberschicht berichten griechische Autoren, und die Fresken in den Grabkammern Etruriens unterstreichen diese Aussagen. Männer wie Frauen zeigten ihren Reichtum gern mit erlesenen Kleidungs- oder Schmuckstücken oder in der exotischen Ausstattung ihrer Häuser. Für Freunde und Handelspartner gaben die Etrusker oft große Festgelage, bei denen Sklaven Wein in goldenen Bechern reichten, Gaukler und Akrobaten auftraten und Musikanten zum Tanz aufspielten. In der Freizeit traf man sich zu sportlichen Wettkämpfen.

Liebesreigen
Die Lebenslust der Etrusker kommt auf ihren Wandgemälden eindrucksvoll zum Ausdruck. Die Künstler ritzten zunächst die Umrisslinien ein und trugen dann die Farben auf den noch feuchten Putz auf. Die natürliche Feuchtigkeit des Tuffgesteins und die konstanten Temperaturen in den Grabmälern konservierten die Gemälde über Jahrhunderte.

eine letzte kurze Blüte. Die Grabmäler enthielten wieder eine Fülle luxuriöser Gegenstände, doch die Atmosphäre der Fresken veränderte sich grundlegend. Hatten früher frohe Leichengelage in bunten Farben das heitere Dasein im Paradies veranschaulicht, so herrschten nun ernste oder gar freudlose Motive vor. Furcht erregende Dämonen und Monster begleiteten den Toten in die dunkle Unterwelt, wo ihn der etruskische Todesgott Aita mit seiner Wolfsfellkappe erwartete.

Allmählicher Niedergang

Als zu Beginn des 4. Jh. v. Chr. die Kelten über die Alpen in die Poebene eindrangen, gingen auch die letzten Handelsbeziehungen und -einkünfte der Etrusker verloren. Der ökonomische Niedergang folgte auf dem Fuß und löste große soziale Spannungen in der etruskischen Gesellschaft aus. In dieser Situation hatten die Römer ein leichtes Spiel. Die aufstrebende Macht am Tiber wandte sich nun vollends gegen das einstige Vorbild. Seit langem hatten die Römer ihre Kinder zur Ausbildung in die etruskischen Städte geschickt, von den Etruskern Alphabet und Zahlensystem erlernt und wichtige Elemente der Architektur übernommen. So stammte die Cloaca Maxima, das Kanalsystem Roms, von den Etruskern, und selbst bei der Toga handelte es sich ursprünglich um das traditionelle Gewand der etruskischen Männer. Nun aber übernahmen die Römer die Vormacht im Handel und verleibten eine etruskische Stadt nach der anderen ihrem Herrschaftsbereich ein. Formal behielten die Etrusker ihre Unabhängigkeit, bis sie 89 v. Chr. das Bürgerrecht Roms verliehen bekamen und im römischen Staat aufgingen.

Der Aufstieg Roms zur Weltmacht

Innerhalb von 600 Jahren etablierte sich Rom, einst nur eine kleine Stadt auf einem Hügel am Ufer des Tiber, durch zahllose Kriege als einzige Großmacht im Mittelmeerraum. Seit dieser Zeit steht der Name Rom für ein Weltreich.

Der Stolz Roms
Die lebensechte Bronzestatue aus dem 2. Jh. v. Chr. zeigt einen Legionär in voller Rüstung.

Die Gründung Roms liegt im Dunkel der Geschichte. Der Sage nach wurde die Stadt im Jahr 753 v. Chr. gegründet: Rhea Silvia, die Tochter des Königs von Alba Longa am Fuß der Albaner Berge, soll einst ein Zwillingspärchen zur Welt gebracht haben, Romulus und Remus. Ihr eifersüchtiger Onkel aber, der seinen eigenen Sohn auf dem Thron sehen wollte, setzte die Neugeborenen in einem Bastkörbchen auf dem Tiber aus. Der Korb strandete am Ufer in der Nähe des Hügels Palatin, wo die Kinder von einer Wölfin gefunden und gesäugt wurden. Jahre später beschlossen die Zwillinge an dem Ort, wo man sie fand, eine Stadt zu gründen. Bei einem Streit jedoch erschlug Romulus seinen Bruder Remus und war nun der Alleinherrscher über die neue Siedlung, der er seinen Namen gab: Rom.

Das kleine Dorf vergrößerte sich rasch, da zahllose Abenteurer und Vagabunden hier ein neues Zuhause fanden. Nur Frauen fehlten! Daher entschloss sich Romulus zu einer List: Er lud das auf dem Nachbarhügel Quirinal ansässige Volk der Sabiner samt Frauen und Töchtern zu Festspielen ein, und als die Feierlichkeiten ihren Höhepunkt erreichten, ließ er die sabinischen Jungfrauen entführen. Es kam zum Krieg, doch den Sabinerinnen gelang es schließlich, Frieden zu stiften. Römer und Sabiner schlossen sich zu einem Volk zusammen und ernannten Romulus zum König.

Sechs weitere Könige sollen danach geherrscht haben, die ihre Macht allerdings zunehmend missbrauchten. 509 v. Chr. vertrieben die Römer den despotischen und korrupten Tarquinius und beschlossen, nie wieder einen König über sich zu dulden.

Neuverteilung der Macht

Von nun an standen an der Spitze des Staates zwei Konsuln, die lediglich ein Jahr lang im Amt blieben und anschließend Rechenschaft über ihr Tun ablegen mussten. Überwacht wurde ihre Regierung vom Senat, einer Versammlung vornehmer Herren, die in der *curia,* dem Rathaus, zusammenkamen und das Aufsichtsrecht über alles, was im Staat geschah, besaßen.

Damit war Rom zur Adelsrepublik geworden, in der nur diejenigen politische Rechte besaßen, die ihre Abstammung auf vornehme Ahnen zurückführen konnten: die Patrizier. Die breite Masse der Plebejer hingegen, die sich aus Bauern, Handwerkern und Kaufleuten zusammensetzte, war ausgegrenzt. Mischehen zwischen den Ständen waren verboten, Staatsämter und Priesterwürden den Patriziern vorbehalten. Es gab auch Plebejer,

Brutus Lucius Iunius, der Sage nach der erste Konsul der römischen Republi

Grabstein voller Symbolik
Einflussreiche und wohlhabende Römer liebten es, sich selbst ein Denkmal zu setzen. Der Klappstuhl und die beiden Rutenbündel rechts und links davon machen deutlich, dass der Tote zu Lebzeiten das Amt des Konsuls bekleidete.

die sich freiwillig als „Klienten" unter die Herrschaft eines Patriziers stellten, für ihn arbeiteten und mit ihm in den Krieg zogen, dafür aber Schutz und Förderung erwarteten.

Eine geschriebene Verfassung kannte Rom nicht. Richtschnur des Handelns war – politisch wie privat – durch Vätersitte bestimmt, während die Religion in Moralfragen eine untergeordnete Rolle spielte. Das Verhältnis der Römer zu ihren Göttern war eher pragmatisch: Man hielt die Riten ein, brachte Opfer dar und erwartete dafür Schutz und Segen der Götter. Wie der Staat, so war auch die Familie streng patriarchalisch organisiert. Der Vater besaß fast uneingeschränkte Gewalt über Familie, Haus und Hof sowie Sklaven.

Die Plebejer fordern mehr Rechte

Alle Einwohner Roms besaßen das Bürgerrecht und damit bestimmte Privilegien, sahen sich aber auch zum Kriegsdienst verpflichtet. Waren in der Frühzeit nur die Patrizier mit ihrer Gefolgschaft in den Kampf gezogen, so wurden später auch die Plebejer herangezogen, sofern sie ihre Ausrüstung selbst finanzieren konnten. Das hatte jedoch oft zur Folge, dass die Felder in Kriegszeiten unbestellt blieben. Die Bauern konnten nun ihre Abgaben nicht mehr leisten. Viele mussten sich verschulden und gerieten so in die Abhängigkeit der patrizischen Großgrundbesitzer. Weil die Plebejer sich aber mit dieser Ungerechtigkeit nicht abfinden wollten, drohten sie, geschlossen die Stadt zu verlassen, sollten ihnen keine weiteren Rechte zugestanden werden. Damit erreichten sie zunächst die Ernennung eines Volkstribuns, der ihre Interessen vertreten sollte.

Die Plebejer kämpften weiter. Ein beachtlicher Erfolg gelang ihnen 450 v. Chr. mit der erstmaligen schriftlichen Fixierung des geltenden Rechts durch das Zwölftafelgesetz, das unterschiedslos für alle Bürger galt und rund 900 Jahre lang die Rechtsgrundlage des römischen Staates darstellte. Wenig später

setzten sie außerdem durch, dass Plebejer und Patrizier jetzt auch untereinander heiraten durften, und ertrotzten sich politische Ämter. Von nun an musste jeweils einer der beiden Konsuln Plebejer sein.

Allerdings konnten nur begüterte plebejische Familien von den neuen Rechten profitieren und die ehrenamtliche Ämterlaufbahn einschlagen. Reiche Plebejer verschmolzen mit den wohlhabenden patrizischen Familien zu einem neuen Amtsadel, dem allein der Aufstieg in den Senat und die höchsten Würden vorbehalten war.

Alle Wege führen nach Rom

Kaum hatten die internen Ständekämpfe geendet, bedrohten äußere Feinde die römische Republik. Der Bund der benachbarten latinischen Städte, einst gegen die Herrschaftsansprüche Roms gegründet, konnte rasch aufgelöst werden. Doch der Kampf gegen die Samniten, die aus den Abruzzen in die Ebene Kampaniens vorgedrungen waren, gestaltete sich lang und verlustreich. 295 v. Chr. siegte Rom und beherrschte nun Mittelitalien.

Mit Besorgnis verfolgte man in der süditalienischen Stadt Tarent die römische Expansion. Das Einlaufen der römischen Flotte in den Hafen von Tarent wegen eines Sturmes 282 v. Chr. löste einen zehnjährigen Krieg aus. Hilfe erhielt die griechische Stadt von König Pyrrhus aus Epirus. Tatsächlich gelang ihm der Sieg über das römische Heer, doch seine eigenen Verluste waren so groß, dass er ausgerufen haben soll: „Noch ein solcher Sieg und ich bin verloren!" Als Pyrrhus dann kurz darauf in seine Heimat zurückkehrte, musste sich Tarent ergeben, und Rom herrschte über ganz Süditalien. Noch heute spricht man daher bei einem Scheinerfolg von einem Phyrrussieg.

Um ihre Macht zu festigen, gründeten die Römer auf der Apenninenhalbinsel weitere Kolonien und bauten zügig die Infrastruktur aus. Sie errichteten gerade Straßen,

Mittelpunkt Roms: das Forum
Von Beginn an erwies sich das *Forum Romanum* – hier eine Ansicht aus dem 2. Jh. v. Chr. – mit seinen repräsentativen Bauten als das politische, religiöse und kommerzielle Herzstück Roms.

Das Kapitol mit dem Junotempel war der heilige Götterberg Roms.

Das einst sumpfige Gebiet am Fuß der Hügel wurde mithilfe der *Cloaca maxima* trockengelegt. Damit schuf man Platz für Marktstände, das Rathaus und die Volksversammlungen.

HINTERGRUND

Römisches Recht: einst und heute

Eine der bedeutendsten Leistungen der Römer ist die Kodifizierung von Rechtsfällen seit dem 5. Jh. v. Chr. Es gab das strenge und formalistisch ausgerichtete *ius civile*, das ausschließlich für römische Bürger galt. Im 3. Jh. v. Chr. entwickelte sich darüber hinaus ein weiterer Rechtszweig, das *ius honorarium*, das die Rechtsbeziehung zwischen römischen Bürgern und Fremden regelte.

Die Machtausdehnung Roms führte zu einer weiten Verbreitung des römischen Rechts. Es galt in vielen Teilen Europas bis zur Neuzeit. Heute ist das römische Recht Grundlage für fast alle westeuropäischen Rechtssysteme mit Ausnahme von Großbritannien.

Viadukte, Brücken und Tunnel. Bereits während der Samnitenkriege hatten die Römer die *Via Appia* angelegt, die direkt von Rom nach Capua führte. Nach und nach wurden alle Kolonien durch Landstraßen mit der Hauptstadt verbunden.

Doch Roms größte Kraftprobe stand noch bevor: gegen die nordafrikanischen Phönizier oder Punier. Das reiche Karthago beherrschte nicht nur den Handel des westlichen Mittelmeers, es hatte sich auch auf den Balearen, auf Sardinien, Korsika sowie im westlichen Sizilien niedergelassen. Hier war ohnehin ein neuer Krisenherd erwachsen, als die Punier Bürgerkriegswirren im östlichen Sizilien nutzten, um die Burg von Messina zu besetzen. Der 1. Punische Krieg brach dann 264 v. Chr. aus, nachdem Messina Rom zu Hilfe gerufen hatte. Siege und Niederlagen Roms zu Wasser und zu Lande wechselten sich 23 Jahre lang ab, bis Sizilien erste römische Provinz wurde.

Hannibal vor den Toren

Als Ersatz für die verlorene Insel eroberte Karthago in den nächsten Jahren das südliche Spanien. Als sich nun die Stadt Sagunto unter römischen Schutz stellte, bedeutete dies erneut Krieg, der sich mit Unterbrechungen von 218 bis 201 v. Chr. hinzog. Dieser Kampf stand ganz im Zeichen des jungen karthagischen Feldherrn Hannibal, dessen Vater Hamilkar von den Römern auf Sizilien vernichtend geschlagen worden war. Um die erlittene Schmach zu rächen, stellte Hannibal eine gewaltige Streitmacht von 50 000 Soldaten und 37 Kriegselefanten auf und marschierte über Spanien und Südfrankreich in Richtung Rom, statt den direkten Weg über das Meer zu nehmen.

Erschwert wurde das gigantische Unternehmen durch Scharmützel mit verschiedenen im Rhône-Tal ansässigen gallischen Stämmen. Erst nachdem er diese besiegt hatte, konnte sich Hannibal an die Überquerung der Alpen machen. Doch auch im Gebirge gingen die Feindseligkeiten weiter. So sah sich Karthagos Feldherr nicht selten genötigt, auf enge und abschüssige Stellen auszuweichen, was nicht nur den Elefanten erhebliche Probleme bereitete. Als man nach neuntägigem Aufstieg endlich die Passhöhe des schneebedeckten Großen Sankt Bernhard erreicht hatte, waren Mensch und Tier am Ende ihrer Kräfte angelangt. Auch die Hoffnung auf einen mühelosen Abstieg sollte sich nicht erfüllen. Viele Soldaten und Tiere stürzten zu Tode. Doch Hannibal gelang es immer wieder, seine erschöpften Männer zu neuen Kraftanstrengungen zu motivieren. Als sie nach 17 Tagen endlich die norditalienische Ebene erreicht hatten, war das ehemals gewaltige Heer auf 26 000 Mann geschrumpft.

Nach der Überquerung der Alpen konnte Hannibal 3 Jahre lang unbesiegt durch Italien ziehen und eine Spur der Zerstörung hinterlassen. 216 v. Chr. gelang ihm im apuli-

Seegefecht
Zu See mussten die Römer erstmals gegen die Karthager antreten. Nach dem Muster eines gestrandeten karthagischen Fünfruderers bauten die Römer eine eigene Flotte.

schen Cannae ein glänzender Sieg über das zahlenmäßig weit überlegene römische Heer. 50 000 Römer kamen in dieser Schlacht ums Leben. Doch noch gab sich Rom nicht geschlagen. Als kurze Zeit später der Schreckensruf „Hannibal vor den Toren" erklang, weil der phönizische Feldherr mit seinen Truppen auf die Hauptstadt vorrückte, mobilisierten die Römer in einem verzweifelten Kraftakt die letzten Reserven. Die phönizische Armee hingegen war zu erschöpft, um Rom zu erobern, und Hannibal musste schließlich kampflos abziehen.

Karthago wird vernichtet

Noch aber war keine Entscheidung gefallen. Nachdem aber Publius Cornelius Scipio a. Ä. den Oberbefehl über die in Spanien stationierten römischen Truppen erhalten hatte und 204 v. Chr. ein Heer über das Meer nach Afrika führte, musste Hannibal mit seinen Soldaten aus Italien in die Heimat zurückkehren. Zwei Jahre später standen sich Scipio und Hannibal nahe der nordafrikanischen Stadt Zama gegenüber. Nach dem Sieg der römischen Truppen sah sich Karthago gezwungen, 201 v. Chr. Frieden zu schließen und seine spanischen Besitzungen abzutreten. So entstanden auf der Iberischen Halbinsel zwei neue römische Provinzen.

Es sollte noch ein halbes Jahrhundert dauern und eines weiteren Krieges bedürfen, bis Rom den langjährigen Feind endgültig in die Knie gezwungen hatte. Nach dreijährigem Feldzug wurde 146 v. Chr. Karthago dem Erdboden gleichgemacht. Das einst stolze Reich war von nun an die römische Provinz Afrika.

Die Eroberung des Ostens

Vergleichsweise mühelos gestaltete sich fast zeitgleich die Eroberung des östlichen Mittelmeerraums. Die griechischen Stadtstaaten Pergamon, Rhodos und Athen erbaten 196 v. Chr. wegen der drohenden Expansion Makedoniens Hilfe, die sich Rom durch hohe Tributleistungen und die Verschleppung zahlloser griechischer Kunstwerke teuer bezahlen ließ. Als die enttäuschten Hellenen daraufhin eine promakedonische Haltung einnahmen, schlug Rom mit eiserner Faust zu: Im Jahr 148 v. Chr. wurde Makedonien zur römischen Provinz.

Das kleinasiatische Königreich Pergamon fiel Rom kampflos zu, weil König Attalos III., der im Jahr 133 v. Chr. kinderlos starb, sein Reich dem alten Bundesgenossen vererbte. Pergamons Könige standen schon seit den Kriegen gegen den griechischen Erzrivalen Makedonien treu an der Seite Roms. Pergamon hatte sich zum kulturellen Zentrum des Ostens entwickelt, wobei die pergamenische Marmor- und Bronzekunst auch die letzte bedeutende Leistung der griechischen Plastik darstellte. Pergamon war die erste römische Provinz in Asien. Rom beherrschte jetzt unangefochten den gesamten Mittelmeerraum.

Die Stadt am Tiber galt nun als die größte Stadt der westlichen Welt. Mit steigendem Wohlstand entstanden auch immer prächtigere Bauten. Herzstück aber blieb das einst von etruskischen Einwanderern angelegte *Forum Romanum*. Hier fanden die Märkte statt, hier fielen Gerichtsurteile und große politische Entscheidungen, hier standen die Tempel, in denen längst auch die Götter verehrt wurden, die man in Griechenland kennen gelernt hatte. Der griechische Einfluss zeigte sich ebenfalls in der Vorliebe der Römer für Basiliken, jene repräsentativen Gebäude mit Säulengängen im Inneren, die als Märkte, Versammlungs- und Gerichtssäle dienten. Doch die Pracht Roms war nur vordergründig, denn die Kluft zwischen Arm und Reich hatte sich erheblich vergrößert. Verarmte Bauern strömten in die Stadt, wo sich bald neuer Unmut und sozialer Sprengstoff zusammenbrauen sollte.

Der Mund der Wahrheit
Der um 600 v. Chr. in Rom errichtete Entwässerungskanal, die *Cloaca maxima*, wurde später teilweise überbaut. In der Vorhalle der Kirche Santa Maria in Cosmedin kann man noch heute den Abflussdeckel *Bocca della Verità*, den „Mund der Wahrheit", bestaunen. Frisches Wasser leitete man über Aquädukte (Hintergrundbild) in die Stadt.

Das Reitervolk der Skythen

Seit dem 7. Jh. v. Chr. beherrschten die nomadischen Skythen die Steppen der heutigen Ukraine. Die gefürchteten Krieger hinterließen Zeugnisse einer faszinierenden Kultur.

Beim skythischen Zahnarzt
Eine Alltagsszene, festgehalten in kostbarem Gold: Das Relief der Vase zeigt eine Zahnbehandlung.

Gegen Ende des 7. Jh. v. Chr. sandten die Statthalter der Nordgrenze des assyrischen Reiches beunruhigende Nachrichten in die Hauptstadt Dur-Scharrukin: Fremde berittene Krieger waren von Norden her über den Kaukasus nach Vorderasien eingedrungen und brandschatzten die an der Grenze liegenden Gebiete. So schnell wie sie an einem Ort auftauchten, verschwanden sie auch wieder, um woanders unerwartet von neuem zuzuschlagen. Diese bis dahin unbekannten, mit einer vollkommen neuen Kampftaktik operierenden Feinde nannten die Assyrer *Gimirrai*. Die Griechen bezeichneten das Reitervolk, das in den Steppen nördlich des Schwarzen Meeres lebte, als Kimmerier. Um 700 v. Chr. fielen diese Reiterkrieger, über den Kaukasus kommend, raubend und plündernd nach Kleinasien ein. Dabei zerstörten sie 676 v. Chr. Gordion, die Hauptstadt des phrygischen Reiches. Wenn man den Ausführungen des griechischen Historikers Herodot glauben darf, dann wurde dieser Raubzug durch ein östlich von den Kimmeriern lebendes anderes kriegerisches Reitervolk ausgelöst – den Skythen. Diese verdrängten und unterwarfen die Kimmerier und breiteten sich anschließend in den Steppen nördlich des Schwarzen Meeres aus.

Die Skythen bedrohen Ägypten

Bei der Verfolgung der flüchtenden Kimmerier drangen die skythischen Reiterkrieger ebenfalls nach Kleinasien und in den nordwestlichen Iran vor. Sie waren so gefürchtet, dass der assyrische König Asarhaddon, der von 681 bis 669 v. Chr. regierte, dem Skythenkönig Partatua eine seiner Töchter zur Frau gab. Als Verbündete der Assyrer errichteten sie ihre Herrschaft über die iranischen Meder und weiteten ihre Plünderungszüge sogar über den ganzen Vorderen Orient aus. Hierbei gelangten sie bis an die Grenzen Ägyptens, und ihre furchtbaren Angriffe sind auch in der Bibel sehr anschaulich geschildert. Ungefähr 600 v. Chr. verschwanden sie jedoch aus dem Vorderen Orient und beherrschten lediglich noch die Steppengebiete nördlich des Schwarzen Meeres von der Mündung der Donau bis zum Don.

Östlich des Dons lebte das Volk der Sarmaten, die mit den Skythen eng verwandt waren. Vom Gebiet der Sarmaten bis weit in die heutige Mongolei hinein durchzog eine Vielzahl von nomadischen Stämmen die

Skythischer Reiter
Hoch zu Ross und mit stolz geschwellter Brust wird ein skythischer Krieger auf einem zeitgenössischen Wandteppich dargestellt.

weiten Steppen Zentralasiens. Alle diese Völker einte die gleiche Lebensweise, die sich bereits einige Jahrhunderte zuvor in dem unermesslich weiten eurasischen Steppengürtel, der sich von der Ukraine bis in die Mongolei erstreckt, entwickelt hatte. Die hier lebenden Völker gaben den Ackerbau auf und widmeten sich der Zucht von Herdentieren wie Schafen, Rindern und Pferden. Mit diesen zogen sie als Nomaden dem Rhythmus der Jahreszeiten folgend von einem Weideplatz zum nächsten.

Diese ausgedehnten Steppengebiete wurden von den Griechen, die hierüber nicht viel wussten, als das Land der „Gold hütenden Greifen“ mit dem mythischen Volk der „einäugigen Arimaspen“ bezeichnet. Die zeitgleichen persischen Quellen sind realistischer

STANDPUNKT

Skythische Kunst oder griechischer Import

In der skythischen Kunst nehmen die Darstellung von Tieren, hauptsächlich Hirschen oder Raubtieren, der Tierkampf und die Fabelwesen einen breiten Raum ein. Viele Gegenstände aus den skythischen Gräbern, oft Alltagsgegenstände, sind in diesem so genannten Tierstil verziert.

Die Wurzeln des Tierstils reichen zurück bis in das 9./8. Jh. v. Chr. und vereinen Motive aus Vorderasien mit der bronzezeitlichen Steppenkunst. Der echte Tierstil ist somit eine eigene Schöpfung der Steppenvölker. Viele der späteren Arbeiten wurden von griechischen Handwerkern für skythische Auftraggeber gefertigt; hier finden sich Motive wie Greife und Raubtiere, die bei den Skythen sehr beliebt waren. Von der Ausführung her sind diese Werke jedoch rein griechisch und gehören nicht zum eigentlichen Tierstil.

Griechisch? Skythisch?
Ein Skythe prüft seinen Pfeil. Das Bild in einer Trinkschale erinnert stark an griechische Vasenmalerei.

und sprechen vom Land der Saken oder Saka. Diese unterschieden sich nicht von den Skythen, da alle diese Reitervölker durch die gleiche Lebensweise und Kultur miteinander verbunden waren. Eine weitere Gemeinsamkeit waren die Sprachen und ihr äußeres Erscheinungsbild: Die mit den Iranern auch sprachlich eng verwandten Skythen und Saken hatten wie diese europäische Gesichtszüge. Das unterschied sie von den späteren, aus dem östlichen Zentralasien stammenden mongoliden Steppenvölkern.

Nachdem die Skythen die Schwarzmeersteppen endgültig in Besitz genommen hatten, entwickelten sie zu den Griechenstädten an der Küste ein enges Verhältnis. Auf den Marktplätzen trafen sich skythische und griechische Händler, und zahlreiche Steppenbewohner besuchten die Städte, um dort benötigte Waren zu kaufen.

Berittene Bogenschützen lassen die Feinde erzittern

Das Leben in den Steppen allerdings gestaltete sich nicht so friedlich, und den Alltag der Skythen prägten ständige kriegerische Auseinandersetzungen. Dabei kam es zu Überfällen auf feindliche Lager, zum Raub von Vieh und gelegentlich zu richtigen Schlachten zweier Reiterheere. Die Kampfweise der Steppenvölker basierte auf einer revolutionären Neuerung – dem berittenen Bogenschützen. Die schnellen Reiter, die ihre Pferde meisterhaft beherrschten, waren dank der tödlichen Präzision, mit der sie Pfeil und Bogen handhabten, ihren oft zu Fuß kämpfenden Gegnern klar überlegen. Für den Bogenkampf zu Pferde hatten sie spezielle kombinierte Pfeil- und Bogenköcher, *goryt* genannt, entwickelt, die an einem Gürtel von der linken Hüfte herabhingen.

Kennzeichnend für die Skythen waren die dreiflügligen Pfeilspitzen aus Bronze, die man zusätzlich mit einem Widerhaken versehen und oft auch noch vergiftet hatte. Rechts trugen sie das typische, als *akinakes* bezeichnete Skythenschwert. Außerdem führten sie Streitkolben, Peitschen und Lanzen als Angriffswaffen. Dazu kamen als Schutzwaffen mit Eisenlamellen besetzte Kampfgürtel und Schilde sowie mit Bronze- oder Eisenschuppen bewehrte Brustpanzer, Beinpanzer und Helme. Reiche Anführer trugen auch Helme und Panzer griechischer Machart.

Das Pferd war der Stolz eines jeden Kriegers und je nach Vermögen mit goldenen Zaumzeugbeschlägen und reich verziertem Stirnpanzer versehen. Die ebenfalls in den Steppen erfundenen Sättel bestanden aus mit Tierhaar gepolstertem Leder. Diese legte man über bunte, mit Tierfiguren besetzte Satteldecken aus Filz, von denen ebensolche Ziergehänge herabhingen. Steigbügel hingegen kannte man noch nicht. An Pferden, den unentbehrlichen Begleitern der Steppenbewohner, gab es mehrere Rassen, von denen einige ihrer Gestalt nach den heutigen Mongolenpferden ähnelten. Andere Züchtungen hatten einen höheren Körperbau und zählten so zu den größten Pferden ihrer Zeit.

Dermaßen ausgerüstet, konnten skythische Heere jeden Kampf bestehen und auch den Großmächten des Vorderen Orients erfolgreich die Stirn bieten. Der Herrscher des persischen Reiches, Dareios I., wollte nach einem Sieg über die Saken im Nordostiran auch die Skythen der Schwarzmeerregion unterwerfen. So zog er 513/12 v. Chr. mit einem gewaltigen Heer von Kleinasien nach Europa und überquerte die Donau mithilfe von quer aneinander gereihten Schiffen, über die man Holzbohlen gelegt hatte.

Raffinierte Taktiker

Die Skythen stellten sich jedoch nicht dem Kampf, sondern bevorzugten die Taktik der verbrannten Erde, indem sie vor dem heranrückenden Heer immer weiter in die Steppen zurückwichen und dabei alle Hilfsmittel zerstörten, die dem Feind hätten dienlich sein können. Die immer tiefer in das Land gelockten Truppen litten zunehmend unter Versorgungsschwierigkeiten und den nadelstichartig durchgeführten skythischen Angriffen. Dareios erkannte schließlich seine aussichtslose Lage – nur mit viel Glück entging das Heer beim Rückzug der Vernichtung durch die nun zur Offensive übergehenden Skythen. Dass die Skythen auch einer direkten Schlacht nicht aus dem Weg gingen, zeigen etwa die Geschehnisse von 339 v. Chr. In diesem Jahr fiel der mächtige, zu diesem Zeitpunkt bereits 90 Jahre alte Skythenkönig Atheas in einer Schlacht gegen den Makedonenkönig Philipp II.

Doch schon 9 Jahre später rächten die Skythen seinen Tod. Zopyrion, der Statthalter Alexanders des Großen in Thrakien, zog mit 30 000 Mann aus, um die an der Schwarzmeerküste gelegene griechische Kolonie Olbia zu erobern. Doch die mit Olbia verbündeten Skythen vernichteten in den Steppen das gesamte feindliche Heer.

Gefürchtete Krieger und geschickte Kaufleute

Die Skythen kämpften jedoch nicht nur gegen von außen kommende Feinde, sondern beteiligten sich gelegentlich auch an den Auseinandersetzungen der griechischen Küstenstädte untereinander. Allerdings waren die Beziehungen zu den Griechen hauptsächlich friedlicher Natur und vom Handel bestimmt. Die Skythen hatten dabei die Produkte ihrer Viehwirtschaft und vor allem Getreide anzubieten. Dieses wurde in den nördlich gelegenen Waldsteppengebieten von den hier lebenden, wahrscheinlich nicht skythischen Völkern angebaut, die den Skythen Tribut leisten mussten. Das Getreide wurde über die Küstenstädte nach Griechenland verschifft, und dieser Handel machte die skythische Oberschicht reich. Die Skythen importierten dafür Wein, Waffen, kunstvolle griechische Keramik und Metallgefäße.

Der wichtigste Gewährsmann, was die Lebensweise und Gebräuche der Skythen betrifft, ist der Grieche Herodot, der selbst auf einer Reise die griechische Kolonie Olbia an der Schwarzmeerküste besucht hat. Viele seiner Berichte konnte die Archäologie bisher bestätigen. Eine andere Quelle sind die mit szenischen Darstellungen versehenen Metallgefäße aus skythischen Gräbern, die genaue Einblicke in das Alltagsleben der Skythen gewähren: Man sieht sie hier beim Bespannen ihrer Bogen mit einer neuen Sehne oder beim zwanglosen Gespräch. Die bärtigen, oft mit Motiven des Tierstils tätowierten Männer trugen die typische, bunt gefärbte und bestickte Reitkleidung der Steppen, die aus der skythischen Spitzmütze, langärmeligen Jacken, langen Hosen sowie kurzen Lederstiefeln bestand. Die Frauen waren, wie bei Nomaden üblich, ähnlich gekleidet, doch scheinen sie auch lange Kleider getragen zu haben.

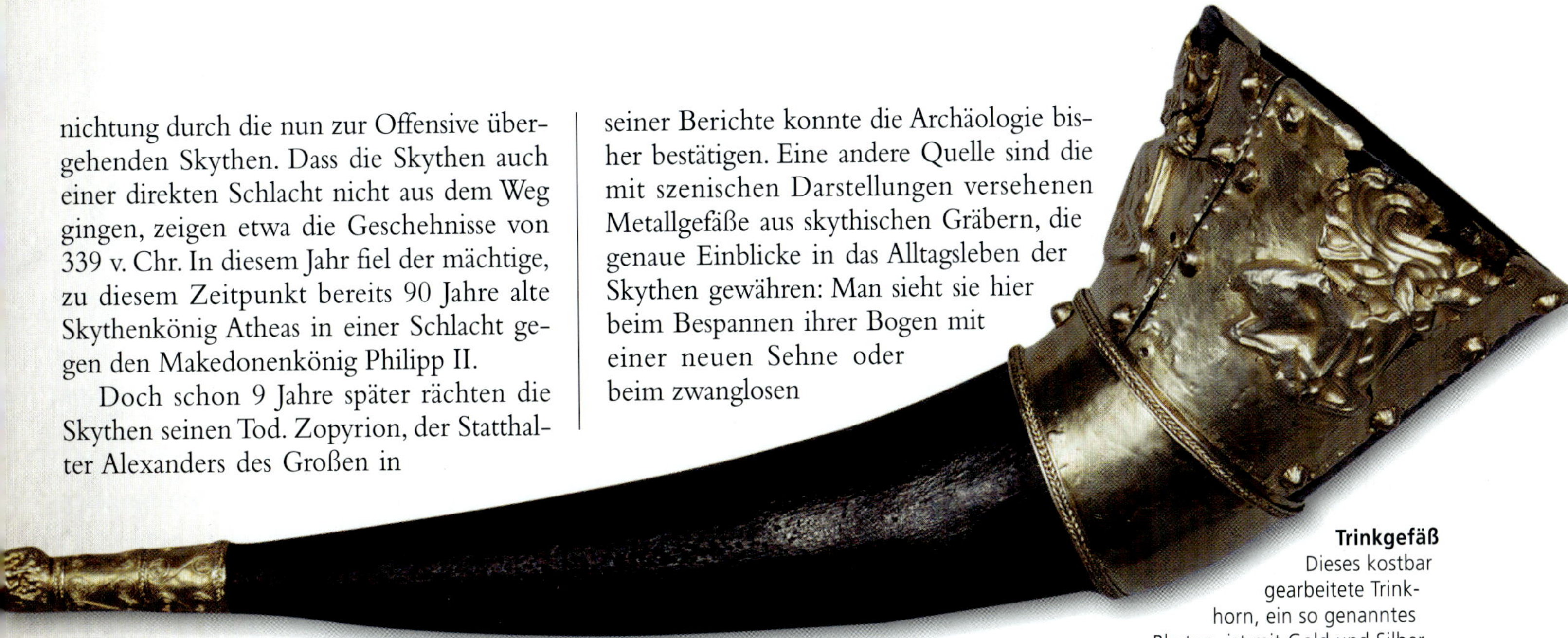

Trinkgefäß
Dieses kostbar gearbeitete Trinkhorn, ein so genanntes Rhyton, ist mit Gold und Silber reich verziert.

Kein einheitliches Reich

Das Volk der Skythen bestand aus einer Vielzahl von Stämmen, die von Herodot auch benannt werden, darunter die Königsskythen, Nomadenskythen oder Ackerbauskythen. Diese standen unter der Herrschaft von Stammesfürsten und der mit ihnen eng verwandten Oberschicht. Ein einheitliches skythisches Reich hat es nie gegeben, obwohl einige sehr mächtige Könige, wie der bereits erwähnte Atheas, zumindest zeitweise eine Art Oberherrschaft ausgeübt haben.

Die Stämme durchzogen ihre Weidegebiete in den Steppen mit ihren Viehherden und führten ihren Besitz in hölzernen Wagen mit sich. Wie gefundene Tonmodelle deutlich zeigen, versahen die Skythen diese Wagen mit zeltähnlichen Aufbauten, sodass sie auch als Wohnwagen dienten. War das Ziel erreicht, baute man in kürzester Zeit jurtenähnliche Zelte auf, und

Goldener Kamm mit Kämpfern
Dass die Skythen ein Kriegervolk waren, lässt sich selbst an diesem mit Kriegern verzierten Kamm ablesen.

Goldenes Diadem
Die Vorliebe der Skythen für Fabelwesen lässt dieser Kopfschmuck mit Sphingen sehr schön erkennen.

es entstanden in den Weiten der Steppe richtiggehende Zeltstädte. In der Nähe weideten die Tiere, und zwischen den Zelten wimmelte es von Bewohnern, die unterschiedlichsten Tätigkeiten nachgingen.

Mit der Herausbildung der Herrschaft mächtiger Könige im 4. Jh. v. Chr. scheint jedoch die Anlage der großen stadtähnlichen Festungsanlage von Kamenka bei Nikopol am Dnjepr verbunden zu sein. Innerhalb der Stadt befand sich eine vom übrigen Stadtgebiet durch eine Mauer abgetrennte Zitadelle, die der prunkvolle Wohnsitz des Herrschers und seiner Gefolgschaft gewesen zu sein scheint. Die Stadt selbst hallte vom geschäftigen Arbeiten der zahlreichen Metallhandwerker wider, die mit der Verhüttung der nahe gelegenen Eisenvorkommen beschäftigt waren. Das Eisen wurde an Ort und Stelle zu Waffen, Rüstungen und Pferdegeschirr weiterverarbeitet, woran bei den zahlreichen Kriegszügen immer Bedarf herrschte.

Aufwändige Riten für verstorbene Herrscher

Das Begräbnis eines Herrschers der skythischen Welt war sehr aufwändig. Folgt man den Berichten von Herodot, balsamierten die Skythen ihre Könige ein und fuhren den Leichnam 40 Tage lang auf einem Wagen in seinem ehemaligen Reich umher. Erst dann kam die Bestattungszeremonie, während der der Tote in ein vorbereitetes unterirdisches Katakombengrab gelegt wurde. Darauf schichtete man in wochenlanger Arbeit einen gewaltigen Grabhügel auf, der mit einer Steinfigur gekrönt war, die den Verstorbenen darstellte. Die in der Grabkammer aufgehäuften Beigaben umfassten alles, was einem Fürsten zu Lebzeiten gehörte, darunter vergoldete Waffen, Gefäße aus Gold, reich verziertes Pferdegeschirr und griechische Keramik. Dazu kamen geopferte Pferde, deren Zahl je nach Rang des Toten einige hundert umfassen konnte. Eine weitere Besonderheit dieses Totenrituals war die Opferung von persönlichen Bediensteten, die dem Verstorbenen in die andere Welt folgen mussten. Einige von ihnen wurden samt ihren Pferden auf Holzgestellen um den Grabhügel herum aufgestellt und dienten ihrem Herrn so noch als magische Totenwache.

Die Lebensanschauung dieser kriegerischen Welt, in der Kampf und Tod die ständigen Begleiter darstellten, spiegelt sich auch in ähnlichen Bräuchen wider. So schlug man nach der Schlacht den gefallenen Feinden die Köpfe ab oder skalpierte sie. Die Hirnschalen der vornehmsten Feinde wurden mit Gold gefasst und als Trinkbecher genutzt. Auf diese Weise, glaubte man, verleibte man sich die Kraft des Feindes ein.

In der skythischen Götterwelt nahm der Kriegsgott einen besonderen Rang ein. Auf dem ihm zu Ehren errichteten Opferhügel steckte ein altes Eisenschwert, das mit Tier- und Menschenblut übergossen wurde. Neben einer Vielzahl weiterer Götter verehrte man besonders Tabiti, die Göttin des Herdfeuers, sowie den Himmelsgott Papaios. Die religiösen Zeremonien, die sich unter freiem Himmel abspielten, wurden – wohl auch wie später in Zentralasien – von Schamanen durchgeführt. Daneben scheint auch die Kunst des Wahrsagens von großer Bedeutung gewesen zu sein.

Mit Beginn des 3. Jh. v. Chr. zeichneten sich an der Ostgrenze des skythischen Gebietes Veränderungen ab, die zum Untergang der Skythen führten. Völkerverschiebungen in Zentralasien lösten die Wanderung der benachbarten Sarmaten nach Westen aus. Die sarmatischen Stämme drängten die Skythen immer weiter zurück und unterwarfen sie schließlich. Die Skythen wurden in die sarmatischen Stammesverbände eingegliedert.

Im Zeichen der Akropolis

Athen, Geburtsort der modernen Demokratie, stand im 5. Jh. v. Chr. auf dem Höhepunkt seines kulturellen und politischen Einflusses. Der Bewährung in den Perserkriegen folgte später die Niederlage gegen Sparta.

Aristagoras, Herrscher von Milet, sah im Jahr 499 v. Chr. die Zeit für einen Aufruhr gekommen. Immer mehr griechische Städte im westlichen Kleinasien hatten sich den Persern unterwerfen müssen. Also wiegelte Aristagoras die Griechen Ioniens zur Revolte gegen Persien auf. Während er von Athen, das allerdings nur 20 Schiffe schickte, und Eretria, das auf der Insel Euböa liegt, unterstützt wurde, lehnte Sparta, die stärkste Militärmacht Griechenlands, jedes Eingreifen ab. Kein Wunder, dass die Griechen bereits ein Jahr später bei Ephesos ihre erste schwere Niederlage hinnehmen mussten. Athen und Eretria zogen daraufhin ihre Truppen zurück. Bis 494 v. Chr. konnten sich die Aufständischen noch behaupten. Der Vernichtung ihrer Flotte bei der Insel Lade folgte dann die Eroberung und völlige Zerstörung von Milet, der größten und reichsten griechischen Stadt in Kleinasien. Somit war der ionische Aufstand zu Ende. Wegen ihrer Unterstützung des Aufstands zog der persische König Dareios I. nun gegen Athen und das griechische Mutterland in den Krieg.

Themistokles setzte sich 492 v. Chr., als er eine der zehn höchsten Beamtenstellen in Athen innehatte, für den Ausbau von Piräus zu einem befestigten Hafen und den Bau einer starken Flotte ein. Damit legte er das Fundament für den Aufstieg Athens zur führenden Seemacht Griechenlands.

Die Akropolis unter Perikles
Das Hintergrundbild zeigt den Athener Staatsmann Perikles, der 500–429 v. Chr. lebte. Er veranlasste den prächtigen Ausbau der Akropolis. Unter seinen Nachfolgern entstand das abgebildete Erechtheion.

492 v. Chr. sicherte ein Kriegszug des persischen Feldherrn Mardonios die Herrschaft über Thrakien und Makedonien. Im Jahr darauf forderten Gesandte von Dareios I. Erde und Wasser von den Städten Griechenlands als Zeichen der Unterwerfung. Die meisten Städte kamen dieser Forderung nach, in Sparta und Athen jedoch wurden die persischen Gesandten ermordet.

Miltiades siegt bei Marathon

Im Frühjahr 490 v. Chr. überquerte eine starke persische Flotte die Ägäis und landete auf Euböa; die befestigte Stadt Eretria wurde aufgrund ihrer Beteiligung am Ionischen Aufstand niedergebrannt, ihre Bewohner nach Osten deportiert. Athen stand das ihm ebenfalls zugedachte Schicksal damit klar vor Augen. Im Spätsommer desselben Jahres landete ein 20 000 Mann starkes persisches Heer in Attika und bezog ein Lager bei Marathon. Miltiades, einer der zehn Strategen Athens, konnte seine Kollegen davon überzeugen, nicht auf einen persischen Angriff zu warten, sondern selbst in die Offensive zu gehen. Athen stellte dem gegnerischen Eliteheer rund 10 000 schwer bewaffnete Fußsoldaten, so genannte Hopliten, entgegen. Nur ein kleines Kontingent von 600 Soldaten kam aus Böotien zu Hilfe, Sparta hingegen zögerte wegen einer religiösen Feier mit der Entsendung seiner Truppen. Nachdem sich die beiden Heere mehrere Tage lang bei Marathon gegenübergelegen hatten, entschlossen sich die Perser zum Angriff. Trotz ihrer deutlichen Überlegenheit fügte ihnen Miltiades eine schwere Niederlage zu. 6400 Perser sollen auf dem Schlachtfeld geblieben sein, die Athener beklagten nur 192 Tote. Die Spartaner trafen erst nach dem Kampfende ein und konnten nur noch das Schlachtfeld besichtigen. Die Perser hatten jedoch ihre Flotte und das Gros ihres Heeres retten können. Den Versuch, die Halbinsel Attika zu umfahren und Athen direkt anzugreifen, vereitelte die in Eilmärschen von Marathon nach Athen rückende Armee. Die persischen Verbände zogen sich daraufhin nach Kleinasien zurück.

Marathon bedeutete einen großen Sieg, aber Persien gab sich noch längst nicht geschlagen. Die militärische Bedeutung des Sieges lag darin, dass damit die Überlegenheit der schwer bewaffneten griechischen Fußsoldaten gegenüber den persischen Soldaten unter Beweis gestellt worden war. Marathon trug entscheidend zur Stärkung des griechischen Selbstbewusstseins und zur Steigerung des Ansehens von Athen unter den hellenischen Stadtstaaten bei.

Poseidon
Die Bronzestatue des Meeresgottes Poseidon stammt aus der Zeit um 460/450 v. Chr.

Entscheidung bei Salamis

Miltiades, der Sieger von Marathon, starb bereits 489 v. Chr. Themistokles, in diesen Jahren der wichtigste Politiker in Athen, betrieb energisch die Umsetzung seines ehrgeizigen Flottenbauprogramms. Er ahnte, dass sich die Perser nicht mit der Niederlage abfinden würden.

Die Entdeckung und Ausbeutung ergiebiger Silbervorkommen in den Bergwerken von Laureion im Südosten Attikas gab Athen die finanziellen Mittel an die Hand, eine staatseigene Flotte – die erste der antiken Welt – auf Kiel zu legen. Themistokles hatte sich dafür ausgesprochen, die Erträge von Laureion, die man bisher unter der Bevölkerung aufgeteilt hatte, für die Aufrüstung zu

Ruderkriegsschiff
Die Schiffe, mit denen die Griechen gegen die persische Flotte in die Schlacht zogen, wurden mit Muskelkraft angetrieben.

verwenden. Bis 480 v. Chr. wuchs die Flotte, die bislang nur 70 Schiffe umfasst hatte, auf 200 Kriegsschiffe an. Die Aufrüstung kam zum rechten Zeitpunkt zum Abschluss, denn eine neue Auseinandersetzung mit Persien stand unmittelbar bevor. Dareios I. und sein Nachfolger Xerxes I. planten eine groß angelegte Operation zu Wasser und zu Land.

Xerxes I. schickte 481 v. Chr. erneut Gesandte, die Erde und Wasser als Zeichen der Unterwerfung forderten. Doch wie bereits zehn Jahre zuvor ließ man sie in Sparta und Athen wieder töten. Sparta als stärkste griechische Landmacht stellte sich nun an die Spitze des Kampfes gegen Persien. Im Herbst 481 v. Chr. berief es die kampfwilligen griechischen Städte zum später so bezeichneten panhellenischen Kongress auf den Isthmus von Korinth. Vertreter von 31 Stadtstaaten nahmen daran teil.

Angriff der Perser

480 setzte sich ein riesiges persisches Heer mit 100 000 Soldaten und 700 Schiffen in Bewegung. Eigens waren Pontonbrücken über den Hellespont angelegt worden. Die Chancen, sich der mehrfach überlegenen Perser in offener Feldschlacht zu erwehren, waren sehr gering. Der spartanische König Leonidas I. bezog zur Verteidigung Mittelgriechenlands eine Stellung bei den Thermopylen. Leonidas I. hielt den Angriffen nur zwei Tage stand – seine Stellung wurde durch den Verrat eines Griechen umgangen. Leonidas I. entließ daraufhin den Großteil seiner Truppen und blieb mit seinen Spartanern zurück. Alle fanden den Tod. Der Weg nach Athen und zur Peloponnes war für die Perser damit frei. Sie zogen durch das Land und hinterließen eine Spur der Verwüstung, sie zerstörten Athen und brannten die Akropolis nieder. Die attische Bevölkerung hatte man auf Anordnung von Themistokles auf mehrere Inseln in Sicherheit gebracht.

Fackelläufer
Sportwettkämpfe gehörten zum griechischen Leben.

Platää wurde zur größten Landschlacht, die die Griechen jemals schlugen, und endete mit einem rauschenden Sieg. Im selben Jahr machte eine griechische Flotte mit der Vernichtung der persischen Restflotte bei der Halbinsel Mykale in Ionien den Triumph perfekt. Die Siege bedeuteten das Ende der persischen Bedrohung Griechenlands. Der Krieg ging in den folgenden Jahren weiter, nunmehr aber als griechischer Angriffskrieg.

Athen schickte sich nun an, die politisch und kulturell führende griechische Macht zu werden. Sparta zeigte sich nach der Befreiung von Zypern und Byzanz von der persischen Herrschaft nicht mehr an einem weiteren Vorgehen gegen die Perser interessiert und zog sich aus den Kämpfen zurück. Die ionischen Griechen und verschiedene Inseln der Ägäis, die für eine Fortführung des Krieges gegen Persien eintraten, übertrugen daraufhin dem Führer des attischen Verbandes, Aristides, den Oberbefehl. Daraus entstand 477 v. Chr. der Delisch-Attische bzw. 1. Attische Seebund, der sich vor allem als Kampfbund gegen Persien verstand. Athen als Führungsmacht des Bundes schloss mit mehreren Inseln und Küstenstädten der Ägäis Einzelverträge. Die Bundesgenossen hatten Schiffe zu stellen oder Zahlungen zu leisten.

Kochende Frau
Griechische Künstler hielten auch ganz alltägliche Situationen in Form von Skulpturen fest.

Entgegen den Plänen der Spartaner, die sich über den Isthmus von Korinth zurückziehen wollten, sammelte sich die griechische Flotte nun in der Meerenge bei Salamis. Der stärkeren persischen Flotte fehlte hier der Raum zum Manövrieren. Dank der glänzenden Strategie von Themistokles errangen die Griechen Ende September 480 v. Chr. einen vollständigen Sieg. Xerxes I. zog sich nach Kleinasien zurück. Die endgültige Entscheidung im Krieg auf griechischem Boden fiel im folgenden Jahr, als die Perser erneut Attika verwüsteten. Bei Platää in Böotien kam es dann zur Schlacht gegen das von dem Spartaner Pausanias geführte vereinigte griechische Heer.

Die Demokratie setzt sich durch

Kimon, Sohn des Marathonsiegers Miltiades, begründete und festigte Athens Position als Großmacht in den folgenden Jahren mit dem Attischen Seebund. Durch seinen Sieg in der See- und Landschlacht am Eurymedon in Pamphylien im südwestlichen Kleinasien 467 v. Chr. wurde das persische Heer aus der Ägäis vertrieben. Kimons Sieg bildete den Höhepunkt der griechischen Erfolge in den Perserkriegen. Nach der Abwehr der persischen Bedrohung gestaltete Athen den Seebund in ein athenisches Reich um. Die Bürger Athens herrschten nun über die Bürger der anderen Stadtstaaten, gegen Widerspenstige ging Athen mit großer Härte vor. Die Bildung des athenischen Reiches wurde im Innern von der Durchsetzung der Demokratie, der Volksherrschaft, begleitet. Entscheidend waren dabei die Reformen des Ephialtes 461 v. Chr. Den bisher bestimmenden Oligarchen, Machthabern aus Adelsfamilien, wurde der Einfluss auf die Regierungsausübung entzogen. Diese blieb künftig der Volksversammlung vorbehalten. Der gesamten attischen Bürgerschaft war die Teilnahme am Rat und an den Gerichten nach dem Tod von Ephialtes durch den neuen Führer der Demokraten, Perikles, ermöglicht worden.

Athens goldenes Zeitalter unter Perikles

Perikles stellte für drei Jahrzehnte die bestimmende politische Figur in Athen dar. Thukydides, der bedeutendste griechische Geschichtsschreiber, beschrieb dessen Herrschaft treffend: „Dem Namen nach eine Demokratie, aber in Wahrheit die Herrschaft eines Mannes." Man kann diese Jahre als perikleisches Zeitalter bezeichnen; sie waren Athens goldene Jahre. Zwischen 458 und 456 v. Chr. wurde Athen durch den Bau der Langen Mauern mit den Häfen Piräus und Phaleron verbunden. Gleichzeitig entstand damit eine starke Befestigungsanlage für die Stadt.

Ab 460 v. Chr. kam es zwischen Athen und Korinth, das später von Sparta und Theben unterstützt wurde, zum ersten Peloponnesischen Krieg, der erst 450 v. Chr. mit dem Abschluss eines fünfjährigen Waffenstillstands zwischen Athen und Sparta endete. Kurz darauf beendete der so genannte Kallias-Friede die Kriege gegen das Perserreich offiziell. Die griechischen Städte in Kleinasien wurden von den Persern in die Freiheit entlassen, die Ägäis blieb künftig für die persische Flotte geschlossen. Athen sicherte im Gegenzug zu, persisches Gebiet nicht mehr anzugreifen.

Als Machtdemonstration lud Athen nun die griechischen Staaten zu einem panhellenischen Kongress nach Athen ein, der sich dem Wiederaufbau der in den Perserkriegen zerstörten Kultstätten und der Sicherung des Meeres widmen sollte. Zwischen Athen und Sparta wurde 446 v. Chr. ein 30-jähriger Friede beschlossen.

Im selben Jahr initiierte Perikles ein großzügiges Bauprogramm, das die hervorragende Stellung seiner Stadt allen Griechen vor Augen führen sollte. 447–432 v. Chr. wurde auf der Akropolis der Parthenontempel errichtet, der alles bisher in Griechenland Erbaute in den Schatten stellte. Das 12 m hohe Kultbild der Athene Parthenos von Phidias stand hier. Der Neubau der Propyläen als Eingang zur Akropolis, der Wiederaufbau des Niketempels und die Errichtung des Erechtheions bildeten weitere Glanzpunkte der Architektur des perikleischen Zeitalters. Die Bautätigkeit erstreckte sich auch auf andere Bereiche der Stadt und ganz Attika. Athen, so wünschte es sich Perikles, sollte die Schule Griechenlands sein. Und tatsächlich erlebte die Stadt in jenen Jahren eine beispiellose kulturelle Blüte. Aischylos, Sophokles und Euripides schufen ihre großen Dichtungen. Athen war seit je-

ZEITZEUGEN

Die hohe Kunst der Erziehung

Die Einrichtung der organisierten Erziehung war das Verdienst der griechischen Antike. Von Isokrates, der 436–338 v. Chr. lebte, stammt das Wort: „Grieche wird man nicht durch Geburt, sondern durch die Erziehung, und sie ist es auch, die einen Griechen von einem Barbaren unterscheidet."

Die Griechen entwickelten früh ein pädagogisches Bewusstsein. Das vorbildhafte Verhalten galt als nacheifernswert. Die Homer zugeschriebenen Epen *Ilias* und *Odyssee*, die alle Griechen kannten, enthielten solche Beschreibungen vorbildhaften Verhaltens. Die Vermittlung von Lesen und Schreiben galt in einer Demokratie wie Athen als ebenso wichtig für die Mitwirkung am politischen Geschehen wie die Aneignung von Allgemeinbildung. Die Ausbildung geistiger Fähigkeiten war also Voraussetzung für die Teilhabe an der politischen Macht.

Lyra- und Deklamierunterricht

Die organisierte Erziehung – überall, wo Griechen siedelten, richteten sie Schulen ein – trug entscheidend zum Siegeszug des Griechentums, des Hellenismus, im 3. Jh. v. Chr. bei.

Apollontempel in Delphi
Die Weissagungen, die in diesem Heiligtum des bedeutendsten antiken Orakels gemacht wurden, erwiesen sich oft als von großer politischer Bedeutung.

ner Zeit das wichtigste Zentrum philosophischer Lehr- und Lerntätigkeit. Sokrates, der Lehrer Platons, wirkte damals. Platon eröffnete 387 v. Chr. seine philosophische Schule, die so genannte Akademie. Diese Akademie behielt ihre führende Position bis ins 6. Jh. n. Chr.

Der Peloponnesische Krieg

Die Entscheidung über die Vorherrschaft in der griechischen Welt hatte sich durch den Friedensschluss von 446 v. Chr. nur verzögert, denn die Rivalität zwischen Athen und Sparta währte fort. Ernsthafte Streitigkeiten mit Korinth bewogen Perikles, eine Entscheidung mit Waffengewalt herbeizuführen. Der folgende Peloponnesische Krieg von 431 bis 404 v. Chr. veränderte die politische Landkarte Griechenlands vollständig. Am Ende waren sowohl Athen als auch der vermeintliche Sieger Sparta zu stark geschwächt, um auf Dauer einen bestimmenden Einfluss auf den weiteren Gang der griechischen Geschichte ausüben zu können.

Die Kriegshandlungen zerfielen in drei Abschnitte. Der so genannte Archidamische Krieg dauerte von 431 bis 421 v. Chr. Perikles zog die attische Bevölkerung innerhalb der Langen Mauern zusammen, setzte auf das Bündnissystem mit den Stadtstaaten des Seebunds und vertraute auf eine starke Flotte. Sparta blieb auf dem Land unangefochten, Athen war auf See erfolgreich. Keine Seite konnte entscheidende Vorteile verbuchen. 430 v. Chr. wütete die Pest in Athen und forderte zahllose Opfer. Ein Drittel der Elitetruppen wurde dahingerafft. Perikles selbst erlag der Seuche im Jahr 429 v. Chr.

Angesichts der unentschiedenen militärischen Situation und einer starken Friedenssehnsucht auf beiden Seiten schlossen die Kriegsparteien 421 v. Chr. einen Frieden auf 50 Jahre. Streitigkeiten sollten künftig durch ein Schiedsgericht entschieden werden. Die Ruhe währte jedoch nur kurz. Athen hatte ein Auge auf Sizilien geworfen und eröffnete 415–413 v. Chr. die zweite heiße Phase dieses antiken „Weltkriegs".

Alkibiades, Führer der demokratischen Partei Athens, war der Hauptverfechter der Expansionspolitik Athens in Sizilien. Kurz nach der Landung auf der Insel wurde er zurückberufen, um sich vor Gericht wegen Religionsfrevels zu verantworten. In Abwesenheit verurteilte man ihn zum Tod. Der glänzend begabte Feldherr trat umgehend auf die Seite Spartas über. Seine Kenntnis der athenischen Pläne trug entscheidend zum Ausgang des sizilischen Unternehmens bei: Die Expedition endete für Athen in einem Desaster, Heer und Flotte gingen verloren. Die Kämpfe zogen sich noch mehrere Jahre hin. Athen sammelte in einem Verzweiflungsakt alle seine Kräfte.

Die dritte Phase der großen Auseinandersetzung, der so genannte Dekeleische Krieg, dauerte 413–404 v. Chr. und endete mit der totalen Niederlage Athens. Der spartanische Feldherr Lysander nahm 404 v. Chr. die bedingungslose Kapitulation an und zog in die besiegte Stadt Athen ein. Die Langen Mauern und weitere Befestigungen wurden geschleift, der Attische Seebund aufgelöst. Die Flotte musste bis auf zwölf Schiffe an Sparta ausgeliefert werden. Athen hatte zudem ein Bündnis mit den Siegern zu schließen. Weitergehenden Forderungen seiner Bundesgenossen, allen voran von Korinth, das darauf drängte, Athen völlig zu vernichten, seine Bevölkerung zu versklaven und das Stadtgebiet in eine Viehweide zu verwandeln, gab Sparta jedoch nicht nach. 403 v. Chr. kam es zur Wiederherstellung der demokratischen Verfassung in Athen, die 411 v. Chr. während des Krieges durch einen oligarchischen Umsturz beseitigt worden war. Diese verfassungsrechtliche Ordnung hatte bis zum Ende des athenischen Staatswesens für weitere 80 Jahre Bestand.

NIEDERGANG DER GRIECHISCHEN STADTSTAATEN

Die folgenden 75 Jahre wurden geprägt von einer fast ununterbrochenen Folge größerer und kleinerer Konflikte zwischen rasch wechselnden Bündnissen. Es war eine lange Phase des Niedergangs, an dessen Ende die Welt der Polis, der griechischen Stadtstaaten, verschwand. Sparta, das während des Peloponnesischen Krieges propagandistisch geschickt zum Sturz der Vorherrschaft Athens und zur Wiederherstellung der „Freiheit" der griechischen Stadtstaaten aufgerufen hatte, rückte nach seinem Sieg schnell von diesen Ideen ab. Rasch wurde deutlich, dass es vielmehr am Aufbau eines eigenen Herrschaftssystems interessiert war, in das der bisherige Machtbereich Athens einbezogen werden sollte. Der Unmut der Verbündeten Spartas, die sahen, dass sie lediglich einen Herren gegen einen anderen eingetauscht hatten, wuchs schnell. Der Stimmungswandel kam Athen

Sokrates
Der griechische Philosoph, der 469–399 v. Chr. lebte, gilt bis heute als einer der bedeutendsten Denker der Menschheit.

HINTERGRUND

Das Orakel von Delphi

Delphi galt als das bedeutendste griechische Orakel. Der dortige Apollontempel barg das Orakel der Seherin Pythia, den Tempel der Erdenmutter und den *Omphalos*. Die Orakelpriesterin Pythia, durch Erddämpfe in Trance versetzt, verkündete den Rat Suchenden die Antwort des Gottes Apollon. Zum Apollontempel führte die heilige Straße, die von Weihegeschenken, Siegeszeichen sowie Schatzhäusern griechischer Städte gesäumt wurde. Um 390 n. Chr. hob Kaiser Theodosius I. das Orakel auf.

Der Nabel der Welt
Der *Omphalos*, Nabel, genannte Stein im Apollontempel kennzeichnete den Nabel der antiken Welt.

Ein Festmahl wird serviert
Sklaven tragen auf kleinen Tischen, die sie auf den Köpfen balancieren, die Speisen zu einem Bankett auf.

zugute, das sich dadurch schnell wieder von der Niederlage erholen konnte. Dies ermöglichte der Krieg, den Sparta 400–394 v. Chr. zum Schutz der Griechenstädte Kleinasiens gegen Persien führte. Die persische Flotte beendete unter dem Kommando des Atheners Konon im August des Jahres 394 v. Chr. mit der Schlacht bei Knidos die kurze spartanische Seeherrschaft.

Nach Athen flossen jetzt persische Zahlungen, mit denen der Wiederaufbau der Stadtbefestigungen finanziert wurde. Aufgrund des Erstarkens der antispartanischen Kräfte im Mutterland zog Sparta seine Truppen aus Kleinasien zurück. 395 v. Chr. schlossen sich Korinth, Theben, Argos und kleinere mittelgriechische Staaten zu einem Bund gegen Sparta zusammen. Athens Beitritt zu dieser Korinthischen Allianz bedeutete den Bruch des Friedens von 404 v. Chr. Der Korinthische Krieg 394–387 v. Chr. brachte beiden Seiten wechselnde Erfolge. Athen konnte seine Position verbessern, aber auch die Perser waren erstarkt. Deutlich wurde dies 387 v. Chr. im so genannten Antalkidasfrieden, den der Spartaner Antalkidas mit dem persischen König ausgehandelt hatte. Die Griechen Kleinasiens gerieten damit erneut unter persische Herrschaft. Die Autonomie der griechischen Stadtstaaten im Mutterland wurde dagegen feierlich beschworen. Auf einer Folgekonferenz wurde eine Friedensordnung für Hellas verkündet. In Wahrheit bedeutete sie die Vorherrschaft Spartas von Persiens Gnaden.

Die inneren griechischen Zwistigkeiten hielten weiterhin an. 378 v. Chr. kam es schließlich zur Gründung des 2. Attischen Seebundes, bei dem der Ausbau geregelter Beziehungen im Vordergrund stand. Im Grund war er jedoch gegen Spartas Vorherrschaft gerichtet. Auf drei Konferenzen in den Jahren 375 und 371 v. Chr. scheiterten alle Versuche, eine dauerhafte Friedens- und Sicherheitsordnung für das gesamte Gebiet des östlichen Mittelmeers zu schaffen.

Philipp II. von Makedonien unterwirft Griechenland

Spartas Machtstellung hatte nur wenige Jahre Bestand. 371 v. Chr. unterlag es bei Leuktra einem zahlenmäßig kleineren Heer Thebens. Diese Niederlage raubte Sparta den bisherigen Nimbus der Unbesiegbarkeit; binnen kurzem brach seine Machtbasis auf der Peloponnes zusammen.

Im Jahr 359 v. Chr. bestieg Philipp II. den makedonischen Königsthron. Dessen Politik kündigte eine Zeitenwende an. Die griechische Staatenwelt verharrte weiter in Uneinigkeit und schwächte sich so selbst. Sparta, Athen und Theben waren mit den Versuchen gescheitert, eine dauerhafte Vormachtstellung zu errichten. 340 v. Chr. gelang es nochmals, auf Initiative des Atheners Demosthenes einen Hellenenbund zur Abwehr Makedoniens zu schließen. Der Sieg Philipps II. 338 v. Chr. bei Chaironeia bedeutete dann das Ende der klassischen Griechenwelt. Makedonien gliederte Griechenland seinem Königreich ein.

Unbekannte Kelten

Um 450 v. Chr. begannen die großen Wanderzüge der keltischen Völker, die sie bis nach Irland und Kleinasien führen sollten. Jahrhundertelang beherrschten sie weite Teile Europas, bis sie sich schließlich der Macht Roms beugen mussten.

Im Jahr 387 v. Chr. erzitterte eine kleine Stadt in Mittelitalien vor dem bedrohlichen Herannahen barbarischer Kriegerscharen – der Name der Stadt war Rom, und bei den fremdartigen Kriegern handelte es sich um die Kelten. Sie hatten bereits die etruskische Stadt Clusium belagert, und von hier aus zog ein Teil von ihnen weiter nach Süden. Kurz vor Rom schlugen sie dann ein zu ihrer Abwehr ausgesandtes römisches Heer vernichtend – nichts schien das keltische Vordringen aufhalten zu können.

Zu dieser Zeit wussten auch die Römer nur sehr wenig über diese Stämme, die von jenseits der Alpen aufgebrochen waren und nun in Italien große Furcht und Schrecken verbreiteten. Doch woher stammte dieses weitgehend unbekannte Volk, und was veranlasste es, seine heimatlichen Wohnsitze zu verlassen und zu Eroberungen in fremde Länder aufzubrechen?

Die Kelten, von den antiken Historikern auch Gallier oder Galater genannt, waren kein einzelnes Volk, sondern eine Ansammlung unterschiedlicher Stämme, die eine gemeinsame Sprache und Kultur verband. Erstmals erwähnt wurden sie von dem griechischen Geographen Hekatäus von Milet, der um 500 v. Chr. das Hinterland von Massilia, das heutige Marseille, als „das Land der Kelten" bezeichnet. Rund 50 Jahre später sprach auch der berühmte griechische Historiker Herodot von ihnen. Die Geschichte der als Kelten bekannten Völkerschaften reicht aber einige Jahrhunderte weiter zurück, nämlich in die Zeit um 800 v. Chr., als sich in Mittel- und Westeuropa die Kunst der Eisenbearbeitung durchzusetzen begann. So bildeten sich im östlichen Alpenraum, in Süddeutschland und

Der Gundestrupkessel
Der meisterhaft verzierte Silberkessel gilt als eines der größten Meisterwerke keltischer Kunst.

Menschenopfer
Die Reliefplatte vom Kessel von Gundestrup zeigt auch ein Menschenopfer für den keltischen Gott Teutates.

in Ostfrankreich verwandte Völkerschaften heraus, die später als Kelten bezeichnet werden sollten. Von dort aus breiteten sie sich bereits um 600 v. Chr. bis nach Nordspanien aus, wo sie sich mit den dort ansässigen Iberern vermischten und Keltiberer genannt werden. Etwa um die gleiche Zeit erreichten einige Stämme auch die Britischen Inseln. Diese frühen Kelten entwickelten eine hoch stehende Kultur, deren handwerkliche Erzeugnisse denen der bereits weiter entwickelten Mittelmeerwelt in nichts nachstanden. Besondere Meisterschaft erreichten sie dabei vor allem in der Bearbeitung von Eisen.

Ein Leben in Reichtum und Luxus über den Tod hinaus

Die im keltischen Kerngebiet lebenden Stämme wurden von mächtigen Fürsten beherrscht. Sie lebten dort in Burgen, die auf strategischen Geländeerhöhungen angelegt waren. Diese Herrscher verdankten den Großteil ihres Reichtums der Kontrolle wichtiger Handelswege, die die nördlich der Alpen gelegenen Gebiete mit dem Mittelmeerraum verbanden. So gelangten zahlreiche Luxusprodukte griechischer Herkunft, etwa bemalte Keramik oder wertvolle Metallgefäße, in den Besitz der keltischen Fürsten. Nach ihrem Tod stand den Fürsten ein aufwändiges Begräbnis zu. Dazu errichteten die Kelten eine aus Holzbalken gezimmerte Grabkammer, in die während der Begräbniszeremonie der in fürstlichen Ornat gekleidete und geschmückte Leichnam gelegt wurde. Dann brachten die Angehörigen und die ehemaligen Untertanen eine Vielzahl wertvoller Metallgefäße, Goldschmuck, Waffen, griechische und einheimische Keramik sowie Lebensmittel in die Grabkammer, damit den Toten im Jenseits der gleiche Luxus umgab wie in der irdischen Welt. Bislang wurden vor allem in Frankreich und Württemberg solche verschwenderisch ausgestatteten Gräber aus dieser Zeit entdeckt.

Menschenopfer und Schädelkult

Die keltische Gesellschaft gliederte sich in drei Schichten. An der Spitze standen der Adel und die Druiden, dann folgte die Gruppe der Handwerker und freien Bauern und zuletzt kamen die Unfreien, die sich aus Abhängigen und Kriegsgefangenen zusammensetzten. Besonders Letztere stellten sich gern unter den Schutz eines mächtigen Adligen, dem sie dann zu Waffendienst verpflichtet waren. Die keltischen Stämme wurden entweder von Königen oder, wie gelegentlich in Gallien, von einem gewählten Stammesvorsitzenden und einem Adelsrat beherrscht.

Die Druiden waren die Hüter der keltischen Religion. Besonders hoben die antiken Autoren in ihren Berichten die Menschenopfer und den Kopfkult der Kelten hervor, der sich auch in der Kopfjagd ausdrückte. Die Wertschätzung des Menschenkopfs als Sitz der Seele zeigt sich besonders in den zahlreichen Kopfdarstellungen der keltischen Kunst. Der Brauch des Menschenopfers und die Kopfjagd mögen fremdartig und barbarisch wirken, doch waren beide tief in der religiösen Vorstellungswelt der Kelten verankert. Durch den Ritus des Menschenopfers nahmen die Druiden direkten Kontakt mit den Göttern auf und erflehten ihr Wohlwollen.

HINTERGRUND

Die keltische Priesterkaste der Druiden

Besonders geheimnisvoll scheinen noch heute die keltischen Priester, die Druiden. Von ihnen weiß man nur wenig, denn sie schrieben ihre Kenntnisse nicht auf. Einige antike Autoren liefern aber ein paar Informationen über Druiden. Demnach dauerte ihre Ausbildung 20 Jahre, sie waren vom Kriegsdienst befreit und hoch angesehen. Druiden wirkten als Priester, Seher und vollzogen den Dienst an den Göttern. Zudem wirkten sie als Ärzte, Baumeister, Astronomen und überlieferten die Mythen sowie historische Ereignisse. Später misstrauten ihnen die Römer und verboten die druidischen Kulte.

Das dabei auf den Boden vergossene Blut symbolisierte die Lebenskraft und gewährleistete so beispielsweise auch die Fruchtbarkeit der Erde. Durch das Abschneiden der Köpfe gefallener Feinde hingegen ging die Kraft dieses Feindes auf den Sieger über, und die Schädeltrophäe sollte von nun an auf magische Weise seinem Schutz dienen und seine Kraft mehren. Manche dieser Schädel wurden in den keltischen Heiligtümern den Göttern als Weihegabe dargebracht. Ebenso verfuhren die keltischen Krieger mit den Waffen ihrer Feinde, die in großen Mengen in den Tempeln niedergelegt wurden. Viele dieser aufgefundenen Schilde, Lanzen und Schwerter wiesen Scharten und zahlreiche andere Beschädigungen auf, die auf die erbitterten Kämpfe zurückzuführen sind, die mit ihnen ausgefochten worden waren. Nachdem die Witterung an den im Freien zur Schau aufgehängten Waffen dann deutliche Spuren hinterlassen hatte, wurden sie von den keltischen Priestern rituell zerstört und in die diese Heiligtümer umlaufenden Gräben geworfen.

Die Verehrung der Götter erfolgte meist unter freiem Himmel oder in umfriedeten Bereichen, in denen auch tempelartige Holzbauten standen. Diese heiligen Bezirke in Rechteckform waren in der Regel von einem oder zwei umlaufenden Gräben und einer Palisadenwand umgeben. Durch einen hölzernen Portalbau, der mit Rinder- und Menschenschädeln geschmückt war, gelangte man in den offenen Hof. Hier standen die mit Waffentrophäen behängten Pfähle vor einem kleinen, rechteckigen Holzgebäude, das vermutlich eines oder auch mehrere Götterbilder beherbergte. Zu den wichtigsten und wohl auch überregional verehrten Göttern gehörten der Donnergott Taranis, Teutates, der Gott des Stammes, und Epona, die Göttin der Pferde. Darüber hinaus spielte im Glauben der Kelten auch eine Vielzahl von Geistern, Feen und anderen übernatürlichen Wesen, die sowohl in Menschen- als auch in Tiergestalt auftreten konnten, eine große Rolle.

Die Kelten erobern Rom und dringen bis Kleinasien vor

Um 450 v. Chr. begannen die Kelten ihre weitgehend friedliche und geordnete Lebensweise zu ändern. Die großen Fürstensitze wurden teilweise verlassen, und praktisch über Nacht setzten die keltischen Völkerschaften zu einer ganz gewaltigen

Schädeltrophäen
Das Eingangstor, das mit menschlichen Schädeln geschmückt ist, stammt aus dem Keltenheiligtum im französischen Roquepertuse.

Waffen der Kelten
Der Eisendolch in der Scheide stammt aus der so genannten Hallstattkultur; der Bronzehelm wurde in der Themse gefunden.

Wanderung an, die sie bis an das westliche Ende Europas und sogar nach Anatolien führen sollte.

Die Gründe hierfür liegen nach wie vor im Dunkeln. Hatten die Fürsten den Bogen überspannt und die Bevölkerung in ihrer Gier nach dem Luxus des Südens zu sehr ausgebeutet? Oder war die Zahl der Bevölkerung in diesen anscheinend realtiv friedlichen Jahrhunderten zu sehr angewachsen, sodass in den angestammten Gebieten nicht mehr genügend Ackerland zur Verfügung stand? Bereits um 400 v. Chr. überquerten sie die Alpen und besiedelten in Norditalien die Poebene. Von ihren neuen Wohngebieten aus wurden die Kelten zum Schrecken ihrer Nachbarn, die sie durch häufige Kriegszüge bedrohten. In Mittelitalien bedrängten sie das Volk der Etrusker, und es kam zu den ersten Kämpfen mit dem damals noch unbedeutenden Rom, das von den Kelten erobert wurde. Der Weg der Kelten führte auch nach Osten über Ungarn auf den Balkan. Von dort aus drangen keltische Heere nach Griechenland ein und plünderten 279 v. Chr. sogar die für ihr Orakel berühmte Stadt Delphi. Ein Jahr später wurden keltische Krieger vom Herrscher des in der Nähe des heutigen Istanbul gelegenen Bithynien zu Hilfe gerufen und setzten nach Kleinasien über. Auch hier sorgten sie für beträchtliche Unruhe, indem sie regelmäßige Kriegs- und Plünderungszüge in die Machtbereiche der dortigen hellenistischen Herrscher unternahmen.

Furcht erweckendes Äusseres

Die Angst, die die Kelten vor allem im Mittelmeerraum verbreiteten, ist auch auf ihr äußeres Erscheinungsbild zurückzuführen. Die Krieger trugen lange Hosen und Umhänge, die aus bunten und karierten Stoffen gefertigt waren. Außerdem waren die Kelten entweder tätowiert, oder sie bemalten sich für den Kampf teilweise mit blauer Farbe. Dazu tauchten sie ihr Haar in Kalkmilch, damit es steif in die Höhe ragte. Von manchen wurde berichtet, dass sie sogar nackt, nur mit Schild und Schwert bewaffnet, kämpften. Vor der Schlacht versetzten sie sich durch Gesänge und den Lärm von Kriegstrompeten sowie durch rhythmisches Schlagen der Schwerter gegen die Schilde in

STANDPUNKT

Keltenschanzen – Kultplatz oder Fürstenburg

Festung
Spuren der keltischen Eroberungsfeldzüge finden sich über ganz Europa verstreut. Diese Anlage in Irland diente etwa vom 1. bis 5. Jh. n. Chr. als Festung. Hier waren diese Anlagen anders als auf dem Festland, nämlich ganz aus Stein.

In Mitteleuropa und Frankreich gibt es aus der Zeit der Kelten zahlreiche rechteckige Wallanlagen, die man als Keltenschanzen bezeichnet.

Aufgrund der Wälle dachte man zuerst, dass es sich um Befestigungswerke handelte, die den Bewohnern der umliegenden Siedlungen als Fluchtburg gedient haben könnten, oder auch um die Wohnsitze von keltischen Fürsten.

In einigen von ihnen fand man jedoch Reste von Holzbauten und bis zu 40 m tiefe Schächte, in denen u. a. auch Reste von Menschenopfern zu finden waren.

Heute geht man davon aus, dass es sich nicht um Burgen, sondern um Heiligtümer handelte. Vermutlich waren die Keltenschanzen Verwaltungszentren eines bestimmten Gebiets, die sowohl als Versammlungsplatz, Sitz der Gerichtsbarkeit und des örtlichen Machthabers sowie als Heiligtümer gedient haben.

Raserei. Ihr Waffenarsenal bestand aus länglich ovalen Holzschilden, langen Eisenschwertern und Lanzen, dazu trugen sie Helme aus Bronze oder Eisen. Diese waren gelegentlich mit einem Aufsatz versehen, der Tiere wie Raubvögel oder Eber darstellte. Als Rüstung dienten den wohlhabenderen Kelten aufwändig gearbeitete Kettenhemden. In der Regel kämpften sie zu Fuß oder zu Pferd, teilweise benützten sie auch zweirädrige Streitwagen, die vor allem in Britannien bis zur Zeit Cäsars im Einsatz blieben.

TAPFERE KRIEGER UND GESCHICKTE HANDWERKER

Den antiken Autoren erschienen die Kelten und viele ihrer Sitten und Gebräuche als fremdländisch und barbarisch, was ein völlig falsches Licht auf sie wirft. Die Kelten waren hochbegabte und erfindungsreiche Handwerker, Künstler und Händler, die die erste städtische Zivilisation nördlich der Alpen noch vor den Römern errichteten. Als Kernzellen dieser Kultur, die nach dem Ende der großen Wanderungen erblühte, dienten die seit 200 v. Chr. entstehenden Städte, die Cäsar nach dem lateinischen Begriff für Stadt Oppidum nannte. Diese städtischen Siedlungen entstanden hauptsächlich im heutigen Frankreich und im mitteleuropäischen Raum, wobei einige von ihnen in Frankreich den Kern noch heute bewohnter Städte bilden. So geht z. B. Paris auf das Oppidum des keltischen Stammes der Parisii zurück.

Neben diesen Städten gab es vor allem in Britannien eine Vielzahl von auf Anhöhen errichteten, burgähnlichen Festungen, die entweder als Fluchtburgen dienten oder dauerhaft besiedelt waren. Kennzeichen eines Oppidums ist seine Ringmauer, die oft in einer besonderen Art und Weise errichtet wurde. Cäsar bezeichnete sie als *murus gallicus,* die Gallische Mauer. Dabei errichteten die Kelten ein kastenartiges Gerüst aus Holzbalken, das mit Steinen und Erde gefüllt wurde. Die Außenseite der Mauer verkleideten sie mit Bruchsteinen, während das Holzgerüst von einer Erdrampe bedeckt war. An die steinerne Außenverkleidung schloss sich oben eine aus Holz gezimmerte Brustwehr an. Die Konstruktion erwies sich als stabil und konnte weder durch Feuer noch durch feindliche Rammböcke zum Einsturz gebracht werden. Die Mauerzüge konnten, wie bei dem Oppidum von Manching bei Ingolstadt, bis zu 7 km lang sein und eine Fläche von 380 ha umschließen. Da die keltischen Siedler nicht den gesamten Innenraum bebauten, blieb noch genügend Platz für Ackerbau. Dabei dienten die Oppida hauptsächlich als Sitz der Aristokratie sowie als Handwerks- und Handelszentren.

Keltische Handwerker gehörten zu den begabtesten ihrer Zeit, und sie schufen besonders in der Metallkunst wahre Meisterwerke. Die keltischen Waffenschmiede waren berühmt, denn sie übten bereits die Kunst des Damaszierens aus: Dazu verschmiedeten sie abwechselnd Lagen weichen und gehärteten Eisens und erhielten so dauerhaft scharfe und biegsame Schwertklingen. Außerdem erfanden sie höchstwahrscheinlich auch das Kettenhemd. Die Goldschmiede fertigten den herrlichsten Schmuck aus Gold und Bronze an, darunter auch die von den keltischen Männern getragenen Halsreifen, die ein Symbol der Krieger waren und sie auf magische Weise vor Gefahr schützen sollten.

Männerkopf
Der ausdrucksvolle keltische Kopf mit Halsring ist aus Tonschiefer und stellt wohl einen Würdenträger oder eine Gottheit dar.

GROSSER ERFINDUNGSREICHTUM

Das keltische Handwerk und Wirtschaftswesen war sehr weit entwickelt. Dieser handwerkliche Aufschwung lässt sich zum Großteil auf die relativ leicht und billig herzustellenden Werkzeuge aus Eisen zurückführen, bei deren Formgebung sich die Kelten als sehr erfinderisch erwiesen: Besonders anschaulich

Der Batterseaschild
Mitten in der Themse, nahe der Battersea Bridge in London, fand man diesen kostbar gearbeiteten keltischen Schild.

wird dies beim Werkzeug der Schmiede, das im Wesentlichen dem auch heute noch verwendeten gleicht. Keltische Töpfer waren die ersten, die nördlich der Alpen die Töpferscheibe benutzten, und keltische Stellmacher zogen als erste anstelle der genagelten Eisenreifen diese im heißen Zustand auf die Speichenräder der Wagen. Dies verhinderte ein Herabfallen des Eisenreifens und stabilisierte das Rad zusätzlich. Eine weitere Neuerung nördlich der Alpen bildete die aus dem Süden übernommene Herstellung von Glas, das zu bunten Armreifen geformt wurde.

Handelsverbindungen mit ganz Europa

Ein anderer wichtiger Wirtschaftszweig war vor allem im Alpengebiet der Bergbau, bei dem man Metalle und Salz förderte. Neben anderen Handelsgütern wurden diese in einem weit verzweigten Netz über ganz Europa vertrieben. Die Ausdehnung dieses Handelsnetzes wird an dem von den Kelten zu Schmuck verarbeiteten Bernstein deutlich, der aus dem Ostseeraum stammte. Aus dem Süden kamen Luxuswaren wie Wein, dem die keltische Oberschicht in üppigen Gastmälern reichlich zusprach. Aus dem Mittelmeeraum stammte auch die Kenntnis von Münzgeld, das den Handel sehr erleichterte. Bei hellenistischen Herrschern dienende keltische Söldner waren in Münzen entlohnt worden und brachten dieses Zahlungsmittel ab etwa 350 v. Chr. in ihre Heimat. Anfangs handelte es sich bei den Münzen um Nachahmungen griechischer Vorbilder. Doch bald prägten die einzelnen keltischen Stämme ihre eigenen Münzen, die mit typisch keltischen Motiven versehen wurden. Besonders markant sind die goldenen Regenbogenschüsselchen, deren Bezeichnung auf ihre schüsselartige Form und die Sage vom Schatz am Ende des Regenbogens zurückzuführen ist.

Mit dem Höhepunkt der keltischen Kulturentwicklung begann sich ab 200 v. Chr. der Untergang der keltischen Welt abzuzeichnen. Die Kelten hatten während ihrer Geschichte nie ein einheitliches Reich begründet, sondern waren immer in zahlreiche oft miteinander verfeindete Stämme aufgeteilt gewesen. In Kleinasien wurden die hier siedelnden keltischen Stämme von den hellenistischen Herrschern Pergamons vernichtend geschlagen. Später erinnerte nur noch der Name der Landschaft Galatia im heutigen Anatolien an ihre Anwesenheit. Auf dem Balkan verdrängten thrakische Völker allmählich die Kelten. Den gefährlichsten Feind stellten jedoch die Römer dar. Diesen war es gelungen, die in Italien lebenden Kelten zu unterwerfen. Bald standen der Großteil der Iberischen Halbinsel und 121 v. Chr. auch Südfrankreich unter ihrer Herrschaft. Selbst von Norden her drohte Gefahr: Immer mehr germanische Stämme breiteten sich, von Südskandinavien und Norddeutschland kommend, kontinuierlich nach Süden aus. Dies löste unter den in der heutigen Schweiz lebenden keltischen Helvetiern eine Wanderungsbewegung aus, die schließlich 58 v. Chr. zum Gallischen Krieg führte.

Cäsar unterwirft Gallien

Der römische Feldherr Gajus Julius Cäsar nutzte diese Wanderungen nämlich als Vorwand, um in Gallien einzufallen und die Kelten endgültig zu unterwerfen. Der Feldzug, bei dem das blühende Land mitsamt seinen Städten weitgehend zerstört wurde, zog sich über mehrere Jahre hin. Dem Fürsten Vercingetorix vom Stamm der Averner gelang es angesichts der Gefahr zwar kurzfristig, die gallischen Stämme gegen den gemeinsamen Feind zu vereinen, doch das gallische Heer unter seiner Führung unterlag 52 v. Chr. bei Alesia der römischen Übermacht. 15 v. Chr. rückten die Römer über die Alpen nach Süddeutschland vor und besetzten es, ohne dabei auf nennenswerten Widerstand zu stoßen. In den Jahren 43–84 n. Chr. eroberten römische Legionen dann auch Britannien, einzig das von Kelten besiedelte Schottland und Irland blieben unabhängig. Bis auf diese Rückzugsgebiete war somit die keltische Kultur in Europa dem Untergang geweiht.

Die Krise der Römischen Republik

Als die Römische Republik in die Krise geriet, folgten Bürgerkriege und Diktaturen, bis Augustus die Macht ergriff und das Kaiserreich gründete.

Rom war nach dem 3. Punischen Krieg Mitte des 2. Jh. v. Chr. und der Zerstörung Karthagos unbestrittene Vormacht im Mittelmeerraum. Die jahrzehntelang geführten Kriege hatten jedoch das innere Staatsgefüge schwer zerrüttet. Vor allem das Kleinbauerntum hatte aufgrund der jahrelangen Abwesenheit der Soldaten von der Heimat enorm gelitten. Sein Niedergang gefährdete die römische Wehrkraft, da nur römische Bürger, die über einen Mindestbesitz verfügten, als Soldaten dienen durften. Die Krise der römischen Agrarwirtschaft musste gelöst werden. 133 v. Chr. brachte Tiberius Gracchus ein Ackergesetz im Senat ein, das die Verteilung von Staatsland an mittellose Bauern vorsah. Da er damit an der Senatsmehrheit scheiterte, legte er sein Gesetz der Volksversammlung vor, wo es breite Zustimmung dafür gab. Bei den daraus entstandenen Tumulten fand er noch im selben Jahr den Tod. 122 v. Chr. griff sein jüngerer Bruder Gajus sein Reformwerk wieder auf. Er scheiterte ebenfalls am Widerstand der aristokratischen Senatsmehrheit. und wurde im darauf folgenden Jahr ermordet. Das wichtigste innenpolitische Problem blieb ungelöst.

Gajus Julius Cäsar
Mit politischem Geschick und militärischen Glanzleistungen stieg Cäsar zum Diktator auf.

Schlacht mit den Barbaren
Rom hatte ab dem 2. Jh. v. Chr. zunehmend kriegerische Probleme mit Germanen und Galliern.

Rom sah sich am Ende des 2. Jh. v. Chr. großen äußeren Bedrohungen gegenüber. 111–105 v. Chr. kämpfte es in Nordafrika gegen König Jugurtha, der in die römische Provinz Africa eingedrungen war. Als ungleich gefährlicher erwiesen sich jedoch die Einfälle der germanischen Stämme der Kimbern, Teutonen und Ambronen um 113 v. Chr. Die Römer mussten in den folgenden Jahren eine Reihe von Niederlagen gegen die Germanen hinnehmen. Der Schrecken der Germaneneinfälle saß den Römern noch Jahrzehnte später in den Gliedern. 107 v. Chr. wurde Gajus Marius zum Konsul gewählt, er erhielt den Oberbefehl im Krieg gegen Jugurtha. Der Befehlshaber seiner Reiterei war Cornelius Sulla. Dessen Sieg 105 v. Chr. über König Jugurtha begründete eine Rivalität zu Marius, die Roms Schicksal später beeinflussen sollte. Nach dem Sieg in Nordafrika reformierte Marius ab 105 umfassend das römische Heer, das nun zu einem Berufsheer wurde, und verbesserte die Ausbildung der Soldaten. Künftig konnten auch Besitzlose als Soldaten dienen. Die Reform brachte den römischen Streitkräften neue Schlagkraft. Marius besiegte 102 v. Chr. bei Aquae Sextiae die Teutonen und Ambronen, im Jahr darauf vernichtete er bei Vercellae die Kimbern.

Die Germanengefahr war damit für mehrere Jahrhunderte gebannt, die römische Politik kam jedoch nicht zur Ruhe. Neben der Agrargesetzgebung blieb ein zweites großes Problem ungelöst – das Verhältnis Roms zu seinen Bundesgenossen. Die italischen Bundesgenossen mussten in den Kriegen der Römer die gleichen Belastungen tragen wie die Römer, besaßen jedoch nur eingeschränkte Rechte, und hohe Staatsämter waren den Römern vorbehalten. Der Ausbruch des Bundesgenossenkriegs 91 v. Chr. stellte Rom vor eine außerordentliche Belastungsprobe mit vielen Rückschlägen. Erst im Jahr 88 v. Chr. kam es zur Verständigung. Rom gewährte allen Bundesgenossen das römische Bürgerrecht – Italien wurde damit zu einem Bundesstaat unter römischer Führung.

Sulla marschiert gegen Rom

Sulla hatte sich im Bundesgenossenkrieg hervorgetan und war für 88 v. Chr. zum Konsul gewählt worden. Darüber hinaus hatte ihm der Senat den Oberbefehl im Krieg gegen Mithridates VI., König von Pontos, übertragen. Doch als die Volksversammlung beschloss, den Oberbefehl lieber Marius zu geben, war für Sulla das Maß voll. Er führte seine Truppen gegen Rom, und nach kurzem Kampf eroberte er die Stadt; die Anhänger von Marius wurden geächtet. Das römische Stadtgebiet durfte von alters her von Soldaten nicht betreten werden, die Befehlsgewalt eines Generals erlosch beim Überschreiten der Stadtgrenze. Sulla setzte sich als Erster über dieses Gesetz hinweg und schuf damit einen äußerst bedenklichen Präzedenzfall.

König Mithridates VI. war 90 v. Chr. in die römische Provinz Asia, das westliche Kleinasien, eingefallen. 88 v. Chr. ließ er in der so genannten Vesper von Ephesos tausende Römer ermorden. Daraufhin bekriegte Sulla Mithridates von 88 bis 85 v. Chr., jedoch nicht mit letzter Konsequenz. In dieser Zeit hatten seine Gegner in Rom erneut die Oberhand gewonnen. Sulla zeigte sich deshalb an einem schnellen Kriegsende interessiert. Im März 86 v. Chr. eroberte er Athen, Siege bei Chaironeia und Orchomenos folgten. Mithridates VI. musste 85 v. Chr. das eroberte Gebiet räumen und eine Kriegsentschädigung zahlen.

83 v. Chr. landete Sulla bei Brindisi in Süditalien. Rasch sammelten sich seine Anhänger, der junge Gnaeus Pompejus führte ihm eine privat finanzierte Legion zu. Am 1. November 82 v. Chr. errang Sulla am Collinischen Tor Roms den entscheidenden Sieg. Seine Gegner wurden geächtet, viele fielen Proskriptionen – die Namen der Verfolgten wurden veröffentlicht, ihre Tötung wurde damit gleichsam legalisiert – zum Opfer. Sulla war unumschränkter Herrscher in Rom; zur Neuordnung der Verfassung übertrug ihm der Senat das Amt des Diktators. Er restaurierte die aristokratische Senatsherrschaft und siedelte über 100 000 Soldaten in neuen Kolonien in Italien an. Doch schon 79 v. Chr. legte er seine Ämter wieder nieder und zog sich ins Privatleben zurück. Im Jahr darauf starb er.

POMPEJUS, DER NEUE STARKE MANN

Unter Sullas Nachfolger Pompejus kam es in den folgenden Jahren überall im Reich zu Kriegen und zu Aufständen. 73 v. Chr. brach ein gefährlicher Sklavenaufstand aus. Spartacus vom Volk der Thraker gelang es, mit einigen Leidensgenossen aus der Gladiatorenschule in Capua zu entfliehen. Schnell fand er großen Zulauf – sein Heer zählte bald über 70 000 Sklaven. Nach seinem Sieg 72 v. Chr. über ein römisches Heer in Norditalien zog Spartacus wieder gen Süden. Hier umzingelte ihn der römische Befehlshaber Crassus und fügte ihm die entscheidende Niederlage zu. Die entkommenen Reste seines Heeres wurden von Pompejus 71 v. Chr. in Oberitalien vernichtet.

Pompejus und Crassus übernahmen 70 v. Chr. nun das Konsulat; die von Sulla beseitigten Rechte der Volkstribune wurden wiederhergestellt. 67 v. Chr. erhielt Pompejus gegen den Widerstand des Senats ein mit außerordentlichen Vollmachten versehenes Kommando, um endlich der Seeräuber im östlichen Mittelmeer Herr zu werden. Pompejus löste diese Aufgabe in 3 Monaten. Dieser große Erfolg trug ihm im Jahr 66 v. Chr. ein weiteres derartiges Kommando ein, denn König Mithridates VI. gab in Kleinasien keine Ruhe. Pompejus' Feldzüge führten binnen kurzem zur vollständigen Niederwerfung von Mithridates VI. 63 v. Chr. eroberte er Palästina sowie Jerusalem und regelte die Verhältnisse in Kleinasien und Syrien neu.

Cicero
Marcus Tullius Cicero, der am 7.12.43 v. Chr. einem Mordanschlag zum Opfer fiel, war einer der bedeutendsten Redner, Politiker und Schriftsteller seiner Zeit.

DAS ERSTE TRIUMVIRAT

Pompejus hatte nun die unbestritten mächtigste Position in Rom inne. Viele Römer sahen der Rückkehr des siegreichen Feldherrn mit Spannung entgegen. Marcus Tullius Cicero deckte Anfang Dezember 63 v. Chr. die Verschwörung des Catilina auf. Pompejus kehrte Ende 62 v. Chr. nach Italien zurück und entließ seine Truppen. Er vertraute darauf, dass der Senat seine Anordnungen im Osten und die Versorgung seiner Soldaten mit Landbesitz problemlos bestätigen würde. Wider Erwarten konnte er seine Wünsche im Senat aber nicht durchsetzen. Im Herbst des Jahres 60 v. Chr. schlossen sich Pompejus, Crassus und der aufstrebende Gajus Julius Cäsar zu einem Bündnis zusammen, dem so genannten Ersten Triumvirat. Cäsar wurde zum Konsul gewählt und sorgte für die Durch-

Atrium einer römischen Villa
Der mosaikgeschmückte Innenhof, das sogenannte Atrium, dieser Villa in Stobi, Makedonien, ist typisch für die römische Architektur der republikanischen Zeit.

setzung ihrer Absprachen. Mehrfach ließ er dabei den Widerstand seines Konsulkollegen Bibulus mit Gewalt brechen. Das Erste Triumvirat stellte den Beginn des endgültigen Zerfalls der republikanischen Ordnung dar, denn solche übermächtigen privaten Bündnisse ließen sich nicht in alte Herrschaftsstrukturen einordnen.

Das Triumvirat einigte sich darauf, Cäsar nach seinem Konsulat die Provinz Gallien für 5 Jahre als Prokonsulat zu übertragen. Das Eindringen der Sueben im Jahr 58 v. Chr. bildete den Auslöser für den 7 Jahre dauernden Gallischen Krieg, in dem Cäsar das Land bis zum Rhein der römischen Herrschaft unterwarf. Da Cäsar fürchtete, nach Ende seines Kommandos wegen der Vorfälle in seinem Konsulat in Rom vor Gericht gestellt zu werden, erneuerte er 56 v. Chr. zusammen mit Pompejus und Crassus das Triumvirat.

Zunehmend prägte Gewalt die römische Innenpolitik jener Jahre. Crassus, der sich durch einen Krieg gegen Parthien eine starke militärische Machtposition schaffen wollte, wurde 53 v. Chr. bei Carrhae vernichtend geschlagen und getötet. Pompejus und Cäsar gingen immer mehr eigene Wege. 52 v. Chr. erreichte das innenpolitische Chaos in Rom seinen Höhepunkt: Das Senatsgebäude ging in Flammen auf. Pompejus sollte als Konsul ohne Kollegen die Ordnung wiederherstellen. Im selben Jahr wehrte sich Cäsar erfolgreich gegen einen Aufstand in Gallien unter Vercingetorix. Kleinere Feldzüge im folgenden Jahr schlossen die Eroberung Galliens ab.

Cäsar überschreitet den Rubikon

Der Senat forderte Cäsar am 1. Januar 49 v. Chr. auf, nach dem Ende seines Kommandos das Heer zu entlassen. Mit dem Überschreiten des Rubikon bei Ravenna, der Grenze Galliens zu Italien, löste er den Bürgerkrieg aus. Pompejus, nun Führer der Senatspartei, gab Italien auf und sammelte seine Kräfte in Griechenland. Am 9. August 48 v. Chr. errang Cäsar bei Pharsalos in Thessalien den entscheidenden Sieg. Pompejus floh nach Ägypten, wo er bei seiner Landung ermordet wurde. Doch erst im Jahr 45 v. Chr.

fanden die Kämpfe ihr Ende. Cäsar wurde im April 46 v. Chr. die Diktatur auf 10 Jahre übertragen. Er begann mit der Versorgung seiner Veteranen in Italien, regelte die Getreideversorgung und führte den nach ihm benannten julianischen Kalender ein, indem er das Mond- durch das Sonnenjahr ersetzte. Der Senat verlieh ihm umfassende Ehrenrechte, darunter die Diktatur auf Lebenszeit; der 7. Monat des Jahres wurde nach ihm benannt. Seine Gegner unterstellten ihm jedoch das Streben nach der Königswürde, und es bildete sich eine Verschwörung gegen Cäsar, die von Marcus Iunius Brutus und Cassius Longinus angeführt wurde. An den Iden des März, am 15. März des Jahres 44 v. Chr., fiel Cäsar einem Attentat zum Opfer.

Der Aufstieg Octavians

Cäsars Ermordung löste den zweiten Bürgerkrieg aus. Den Republikanern unter Brutus und Cassius standen die Cäsarianer unter Konsul Marcus Antonius gegenüber. Dazu betrat jetzt Gajus Octavian, Cäsars Großneffe, die politische Bühne. Octavian war von Cäsar zum Alleinerben bestimmt, woraus der 19-Jährige politische Ansprüche ableitete. Im November 43 v. Chr. schlossen Marcus Antonius, Octavian und Lepidus das Zweite Triumvirat. Ihren Proskriptionen fielen auch 130 Senatoren und Cicero zum Opfer.

Im Oktober 42 v. Chr. besiegte Marcus Antonius die Cäsarmörder Brutus und Cassius bei Philippi. Im September 40 v. Chr. teilten die Triumvirn das Reich unter sich auf: Marcus Antonius erhielt den Osten, Africa fiel an den bald in der Bedeutungslosigkeit versinkenden Lepidus und der Westen kam an Octavian. Dieser blieb in Rom, wo er seine Machtposition zielstrebig ausbaute. Ab 34 v. Chr. begann er einen Propagandafeldzug gegen Marcus Antonius, der sich in Ägypten mit Königin Kleopatra verbunden hatte. 32 v. Chr. kam es zum offenen Kampf um die Herrschaft im Römischen Reich. Der Seesieg bei Actium vom September 31 v. Chr. war die Entscheidung. Kleopatra und Marcus Antonius begingen nach der Einnahme Alexandrias durch Octavian 30 v. Chr. Selbstmord, Ägypten wurde römische Provinz.

Octavian herrschte nun allein über Rom, der Bürgerkrieg war zu Ende. Am 13. Januar 27 v. Chr. gab Octavian alle außerordentlichen Vollmachten feierlich an den Senat zurück. Drei Tage später verlieh ihm dieser den Ehrentitel Augustus sowie die Rechte eines Prokonsuls und eines Volkstribuns. Damit verfügte Augustus in den weitergeführten Formen des republikanischen Staates über alle notwendigen Machtmittel. Er begründete damit das Prinzipat, und die römische Kaiserzeit begann.

Denar des Brutus
In Gedenken an die Ermordung Cäsars durch Brutus an den Iden des März, auf dem Denar als Eid Mar abgekürzt, wurde diese Münze geprägt.

Alltagsleben

Sklavendasein im alten Rom

Die Sklaverei, in der gesamten antiken Welt als gegeben angesehen, war mit den griechischen Kolonisten nach Italien gekommen. Im 2. Jh. v. Chr. strömten durch die römischen Kriege immer mehr Sklaven nach Rom und Italien.

Sklaven gab es überall. Der Großteil arbeitete in den privaten Haushalten – manche reichen Römer verfügten über hunderte Sklaven. Viele übten auch hoch stehende Tätigkeiten aus und arbeiteten als Philosophen, Lehrer, Künstler und Architekten. Sklaven waren nach römischem Recht Sachen, mit denen ihre Besitzer nach Belieben verfahren konnten.

Das schlechteste Los hatten die Bergwerks- und Landwirtschaftssklaven sowie die gezogen, die als Gladiatoren ausgebildet wurden. Wegen der ausbeuterischen Behandlung der Sklaven kam es in Sizilien 136–132 v. Chr. und in Süditalien 73–71 v. Chr. zu gefährlichen Sklavenaufständen, gegen die Rom ganze Armeen aufbieten musste. Erst in der späteren Kaiserzeit besserte sich ihre Behandlung.

Sklave in Ketten
Steinskulptur eines gefesselten Afrikaners, der auf dem Sklavenmarkt verkauft wird.

Bedrohung aus dem Norden – die Germanen

Jahrhundertelang durchbrachen germanische Stämme immer wieder die Grenzen des römischen Imperiums. Letztlich sollten die Barbaren Rom den Todesstoß versetzen.

Wilde Horde
Mit wehenden Haaren, dichten Bärten, primitiven Waffen und nackten Oberkörpern zogen die Germanen in den Kampf – so stellt es zumindest ein römisches Relief dar.

Diesmal fiel die Ernte noch geringer aus als im vergangenen Jahr. Der Ackerboden war einfach viel zu ausgelaugt, um genügend Nahrung für die kleine Dorfgemeinschaft hervorzubringen. In dieser Notsituation entschloss sich der Stammeshäuptling, alle wehrfähigen Männer auf dem Thing-Platz zusammenzurufen, um ihnen einen folgenschweren Vorschlag zu unterbreiten: Wolle man nicht hungers sterben, verkündete er, dann müsse man sich auf die Suche nach neuem Lebensraum mit fruchtbarem Acker- und Weideland machen. „Lasst uns gen Süden ziehen, über die Alpen, dorthin, wo es sogar Obst und Wein im Überfluss gibt!“ Eine Weile herrschte Stille. Doch plötzlich schlugen die Männer in begeisterter Zustimmung ihre Schwerter gegen die Schilde. Schon lange waren viele von ihnen des eintönigen Lebens im kalten Germanien überdrüssig geworden und verspürten den Drang nach Abwechslung und Abenteuer. Ihre Frauen würden sich wohl oder übel fügen müssen, doch die Aussicht auf ein angenehmes Leben in einem warmen

Klima sollte schließlich auch sie überzeugen. Selbst wenn sich heute nur darüber spekulieren lässt, warum seit dem 2. Jh. v. Chr. immer wieder germanische Stämme ihren ursprünglichen Siedlungsraum verließen, so ist doch durchaus wahrscheinlich, dass Landnot, Klimaveränderungen oder Naturkatastrophen wie z. B. Überschwemmungen die eigentlichen Ursachen für ihre Wanderungen darstellten. Eine gewisse Sehnsucht nach dem sonnigen Süden, in dem das Leben um so vieles leichter schien als im unwirtlichen, von Mooren und ausgedehnten Waldgebieten bedeckten Germanien, tat ein Übriges.

Die Kimbern und Teutonen ziehen nach Süden

Man unterscheidet drei germanische Stammesgruppen, die sich jeweils aus zahllosen Stämmen zusammensetzten: die Nordgermanen, die in Skandinavien zurückblieben, die Westgermanen, die in Nord- und Mitteldeutschland siedelten, sowie die Ostgermanen, ursprünglich an Oder und Weichsel ansässig.

Die Ersten, die sich auf den weiten Weg ins Ungewisse machten, waren die aus Jütland stammenden Kimbern und Teutonen, die im Jahr 113 v. Chr. in der Steiermark auftauchten. Dort trafen sie auf ein römisches Heer, das die Alpenpässe zu schützen hatte. Das folgende Gefecht überlebten die schwer bewaffneten Römer nur deshalb, weil sie ein plötzlich aufziehendes Unwetter vor der völligen Niederlage verschonte. Kimbern und Teutonen aber zogen nach Gallien weiter, bis sie schließlich 102/101 v. Chr vom römischen Konsul Marius vernichtend geschlagen wurden.

Rom deutete den Germaneneinfall als unmissverständliches Warnzeichen. Dabei bestand das Ziel der wanderfreudigen germanischen Völker keineswegs darin, dem Römischen Reich Schaden zuzufügen – im Gegenteil. Nicht mit Hass, sondern voller Respekt und großer Bewunderung blickte man auf die politischen und kulturellen Leistungen des Imperiums, an denen man nur allzu gern teilhaben wollte. Die Germanen kannten keine Städte. Sie waren Bauern und lebten auf ihrem Hof. Selbst Tempel suchte man bei ihnen vergeblich. Ihre Götter zeigten sich

Götter schützten die Gehöfte
Der Kopf einer weiblichen Götterfigur stammt aus Süddeutschland. Die Menschen, die diese Göttin verehrten, lebten auf Gehöften, die vermutlich so aussahen wie das Hintergrundbild. Es zeigt den Nachbau eines Cheruskergehöfts aus der Eisenzeit.

eng mit der natürlichen Umgebung verbunden, und dort wurden sie auch verehrt: in heiligen Hainen, an Quellen oder markanten Felsen. Als die bedeutendsten germanischen Götter galten der Schlachtenlenker Wodan, der rotbärtige Thor, der auf seinem Wagen durch die Lüfte jagt und mit seinem Hammer Blitze erzeugt, sowie die liebliche Freya, Wodans Gemahlin, Beschützerin der Ehe und des häuslichen Herdes.

Das Gemeinschaftsgefühl der Germanen gestaltete sich eher locker. Mehrere Gehöfte und verstreut liegende kleine Dörfer bildeten einen Gau, mehrere Gaue einen Stamm. Sprichwörtlich hingegen war der große Zusammenhalt der Sippe, also mehrerer verwandter Familien, die sich niemals im Stich ließen.

Bildstein
Der ornamental gestaltete Stein stammt aus Martebo in Gotland.

Könige in Friedenszeiten besaßen lediglich die Ostgermanen. Bei den anderen Stammesgruppen war es üblich, dass nur im Kriegsfall der Fähigste von ihnen zum Heerkönig erhoben wurde. Das geschah traditionsgemäß auf dem Thing-Platz – dort, wo sich alle wehrfähigen Männer des Stammes regelmäßig versammelten, um anstehende Probleme zu besprechen oder Gericht zu halten. Hier wurde auch über Krieg und Frieden abgestimmt. Rom, das in den rotblonden Barbaren aus dem Norden eine ernst zu nehmende Gefahr witterte, entschloss sich unter Kaiser Augustus zu einer Großoffensive, zunächst durchaus mit Erfolg. Der römische Einfluss erstreckte sich anschließend bis zur Elbe. Römerstraßen durchzogen das Land zwischen Rhein und Weser, gut gesichert durch Kastelle.

Der Tollundmann
Die berühmte Moorleiche aus der Gegend von Tollund ist erstaunlich gut erhalten. Fast meint man, der Mann schläft nur.

HERMANN DER CHERUSKER BIETET ROM DIE STIRN

Etliche germanische Heerführer hatten sich damals in römische Dienste begeben, darunter jener Hermann vom Stamm der Cherusker, den die Römer Arminius nannten. Seine Stammesangehörigen reagierten aber tief verbittert auf die Zwangsmaßnahmen des neuen römischen Statthalters Varus. Rücksichtslos erhob er bei den Bauern erhebliche Abgaben an Vieh und Getreide, die sie als freie Germanen bislang nie hatten leisten müssen. So entstand allmählich der Plan, sich gegen die verhasste Fremdherrschaft aufzubäumen.

Im Herbst des Jahres 9. n. Chr. kam der geeignete Zeitpunkt. Als das römische Heer aus seinem Sommerlager an der Weser an den Rhein zurückkehren wollte, erhoben sich wie verabredet etliche benachbarte Stämme der Cherusker, sodass Varus von der gesicherten Heerstraße auf die vom tagelangen Regen morastig gewordenen Waldwege ausweichen musste. Arminius aber war mit seinen Hilfstruppen unter einem Vorwand zurückgeblieben. Und während das römische Heer durch den Teutoburger Wald irrte, formierten sich germanische Krieger zum Angriff. An ihrer Spitze stand Arminius, der unbemerkt von den Römern die Seiten gewechselt hatte. Varus und seine Männer wurden von der Attacke vollständig überrumpelt. Nach drei Tagen waren die Legionen weitgehend vernichtet, nur einem Teil der römischen Kavallerie gelang die Flucht. Varus aber stürzte sich angesichts der totalen Niederlage verzweifelt in sein Schwert.

Ob dieser Sieg des Arminius tatsächlich verhindert hat, dass die Germanen damals zu Römern wurden, sei ebenso dahingestellt wie die richtige Lokalisierung des Schlachtfelds. Tatsächlich weiß heute niemand genau, wo der entscheidende Kampf stattgefunden hat, ob im Teutoburger Wald oder möglicherweise am Kalkrieser Berg bei Osnabrück, wie einige Forscher aufgrund jüngster Funde behaupten. Aber wie auch immer, der Teutoburger Wald hat der Schlacht den Namen gegeben.

ROM ERRICHTET DEN LIMES

Obwohl die verlorene Varusschlacht zweifellos eine traumatische Erfahrung darstellte, entschloss sich Rom letztlich doch, die Militäraktionen einzustellen und die Germanen in Zukunft wieder sich selbst zu überlassen. Unterworfen wurden nur die Stämme links des Rheins und südlich der Donau, wobei diese die Fremdherrschaft bereitwillig über sich ergehen ließen und die Errungenschaften der von ihnen so bewunderten römischen Zivilisation übernahmen. Unterstützt wurde die Romanisierung dieser Germanen gegen Ende des 1. Jh. durch den Bau des Limes, jenes etwa 550 km langen befestigten Grenzwalls, der am Rhein, etwa in der Gegend des Neuwieder Beckens, begann, über den Taunus in weitem Bogen nach Osten führte und westlich von Regensburg an der Donau endete.

KEIN UNÜBERWINDLICHES HINDERNIS FÜR DIE ANGREIFER

Doch auch der Limes bot noch keine hinreichende Sicherheit. Zur Zeit Marc Aurels, der 161–180 regierte, schafften es sowohl die an der unteren Elbe ansässigen Langobarden als auch die Markomannen aus Böhmen, die Reichsgrenze zu überwinden. Nur unter dem Einsatz aller Kräfte gelang es Rom damals, die Donaugrenze zu sichern. Aber schon das 3. Jh. brachte neue Gefahren. Von Norden setzten sich Vandalen, Goten und Burgunder in Bewegung und drängten nach Süden. Den Goten gelang es, bis ans Schwarze Meer und den Unterlauf der Donau vorzustoßen und von dort in römisches Territorium einzudringen. Gleichzeitig überwanden die Alemannen den Limes und konnten erst 258 auf

ZEITZEUGEN

Leben, Sitten und Gebräuche der Germanen

Hauptgewährsmann für das Leben der Germanen ist der römische Schriftsteller Tacitus (50–116) mit seinem Werk *Germania*, obwohl er das Land selbst nie betreten hat. Zwar hielt Tacitus Germanien für ein „unwirtliches Land, das mit schaurigen Wäldern und widerwärtigen Sümpfen bedeckt ist“. Gleichwohl imponierten ihm dessen Bewohner mit ihrer seiner Meinung nach unverdorbenen Zivilisation. Und so ist seine *Germania* auch eine Art Sittenspiegel, den er den dekadenten Römern entgegenhält.

Tacitus rühmt nicht nur die Tapferkeit und Gastfreundschaft der Germanen, er lobt auch ihre Thing-Verfassung und die Gefolgschaftstreue. Besonders imponieren ihm die germanischen Frauen, die im Gegensatz zu vielen Römerinnen nicht nur ein sittsames Dasein führen, sondern ihren Männern in allen Lebenslagen, selbst im Kampf, kompetente Partnerinnen sind. Tacitus erzählt, dass in Fällen, in denen die Energie der Kombattanten nachzulassen droht, die Germaninnen ihre Männer bisweilen auch durch ihre entblößte Brust anfeuern, gewissermaßen als Belohnung für den errungenen Sieg.

Germane
Für die Römer waren die Germanen starke Recken. Diese Kraft verewigten sie auch in dekorativen Marmorstatuen.

Gastarbeiter wird Heerführer
Das Elfenbeindiptychon zeigt den Germanen Stilicho mit seiner Gattin Serena und seinem Sohn Eucharius. Stilicho machte im römischen Heer eine beispiellose Karriere.

schen Diensten zu stehen, lockten die „Barbaren" in Scharen an. Dass sie jedoch auch Karriere machen und wie Arbogast und Stilicho vom einfachen Söldner bis zum Oberkommandierenden des Heeres aufsteigen würden, hatte in Rom niemand gewollt. Aber je machtloser die römischen Kaiser wurden – und das war nach der Teilung des Imperiums in Ost- und Westrom der Fall –, desto unaufhaltsamer stiegen im 4. und 5. Jh. die Heermeister zu den wichtigsten Männern des Reiches auf und arbeiteten sich so bis an die Schalthebel der Macht vor.

Die Goten plündern Rom

Allmählich merkten die Germanen zudem, dass sie mit der von Rom vorgeschlagenen Lösung nicht unbedingt das große Los gezogen hatten. Die Westgoten, die seit 376 mit römischer Erlaubnis in Thrakien ansässig waren, fühlten sich daher schon bald ungerecht behandelt. Um Rache zu nehmen, machten sie sich im Jahr 410 unter der Führung ihres Königs Alarich I. auf den Weg nach Rom. Nachdem sie die Befestigungen ohne große Mühe überwunden hatten, zogen sie drei Tage lang plündernd und marodierend durch die Stadt, bevor sie wieder verschwanden.

Die Römer standen unter Schock: Zum ersten Mal seit 800 Jahren war ihre Stadt in feindliche Hände gefallen! Und es sollte nicht das letzte Mal sein. Die föderierten Vandalen, die sich in Spanien niedergelassen hatten, fielen nur wenig später in Nordafrika ein und bemächtigten sich dort der Kornkammer des Römischen Reiches. Es stellte nur noch eine Frage der Zeit dar, bis sie auch in Rom „wie die Vandalen" hausen würden.

dem Rückweg von Mailand von römischen Truppen geschlagen werden. Noch versetzten die Barbaren dem Weltreich nur einzelne Nadelstiche, und noch konnte Rom der Bedrohung Herr werden. Doch das Rad der Geschichte ließ sich nicht mehr zurückdrehen.

Hinzu kam ein hausgemachtes Problem: Etliche Stammesgruppen waren auf römisches Terrain vorgedrungen und unterworfen worden. Diese Germanen hatten nun keine Heimat mehr, konnten als feindliche Eindringlinge aber kaum an Ort und Stelle bleiben. Rom zeigte sich jedoch großzügig und bot diesen Germanen Siedlungsraum an, vorausgesetzt, die wehrfähigen Männer leisteten dem Römischen Reich im Kriegsfall Waffenhilfe. Das war ein Angebot, das diese kaum ablehnen konnten: ein guter Sold, die Aussicht auf reiche Beute und der Stolz, in römi-

Die römische Kaiserzeit

Das *Imperium Romanum*, das römische Kaiserreich, prägte die antike Welt. Doch Mitte des 3. Jh. kündigte die Reichskrise den Untergang an.

Augustus
Kaiser Augustus, der von 63 v. Chr. bis 14 n. Chr. lebte, regierte 41 Jahre lang. Im Hintergrund der Triumphbogen auf dem Forum Romanum.

Augustus hatte im römischen Bürgerkrieg gesiegt, indem er mithilfe fähiger Freunde die von Cäsar ererbten Mittel ein- und das Recht des Stärkeren durchsetzte. Nach der Verleihung des Ehrentitels Augustus 27 v. Chr. durch den Senat ging er an die Schaffung eines neuen Herrschaftssystems, des Prinzipats. Dies stellte im Grunde genommen eine Monarchie dar, wenn auch in den Formen des früheren republikanischen Staates. Offiziell war Augustus nur erster Mann im Staate – der *princeps,* also der Erste unter Gleichen. Tatsächlich hielt er aber die Fäden der Macht in der Hand.

Die Militäroperationen nach dem Bürgerkrieg dienten der Abrundung des römischen Herrschaftsgebiets. Die Stiefsöhne des Augustus, Drusus und Tiberius, führten Feldzüge in Ungarn und im Alpenvorland und verlegten die Reichsgrenze bis an die Donau. Nach der Abwehr germanischer Einfälle in Gallien 16 v. Chr. und seiner Rückkehr nach Rom 3 Jahre später ließ der Senat Augustus einen prächtigen Altar als Dank für die Sicherung des Friedens errichten. 12 v. Chr. wurde er zum höchsten Priester, zum *Pontifex Maximus* gewählt – seitdem bekleideten alle römischen Kaiser dieses Amt.

Doch 9 n. Chr. musste Rom eine schwere Niederlage einstecken. Drei Legionen unter Varus wurden von den Germanen, geführt von dem Cherusker Arminius, im Teutoburger Wald vernichtet. Augustus brach deshalb seine Expansionspolitik ab und zog sich aus Germanien hinter den Rhein zurück. Kaiser Augustus hatte nur eine Tochter, alle Nachfolgepläne scheiterten. So trat letztlich sein Stiefsohn Tiberius sein Erbe an, nachdem Augustus im Jahr 14 verstorben war. Tiberius, der sich bereits im Jahr 27 auf die Insel Capri zurückzog, regierte bis 37. Rom sah er nicht wieder. In seiner Herrschaftszeit gab es keine großen Konflikte, und die Provinzen erblüten.

Tiberius' Nachfolger, sein Großneffe Caligula, war der erste Kaiser, der mithilfe der Prätorianergarde den Thron bestieg. Relativ bald nach seinem Herrschaftsantritt verfiel er jedoch dem Cäsarenwahn und wurde der erste Kaiser, der eines gewaltsamen Todes starb. Der Mord an Caligula im Januar 41 stürzte Rom ins Chaos, denn der junge Kaiser hatte keine Regelung für seine Nachfolge getroffen. Die Prätorianer stellten den Senat vor vollendete Tatsachen und riefen Claudius, den Onkel von Caligula, zum Kaiser aus. Claudius ließ große Geldgeschenke an die Prätorianer verteilen und gab damit ein schlechtes Beispiel: Nun schien es, als sei die Kaiserwürde käuflich. Seine größte außenpolitische Leistung bestand in der Eroberung des größten Teils der Briti-

schen Inseln ab dem Jahr 43 und ihrer Eingliederung in das Römische Reich. Claudius heiratete 49 Agrippina. Deren Sohn aus erster Ehe, Nero, war der letzte Kaiser der julisch-claudischen Dynastie. Neros Regierungszeit 54–68 zerfiel in zwei Phasen, von denen die erste als mustergültig angesehen wurde. Während dieser Zeit stand er unter dem Einfluss des Prätorianerpräfekten Burrus und seines Lehrers, des Philosophen Seneca. Außenpolitisch erwarb er sich Verdienste durch seine Friedensregelung mit Armenien. Sein Name bleibt aber belastet durch den Mord an seiner Mutter Agrippina, der sich im Jahr 59 ereignete. 3 Jahre nach dem Tod von Burrus verlor auch Seneca mehr und mehr an Einfluss auf den Kaiser. Nero, der sich für einen großen Künstler hielt, wurde immer exzentrischer. Als im Juli 64 eine gewaltige Feuersbrunst weite Teile Roms vernichtete, nahm Nero dieses Ereignis zum Anlass für die erste Christenverfolgung, da er den Christen die Schuld an der Katastrophe unterschob. Gerüchte brachten allerdings den Kaiser selbst mit dem Brand in Verbindung. Tatsächlich baute Nero Rom besser und sicherer wieder auf. Die Unzufriedenheit mit dem Kaiser wuchs jedoch, und Aufstände entflammten. Im März des Jahres 68 erhoben sich schließlich die Truppen gegen Nero und führten das Ende herbei. Der Senat setzte Nero ab und erklärte ihn zum Staatsfeind. Im Juni 68 beging Nero Selbstmord.

Toter Hund aus Pompeji
Pompeji war nach dem verheerenden Ausbruch des Vesuv rund 4 m dick mit Asche bedeckt. In ihr wurden Menschen und Tiere, so auch dieser Hund, im Moment ihres Todes konserviert.

VIERKAISERJAHR UND DIE FLAVIER

Galba, der Statthalter Spaniens, ging aus den Kämpfen des Bürgerkriegs vorerst als Sieger hervor. Seine Regierungszeit war die erste des Vierkaiserjahres 68/69. Tacitus, einer der bedeutendsten römischen Historiker, wetterte gegen Galbas Erhebung zum Kaiser, denn er fand es ungeheuerlich, dass ein Kaiser an einem anderen Ort als in Rom ernannt wurde. Galba, der sich geweigert hatte, den Soldaten, die ihn zum Kaiser ausgerufen hatten, Geldgeschenke zu machen, wurde im Januar 69 ermordet. Auch seine beiden Nachfolger Otho und Vitellius fanden noch im selben Jahr ein gewaltsames Ende. Im Juni 69 war Vespasian, Oberbefehlshaber des Heeres, das seit 66 einen jüdischen Aufstand in Palästina niederkämpfte, von seinen Legionen zum Kaiser ausgerufen worden. Die Donauarmee schloss sich an. Vespasian übertrug seinem ältesten Sohn Titus das Kommando über die Armee und brach nach Rom auf, um sich vom Senat als Kaiser bestätigen zu lassen. Im September 70 zerstörte Titus Jerusalem und beendete den jüdischen Krieg.

Vespasian war der erste römische Kaiser, der der Mittelschicht entstammte. Es gelang ihm, die römische Politik wieder in geordnete Bahnen zu führen. Demonstrativ setzte er sich von den Verhältnissen unter Nero ab. Er ließ dessen riesige Palastanlage, das Goldene Haus, zuschütten. Die nur zweijährige Herrschaftszeit von Titus bis 81 wurde durch zwei Katastrophen überschattet: Am 26. August 79 verschüttete ein Ausbruch des Vesuv die Städte Pompeji und Herculaneum, im Jahr darauf legte ein Brand große Teile Roms erneut in Schutt und Asche. Der Wiederaufbau der Hauptstadt brachte Titus Lob und Anerkennung ein. Sein Nachfolger Domitian war der letzte Herrscher der flavischen Dynastie. Er ließ zur Sicherung der Grenze in Germanien einen Grenzwall, den Limes, vom Rhein bis an die Donau anlegen, der von seinen Nachfolgern weiter verstärkt wurde. Doch im Lauf seiner Regierungszeit artete Domitians Herrschaft in Tyrannei aus. Er nahm den Titel *dominus et deus*, Herr und Gott, an und verstieß massiv gegen die römischen Sitten. Im September 96 fiel der Kaiser einem Mordkomplott zum Opfer.

Die Adoptivkaiser

Noch am Tag der Ermordung Domitians bestimmte der Senat einen Nachfolger. Es war das letzte Mal, dass der Senat Einfluss auf die Ernennung eines Kaisers ausübte. Die Wahl fiel auf den kinderlosen und bereits 66 Jahre

Truppenparade
Die gut organisierte Armee bildete das Rückgrat des *Imperium Romanum*, des römischen Kaiserreichs. Auch hatte sie oft ein Wörtchen mitzureden, wenn es um die Wahl des Kaisers ging.

Die Hadriansvilla
Auf dem Bild oben und dem Hintergrundbild sieht man die prächtig ausgebaute Villa des Kaisers Hadrian in Tivoli nahe Rom. Hier ließ er sich Nachbauten berühmter Gebäude errichten, die ihn auf seinen Reisen begeistert hatten.

alten Senator Nerva. Dessen Regierungszeit dauerte nur bis Januar 98 und stand am Beginn der glücklichsten Epoche der römischen Kaiserzeit. Im Oktober 97 adoptierte er den Statthalter von Obergermanien, Marcus Ulpius Trajan, als Sohn und Nachfolger. Damit begründete Nerva die Zeit der römischen Adoptivkaiser, die bis gegen Ende des 2. Jh. dauerte, denn auch die drei Nachfolger Trajans gelangten durch Adoption an die Macht.

In dieser Zeit kam man dem Ideal des Prinzipats, bei dem der Beste an der Spitze des Staates stehen sollte, am nächsten. Trajan führte das Römische Reich auf die Höhe seiner Machtentfaltung, unter ihm erreichte es die größte Ausdehnung. Er war der erste Kaiser, der aus einer Provinz, aus Spanien, stammte. Trajan betrieb eine energische Machtpolitik, so führte er zwischen 101 und 106 Krieg gegen die Daker. Das eroberte Dakien, das etwa dem heutigen Rumänien entspricht, wurde 106 römische Provinz. Die Reliefs der 113 errichteten Trajanssäule in Rom stellten diese Feldzüge dar und feierten den Ruhm des Kaisers. 114–117 führte er einen großen Krieg gegen die Parther. Armenien, Mesopotamien und Assyrien wurden als römische Provinzen ins Reich eingegliedert. Trajan regte im gesamten Reich ein großes Bauprogramm an: Straßen, Brücken, Aquädukte, Theater und Bäder dienten der weiteren Romanisierung der Provinzen. In Rom ließ er bis 113 das prächtige Trajansforum errichten, das die Reihe der Kaiserforen abschloss. Cäsar, Augustus, Vespasian und Nerva hatten ebenfalls Foren angelegt. Trajan starb im August 117 in Kleinasien. Kurz vor seinem Tod soll er Hadrian als Nachfolger adoptiert haben.

Rege Bautätigkeit unter Hadrian

Hadrian übernahm sofort die Herrschaft. Noch 117 gab er die Eroberungen Trajans in Parthien wieder auf und zog sich auf die alten Grenzen zurück. 122 ließ er in Britannien den Hadrianswall, heute etwa die Grenze von England zu Schottland, anlegen. Seine kluge Politik bescherte dem Reich eine lange Phase des Friedens und Wohlstands. Auf zahlreichen Reisen, die ihn zwischen 121 und 134 in fast alle Teile des Reiches führten, lernte er die Provinzen bestens kennen. Von 118 bis zu seinem Tod 138 wurde an seiner riesigen Villa Hadriana bei Tivoli östlich von Rom gearbeitet. Griechenland und die griechische Kultur genossen seine besondere Sympathie. So ließ er Athen mit bedeutenden Bauten ausstatten. In Rom zeugen noch heute das Pantheon, in dem alle Götter angebetet werden konnten, und sein riesiges Grabmal, die Engelsburg, von seiner glanzvollen Zeit.

Anfang 138 adoptierte Hadrian Antoninus Pius, den er gleichzeitig zur Adoption von Marc Aurel und Lucius Verus als künftige Kaiser verpflichtete. Die 23-jährige Herrschaft von Antoninus Pius gilt als eine der besten der gesamten römischen Kaiserzeit. Der germanische Limes wurde weiter nach Osten verschoben, und in Britannien legte man den Antoninuswall 65 km nördlich des Hadrianswalls an. Antoninus Pius hatte es nur mit einigen kleineren Aufständen in Mauretanien und Ägypten zu tun. Er starb im März 161. Reibungslos übernahmen Marc Aurel und Lucius Verus als Gleichberechtigte die Herrschaft.

Silberkelch
Aus dem Silberschatz von Boscoreale stammt der Becher mit der makabren Verzierung von Skeletten, die Masken halten.

Unter Marc Aurel kündigten sich bereits die Probleme an, die das Reich im 3. Jh. erschütterten. Da sich Rom immer wieder germanischer Einfälle erwehren musste, befand sich Marc Aurel fast ständig auf Feldzügen. 161–166 führte er Krieg gegen die Parther, die in Syrien und Armenien eingefallen waren. Die aus dem Osten zurückkehrenden Soldaten schleppten 166 die Pest in Italien ein, die viele Opfer forderte. Das Reich kam nicht zur Ruhe. Ab demselben Jahr kämpfte Marc Aurel gegen die Markomannen, die über die Donau in das Römische Reich eingedrungen waren. Seine Siege wurden auf den Reliefs der Marc-Aurel-Säule in Rom abgebildet – noch heute zeugen sie von den Taten des Kaisers. 169 starb Lucius Verus, Marc Aurel führte seitdem das Reich allein. 176 verlieh er seinem Sohn Commodus den Titel Augustus und machte ihn dadurch zu seinem Nachfolger. Damit endete die Zeit der Adoptivkaiser. Marc Aurel starb im März 180 während des zweiten Markomannenkrieges in Vindobona, dem heutigen Wien.

SEVERUS GRÜNDET EINE DYNASTIE

Commodus brach den Krieg ab. Ein günstiger Friedensschluss sicherte die Donaugrenze für Jahrzehnte. Die wahre Leidenschaft von Commodus bildeten die Gladiatorenkämpfe; er trat selbst in der Arena als Gladiator auf. Seine Herrschaft artete schließlich in Tyrannei aus: 192 musste ihn der Senat als Gott anerkennen. Am 31. Dezember 192 fiel er einem Attentat zum Opfer. Seine Ermordung löste tumultartige Verhältnisse in Rom aus. Die Prätorianer verliehen die Kaiserwürde zuerst Pertinax und danach Didius Julianus, die jedoch beide bald ermordet wurden.

Stabile Verhältnisse schuf erst Septimius Severus, Statthalter der Provinz Pannonien, der im April 193 von seinen Soldaten zum Kaiser ausgerufen wurde. Der 145 in Leptis Magna geborene Septimius Severus war der erste Kaiser, der aus Nordafrika stammte. Es dauerte allerdings bis 197, ehe er als unbestrittener Herrscher im gesamten Reich anerkannt wurde. 193/194 entledigte er sich auf zwei Feldzügen des Statthalters von Syrien, Pescennius Niger, den die Ostlegionen zum Kaiser erhoben hatten. 197 besiegte er seinen

ALLTAGSLEBEN

Spannende Unterhaltung

Die Römer der Kaiserzeit hatten vielfältige Möglichkeiten der Zerstreuung. Die Kaiser boten *panem et circenses*, Brot und Spiele, und versuchten damit, die vom politischen Einfluss ausgeschlossene Bevölkerung ruhig zu stellen. In der Hauptstadt wurden die aufwändigsten Spiele veranstaltet, doch auch in den Provinzen fanden die Bewohner Unterhaltung.

Rom verfügte über viele Vergnügungsstätten: Stadien, Theater, Amphitheater und zahlreiche Badeanlagen. Das Kolosseum, das größte römische Amphitheater, bot 50 000 Zuschauern Platz, fast 180 000 Menschen fasste nach mehreren Erweiterungen der Circus Maximus. Die größte Faszination auf die Römer übten aber die Gladiatorenkämpfe und Tierhetzen aus. Bereits in der Zeit der Republik hatte es einzelne Kämpfe auf Leben und Tod gegeben. In der Kaiserzeit wurde daraus ein permanentes blutiges Massenspektakel, das erst gegen Ende des 4. Jh. unter den Christen abgeschafft wurde.

Sieger im Wagenrennen
Die beliebten Wagenrennen fanden im Circus Maximus statt.

Vorlesung des Rituals
Auf dem Wandfresko in der so genannten Mysterienvilla in Pompeji liest ein Knabe ein religiöses Ritual vor, während eine junge Frau einen Teller mit Opfergaben bringt.

früheren Verbündeten Clodius Albinus, den Statthalter von Britannien. Septimius Severus stützte seine Macht vollständig auf das Heer. Im Jahr 197 zog er gegen die Parther in den Krieg und brachte ihnen eine schwere Niederlage bei; erneut wurde eine Provinz Mesopotamien eingerichtet. Zur Erinnerung an seine Siege ließ der Senat in Rom einen prachtvollen Triumphbogen auf dem Forum Romanum errichten, der noch heute steht. Anfang 208 brach Septimius Severus nach Britannien zu seinem letzten Kriegszug auf. Er konnte sein Ziel, Schottland zu erobern, aber nicht erreichen. Im Februar 211 starb der Kaiser in York.

Die Nachfolge traten seine Söhne Caracalla und Geta an. Nach kurzer gemeinsamer Regierungszeit ließ Caracalla den jüngeren Bruder Ende Dezember 211 ermorden. Caracalla erließ 212 die *Constitutio Antoniniana,* die allen Bewohnern des Reiches, außer den Sklaven, das römische Bürgerrecht verlieh. So ließen sich auch die Steuereinnahmen erhöhen, denn nur Inhaber des Bürgerrechts unterlagen beispielsweise der Erbschaftssteuer. Die 217 eingeweihten Caracalla-Thermen in Rom bieten als architektonische Hinterlassenschaft noch heute ein eindrucksvolles Bild. Sie waren die am prächtigsten ausgestatteten Badeanlagen der Hauptstadt. Zwar ließ Caracalla den Sold der Soldaten deutlich erhöhen, um sich die Loyalität der Armee zu sichern, dennoch wurde er 217 auf einem Feldzug erschlagen.

Macrinus, der die Ermordung Caracallas veranlasst hatte, wurde nun von den Soldaten zum Kaiser ausgerufen. Er konnte sich jedoch nicht lange seiner Herrscherwürde erfreuen. Caracallas Schwägerin verbreitete das Gerücht, der Syrer Elagabal sei der leibliche Sohn des Ermordeten. Die Soldaten, bei denen Caracalla äußerst beliebt gewesen war, riefen den 14-Jährigen zum Kaiser aus. Macrinus wurde im Juli 218 nach einer Niederlage gegen Anhänger Elagabals getötet. Elagabal aber herrschte despotisch und blutrünstig; die Prätorianergarde ermordete ihn 222. Mit der Herrschaft von Severus Alexander fand die severische Dynastie ihr Ende. In seine Herrschaftszeit bis 235 fielen zwei herausragende Ereignisse. In Parthien gelangten die persischen Sassaniden an die Macht, die eine aggressivere Politik gegenüber Rom verfolgten. Zudem überquerten 233 die germanischen Alemannen den Rhein und verwüsteten Teile Galliens. Die Römer gaben das bislang vom Limes geschützte Gebiet auf und zogen sich hinter Rhein und Donau zurück. Als bekannt wurde, dass sich Severus Alexander den Frieden mit den Germanen durch Tributzahlungen erkaufen wollte, wurde er im März 235 von Soldaten in Mainz ermordet.

DIE SOLDATENKAISER

Die folgenden 50 Jahre stellen einen Tiefpunkt in der Geschichte des Kaiserreichs dar. Maximinus Thrax war der erste einer langen Reihe so genannter Soldatenkaiser. Rund 30 – Gegenkaiser sind nicht mitgezählt – hatten für kürzere oder längere Zeit den Kaiserthron inne. Anders als im 2. Jh., als die Herrscher meist der römischen Oberschicht entstammten, gingen sie jetzt fast immer aus der Armee hervor. Die meisten fanden ein gewaltsames Ende. Das Reich wurde jetzt stark von außen bedroht. Im Osten war mit den Sassaniden ein gefährlicher Gegner entstanden, an Rhein und Donau drückten germanische Stämme auf die Grenze. Die Reichskrise erfasste alle

Lebensbereiche, und die wirtschaftliche Situation der römischen Bevölkerung verschlechterte sich spürbar. Zwischen 260 und 274 bildete sich in Gallien ein Sonderreich, das sich der Herrschaft Roms entzog.

Unter den Soldatenkaisern ragen Decius, Valerian und Aurelian hervor. Decius löste 249 die erste allgemeine Christenverfolgung im Reich aus. Er versuchte, durch Wiederherstellung der alten Kulte, die Einheit des Reiches zu stärken. Valerian geriet bei einem Feldzug gegen die Sassaniden in die Hand des Feindes und starb 260 in Gefangenschaft. Aurelian brachte die abtrünnigen Provinzen in Gallien und Syrien wieder unter die Herrschaft Roms. Gegen die äußere Bedrohung ließ er die noch heute stehende Aurelianische Mauer errichten. Dies war das erste Mal seit der frühen Republik, dass Rom durch eine Stadtmauer befestigt werden musste.

Beginn der Spätantike

Der Regierungsantritt des ebenfalls von den Soldaten zum Kaiser ausgerufenen Diocletian im November 284 beendete die große Reichskrise. Diocletian konnte die römische Herrschaft langfristig stabilisieren. Mit ihm begann die Zeit der Spätantike. 286 erhob er seinen Generalskollegen Maximianus zum Augustus und machte ihn damit zum Mitkaiser. 293 wurde das Herrschaftssystem zur Tetrarchie, Vierherrschaft, erweitert. Diocletian und Maximianus ernannten zwei Cäsaren, Galerius und Constantius I. Chlorus, die sie adoptierten und die später ihre Nachfolge antreten sollten. Das Reich wurde lose in vier Teile aufgeteilt. Die Herrscher wählten Residenzen, die nahe den gefährdeten Grenzabschnitten lagen. Diocletian residierte meist in Nikomedia in Kleinasien, Galerius in Thessaloniki und Sirmium, Maximianus wählte Mailand und Constantius I. Chlorus Trier und York. Die alte Hauptstadt Rom verlor an Bedeutung. 294 gestaltete Diocletian die Verwaltung des Reiches um. Die bisherigen Provinzen wurden in ungefähr 100 Kleinprovinzen unterteilt, die wiederum jeweils in zwölf Diözesen gegliedert wurden. Feldzüge in West und Ost sicherten die römische Herrschaft. Im Jahr 305 dankten Diocletian und Maximianus ab, sie übergaben die Herrschaft an Galerius und Constantius I. Chlorus. 11 Jahre später starb Diocletian in seinem monumentalen Palast in Split, der heute noch einen großen Teil der dortigen Altstadt bildet.

Die Tetrarchen
Kaiser Diocletian und seine Mitkaiser – Relief an der Markuskirche in Venedig (wahrscheinlich aus Konstantinopel).

Der Aufstieg des Christentums

Zuerst war es kaum mehr als eine lokale Sekte, doch bald entwickelte sich das Christentum zu einem weltgeschichtlich entscheidenden Faktor. Nach Zeiten der Verfolgung wurde es im Jahr 380 Staatsreligion des Römischen Reiches.

Apostel Paulus
Der heilige Paulus war vor seiner Bekehrung ein vehementer Gegner des Christentums.

Der Stifter des Christentums, Jesus, wurde vermutlich 7 oder 6 v. Chr. zur Zeit des Kaisers Augustus geboren. Diese Datierung ist auf die Korrektur einer Berechnung des Geburtsdatums aus dem frühen Mittelalter zurückzuführen. Unter Kaiser Tiberius erlitt Jesus im Jahr 30 in Jerusalem den schimpflichen Tod am Kreuz. Die jüdische Sekte seiner Anhänger – als solche wurde sie lange Zeit angesehen – löste sich jedoch nicht auf, sondern fand weitere Anhänger in Judäa und den angrenzenden römischen Provinzen. Der Schwerpunkt der Urkirche lag in Jerusalem; Jakobus, der Bruder Jesu, führte die Gemeinde. Schon früh traten ernste Probleme auf. Heftig wurde die Frage unter den Anhängern Jesu diskutiert, ob nur Juden oder auch Heiden Christen werden könnten.

Die Missionsreisen des Paulus

Entscheidenden Einfluss auf die Geschichte des Christentums gewann Paulus, der ursprünglich ein militanter Christengegner gewesen war. Paulus, der aus Tarsos in Kilikien stammte, Griechisch sprach und das römische Bürgerrecht besaß, wandelte sich um das Jahr 35 nach einem Visionserlebnis zum überzeugten Christen. Er begann seine Missionarstätigkeit in Syrien und seiner Heimat Kilikien. 43 kam es in Jerusalem unter König Herodes Agrippa I. zur Verfolgung der Christengemeinde. Kurze Zeit später trat Paulus seine erste große Missionsreise an, die ihn vom syrischen Antiochia über Zypern ins südliche Kleinasien führte. Paulus forderte bei der Heidenmission nicht die Beachtung des mosaischen Gesetzes und die Beschneidung; damit erregte er bei vielen Judenchristen heftigen Widerspruch. 48 entschied ein Apostelkonzil in Jerusalem in Gegenwart der ältesten Anhänger Jesu aber im Sinne von Paulus.

Bald unternahm Paulus seine zweite große Missionsreise nach Kilikien, Makedonien, Athen und Korinth. Hier blieb er eineinhalb Jahre, bevor er nach Judäa zurückkehrte. Ephesos und die Christengemeinden in Makedonien und Griechenland bildeten ab 56 die Ziele seiner dritten Reise. 58 kehrte er nach Jerusalem zurück, wo er bald in gefährliche Streitigkeiten mit Juden geriet. Die römischen Behörden nahmen ihn fest und hielten ihn bis 60 in Cäsarea in Haft. Paulus appellierte als römischer Bürger an den Kaiser und wurde nach Rom gebracht. Kreta, Malta, Sizilien und die Gegend um Neapel waren Stationen seiner letzten Reise. Um diese Zeit kam vermutlich auch Petrus nach Rom. Obwohl Paulus der wichtigste und erfolgreichste Missionar des neuen Glaubens war, berief

Kalixtus-Katakomben
Besonders in Zeiten der Verfolgung bestatteten die Christen ihre Toten im Untergrund der Stadt Rom. Als Erkennungszeichen diente den Christen in dieser Zeit noch nicht das heute übliche Kreuz, sondern ein Fischsymbol (Hintergrundbild).

sich die neue Kirche später nicht auf ihn, sondern auf Petrus, der als Nachfolger Christi angesehen wurde. Im Jahr 64 kam es zur ersten organisierten Christenverfolgung, die jedoch auf die Stadt Rom beschränkt blieb. Die Stadt war durch einen Brand zum Teil zerstört worden. Kaiser Nero schob den Christen die Schuld dafür zu. Petrus und Paulus sollen während dieser Verfolgung ihr Leben verloren haben.

Ausbreitung und Festigung

Da die Zeitgenossen Christi alle verstorben waren, ging die zweite christliche Generation ab 65 dazu über, die Evangelien als Grundlage für die Missionierung niederzuschreiben. Den Paulusbriefen als ältesten schriftlichen Zeugnissen folgten um 70 das Markus- und das Matthäusevangelium, zwischen 80 und 90 das Lukasevangelium und die Apostelgeschichte, nach 90 das Johannesevangelium und um 95 die Offenbarung des Johannes. Ende des 1. Jh. bestanden christliche Gemeinden in Palästina, Syrien, Kleinasien, Makedonien, Griechenland und Rom. Dank der Toleranz der Römer in allen Religionsfragen konnte sich der junge Glaube relativ frei entfalten. Vereinzelt kam es aber zu Verfolgungen, da die Christen sich weigerten, den römischen Staatsgöttern zu opfern. Kaiser Trajan äußerte sich um 110 in einem Brief an Plinius den Jüngeren, Statthalter von Bithynien, dazu, wie mit Christen zu verfahren sei: Man solle ihnen nicht nachspüren und auch anonyme Anzeigen nicht beachten. Falls sie jedoch ordnungsgemäß angezeigt würden und das Opfer für die Götter verweigerten, sollten sie bestraft werden. Im gesamten 2. Jh. kam es zu sporadischen Verfolgungen, wobei viele Christen den Märtyrertod fanden.

Am Ende des 2. Jh. hatte das Christentum auch in Nordafrika und Gallien an Boden gewonnen. Die Glaubenstraditionen hatten sich gefestigt. Bereits seit der Mitte des 2. Jh. erfuhr das Petrusgrab in Rom besondere Verehrung. Auf Veranlassung des Bischofs von Rom, Viktor I., fanden wegen des Streits um die

Datierung des Osterfests in verschiedenen Gebieten des Reiches Synoden statt. Die spätere Vorrangstellung des Bischofs von Rom als Papst deutete sich an. Um 200 verfasste Tertullian, der erste bedeutende christliche Autor lateinischer Sprache, wichtige theologische Schriften. Großen Einfluss hatten Klemens von Alexandria und Origenes, die sich im ägyptischen Alexandria um die Vereinigung von Christentum und griechischer Bildung bemühten.

Christenverfolgung und die Wende unter Konstantin

Doch Mitte des 3. Jh. wurde die Aufwärtsentwicklung jäh unterbrochen. Kaiser Decius versuchte, einer schweren Reichskrise durch Rückbesinnung auf die alten römischen Werte Herr zu werden. 249 erließ er ein Edikt, wonach alle Einwohner des Römischen Reiches Opfer für die alten Götter bringen mussten, und setzte damit die erste allgemeine Christenverfolgung in Gang. 257 forderte auch Kaiser Valerian unter Androhung schwerer Strafen von den Christen die vorgesehenen Opfer. Sein Nachfolger Gallienus brach die Verfolgungen 260 jedoch wieder ab. Die Kirche erfreute sich dann vier Jahrzehnte ungestörten Friedens und Wachstums.

Kaiser Diocletian löste 303 die letzte und schärfste Christenverfolgung aus. Er ordnete an, christliche Versammlungsstätten zu zerstören und die Schriften zu verbrennen. Wieder wurde das Opfer für die alten Staatsgötter gefordert, im Verweigerungsfalle drohte die Todesstrafe. Diocletians Vorgehen gegen die Christen dürfte kaum von religiösen Motiven bestimmt gewesen sein. Es gehörte zu seinem Versuch, auf allen Gebieten den alten römischen Staat wiederherzustellen. Wenige Jahre nach dem endgültigen Rückzug Diocletians aus der Politik, 308, fanden die Christenverfolgungen ihr Ende. Kaiser Galerius erließ 311 ein Toleranzedikt, das den Christen auch den Wiederaufbau ihrer Kirchen gestattete.

312 besiegte Konstantin der Große seinen Rivalen Maxentius an der Milvischen Brücke nördlich von Rom. Konstantin, der bis dahin den Sonnengott verehrt hatte, erfocht den Sieg unter dem Zeichen des Kreuzes. Er hatte seine Soldaten vor der Entscheidungsschlacht durch die Erzählung einer Vision auf den Kampf eingestimmt. Ihm sei ein Kreuz mit der Inschrift *in hoc signo vinces* – unter diesem Zeichen wirst du siegen – erschienen. Seine Truppe trug das Christusmonogramm auf den Schilden.

Einschränkung des Kaiserkults

Konstantin war der erste römische Kaiser, der auf Christus vertraute – aber kein christlicher Kaiser. 313 bestätigten Konstantin und sein Mitkaiser Licinius in Mailand das Toleranzedikt des Galerius. 321 führte Konstantin den Sonntag als allgemeinen Ruhetag im Reich ein, das Geburtsfest Christi, Weihnachten, wurde auf den Geburtstag des Sonnengottes am 25. Dezember festgelegt. 324 verlegte er die Hauptstadt des Reiches in das von ihm neu gegründete Konstantinopel. Im Jahr darauf berief er das erste Staatskonzil der Kirche ins kleinasiatische Nizäa ein. Unter seinem Vorsitz einigte man sich auf die Wesenseinheit Jesu mit Gott. Die vom Alexandriner Arius vertretene Lehre, wonach Jesus mit Gott nur wesensähnlich sei, wurde als Irrlehre verworfen. Sämtliche arianische Sekten wurden verboten und zum Teil auch verfolgt.

Eindeutig hatte Konstantin, der weiterhin den Titel Pontifex Maximus der römischen Kaiser trug, die Vorrangstellung des Staates unterstrichen. Die seit dieser Zeit so bezeichnete „katholische“ Kirche wurde von ihm bevorzugt und der bisherige Kaiserkult eingeschränkt. Konstantin finanzierte den Bau zahlreicher Kirchen, vor allem in Rom, Jerusalem und Konstantinopel – die römische Laterankirche war die allererste christliche Kirche. Die Kirche wurde mit reichen Schenkungen bedacht. Kurz vor seinem Tod im Jahr 337 ließ Konstantin sich noch taufen.

Alltagsleben

Christenverfolgung

Kaiser Nero ließ die erste Christenverfolgung im Jahr 64 als öffentliches Unterhaltungsspektakel inszenieren. Der römische Historiker Tacitus berichtete, dass damals viele Verurteilte in Tierhäute genäht und von wilden Hunden zerfleischt wurden. Andere hatte man ans Kreuz geschlagen oder nachts als Fackeln verbrannt. Die Bevölkerung war durch Gladiatorenkämpfe und Tierhatzen an solche Grausamkeiten gewöhnt.

Anders als die Legenden des Mittelalters berichten, fand die Mehrzahl der christlichen Märtyrer bei den Verfolgungen aber einen recht schnellen Tod durch Enthauptung.

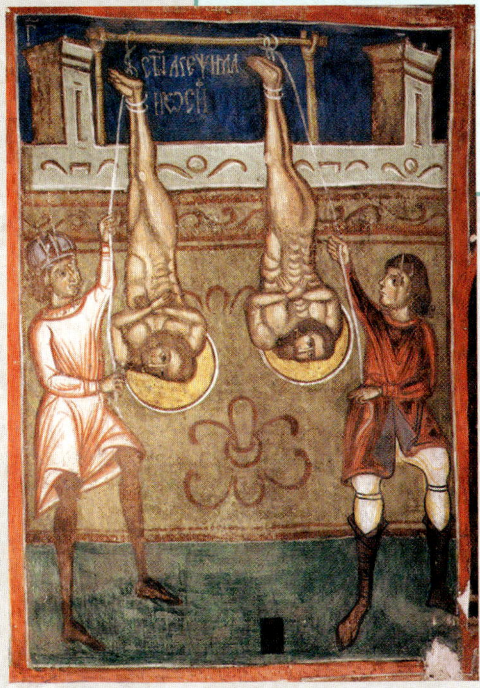

Christliche Märtyrer
Bei der Christenverfolgung kamen alle nur erdenklichen Folter- und Tötungsarten zum Einsatz.

Christusmonogramm
Mit den griechischen Buchstaben X für Chi und P für Ro wurde schon in früher Zeit das Christusmonogramm Ch-R gebildet. Oft wird auch ein Kreuz hinzugefügt. Bemalte Gläser (Hintergrundbild), auf denen Figuren oder Ornamente sowie Inschriften abgebildet wurden, erfreuten sich großer Beliebtheit als Grabbeigaben.

Unter Konstantins Söhnen, Konstantin II., Constans I. und Constantius II., kehrten sich die bisherigen Verhältnisse von Heidentum und Christentum um. Die Anhänger der traditionellen Religionen gerieten in die Minderheit; es kam zu ersten Verfolgungen von Heiden durch Christen. Unter Kaiser Julian, einem Neffen Konstantins des Großen, kam es 361–363 kurzfristig zur Wiederherstellung der alten Kulte. Das Christentum büßte seine Vorrangstellung ein. Die kirchliche Geschichtsschreibung legte Julian deshalb den abwertenden Beinamen Apostata – der Abtrünnige – bei. Julians Tod 363 beendete die heidnische Restauration.

Christentum als Staatsreligion

Politisch einflussreiche heidnische Schichten gab es nur noch in der alten Hauptstadt Rom. Nach wie vor opferten hier die Senatoren im Senat vor dem Altar der Siegesgöttin Victoria. Bezeichnend für die gewandelten Machtverhältnisse war die Entfernung dieses Altars 382 auf Drängen des Bischofs von Mailand, Ambrosius. Dessen Gegenspieler war der römische Stadtpräfekt Symmachus, der in einer beeindruckenden Rede von Kaiser Gratian Religionsfreiheit gefordert hatte. Die Heiden argumentierten damals im Sinne des Toleranzgedankens, doch die Christen beharrten auf dem Ausschließlichkeitsanspruch der jüngeren Religion. Kaiser Theodosius der Große setzte dem Heidentum im Römischen Reich ein Ende.

Am 27. Februar 380 erließ er ein Glaubensedikt, mit dem er allen Bewohnern des Reiches die Trinitätslehre – d. h. ein Gott in drei Personen –, die das Konzil von Nizäa 325 beschlossen hatte, als allein gültigen Glauben auferlegte. 381 bestätigte ein von Theodosius nach Konstantinopel einberufenes Konzil dieses Edikt. Damit galt die christliche Religion nun als offizielle Staatsreligion des Römischen Reiches.

Theodosius ging rigoros gegen die Heiden vor, ließ alle Tempel schließen und stellte die Riten des „heidnischen Aberglaubens" unter schwere Strafe. Die Abkehr vom Heidentum unterstrichen zwei Punkte: Im Gegensatz zu Konstantin dem Großen verzichtete Theodosius auf den Titel des Pontifex Maximus, dieser ging auf den Bischof von Rom über. Und im Jahr 393 fanden zum letzten Mal die Olympischen Spiele statt. Damit endete eine über 1000-jährige Tradition. Der Triumph des Christentums war nicht durch Missionierung, sondern durch die kaiserliche Religionspolitik bewirkt worden.

Bedeutende Kirchenlehrer

Die katholische Kirche verfügte damals über einflussreiche Persönlichkeiten. Der Mailänder Bischof Ambrosius etwa mischte sich in die Politik ein und bestätigte den Kaiser immer wieder in seiner antiheidnischen Tendenz. Als Theodosius einmal Christen, die eine Synagoge niedergebrannt hatten, auferlegte, diese auf Kirchenkosten wieder aufzubauen, protestierte Ambrosius vehement – er sah Juden als Ungläubige an. Nachdem Theodosius 390 in Thessaloniki mehrere Tausend Gegner hatte hinrichten lassen, drohte Ambrosius dem Kaiser mit dem Ausschluss von der Messe, was der Exkommunikation gleichkam. Theodosius beugte sich und tat Buße.

Von großer Bedeutung war auch der Kirchenvater Augustinus von Hippo. Der Sohn eines heidnischen Beamten und einer christlichen Mutter fand erst spät zum Christentum. Ambrosius taufte ihn 387 in Mailand. Von 396 bis zu seinem Tod 430 hatte er das Bischofsamt im nordafrikanischen Hippo, dem heutige Bône, inne. Viele seiner Schriften sind erhalten. In seinen *Bekenntnissen* beschrieb er seinen Lebensweg, der nicht immer dem christlichen Ideal entsprach.

410 eroberten die Westgoten unter Alarich I. Rom und plünderten es. Dieser Schock löste bei vielen Römern die Diskussion aus, ob nicht das Christentum schuld am Niedergang der römischen Macht sei – seit

dem Sieg des Christentums hatte es mehr Katastrophen gegeben als zuvor. Augustinus wies jedoch in seinem Werk *Der Gottesstaat* alle Vorwürfe zurück.

Die Ausbreitung des christlichen Glaubens war durch die Übersetzung biblischer Texte gefördert worden. Seit dem 2. Jh. lagen Übertragungen ins Griechische, Lateinische, Syrische und Koptische vor. Der ebenfalls als Kirchenvater verehrte Hieronymus übersetzte ab 387 die gesamte Bibel neu ins Lateinische. Seine Arbeit, die Vulgata, gilt bis heute als verbindliche Fassung. Die Missionierung der Germanen wurde in der gleichen Zeit durch Bischof Wulfila gefördert, der die Bibel ins Gotische übertrug.

Papst Leo der Grosse

Das Papsttum, das im Westen allmählich die Kaiser ersetzte, brachte Mitte des 5. Jh. mit Leo I., dem Großen, die erste große Gestalt hervor. Er begründete die Lehre vom Vorrang des Bischofs von Rom vor allen anderen Bischöfen und berief sich dabei auf die Nachfolge des Apostels Petrus, für den eine Sonderrolle gegolten habe. Gleiches forderte Leo für sich und seine Nachfolger. Kaiser Valentinian III. unterstützte Leo und legte 445 fest, dass den Nachfolgern Leos neben dem höchsten Richteramt auch das höchste Lehramt und die Verwaltung der Kirche zu übertragen sei. Leo griff zudem in die Politik ein. 452 traf er sich bei Mantua mit Attila, der mit den Hunnen in Norditalien eingefallen war. Der Kaiser hatte ihn nicht aufhalten können. Es gelang Leo, Attila von weiteren Verwüstungen abzuhalten und zum Abzug zu bewegen. 455 hatte er bei dem Vandalenfürsten Geiserich weniger Glück. Immerhin erreichte er, dass die Vandalen Rom nur plünderten und nicht schleiften.

Kaiser Theodosius hatte 395 das Römische Reich in eine West- und eine Osthälfte geteilt – die Reichsteile entwickelten sich auseinander. Das Weströmische Reich überstand die Einfälle von Germanen und Hunnen nur kurz. 476 setzte Odoaker, germanischer Befehlshaber in der römischen Armee, den letzten Kaiser Romulus Augustulus ab.

Kaiser Konstantin der Große
Der Kaiser ist auf dem Thron mit christlichen Symbolen dargestellt.

Die Ausbreitung des Hellenismus

Die griechische Kultur war, nach antiken Maßstäben, eine Weltkultur. Ihre Spuren hinterließ sie in einem Raum, der sich von Spanien im Westen bis nach Indien im Osten erstreckte. Schon um 1000 v. Chr. war die kleinasiatische Westküste besiedelt worden. In einer zweiten Phase der Ausbreitung waren es griechische Kolonisten, die zwischen 750 und 550 v. Chr. in mehreren Schüben Griechenland verließen und sich in der Fremde eine neue Heimat suchten. Griechische Städte entstanden jetzt in Sizilien, Süditalien, Südfrankreich und Spanien, aber auch rings um das Schwarze Meer.

Eroberungszüge

Weit in Richtung Osten führte im 4. Jh. v. Chr. der Eroberungszug Alexanders des Großen. Der makedonische König unterwarf in nicht einmal zehn Jahren das riesige Perserreich und drang in seinem Bestreben, das Ende der Welt zu erreichen, bis zum Indus vor. Aus der Erbmasse Alexanders entstanden nach langwierigen Kriegen zwischen seinen Generälen die hellenistischen Königreiche. Die Ptolemäer regierten in Ägypten, die Seleukiden im Vorderen Orient. In Scharen wanderten damals Griechen aus dem Mutterland in die eroberten Gebiete aus.

Als die Römer nach 200 v. Chr. Griechenland und die hellenistischen Reiche zu unterwerfen begannen, übernahmen sie bereitwillig die von ihnen als überlegen anerkannte griechische Kultur. So wurde die Hellenisierung der antiken Welt auch nach dem Ende der politischen Vorherrschaft der Griechen fortgeführt.

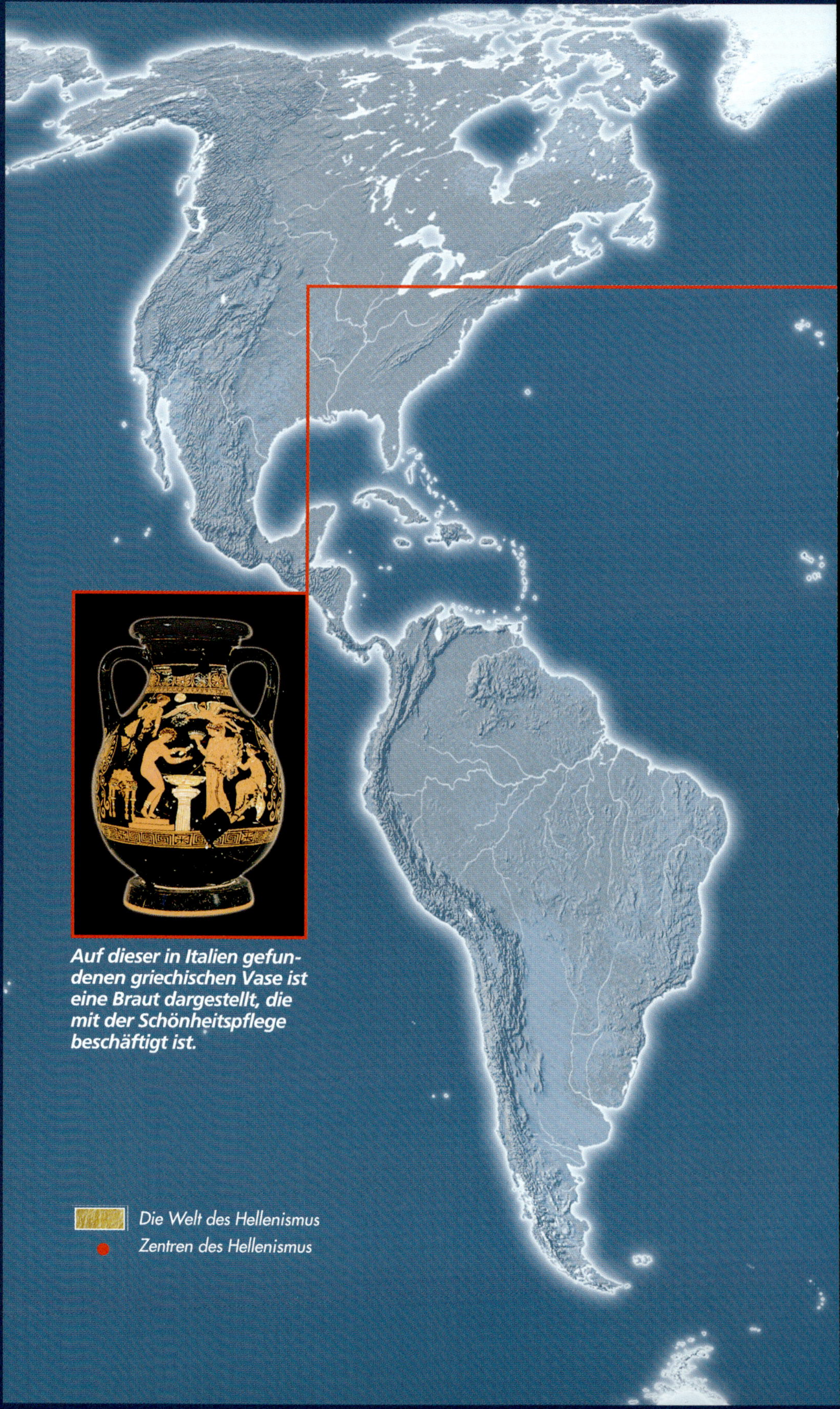

Auf dieser in Italien gefundenen griechischen Vase ist eine Braut dargestellt, die mit der Schönheitspflege beschäftigt ist.

Griechische Schiffe wie dieses (Tonmodell) beherrschten das Mittelmeer.

Selbst in Wüstenstädten wie Petra (Jordanien) wurde im griechischen Stil gebaut.

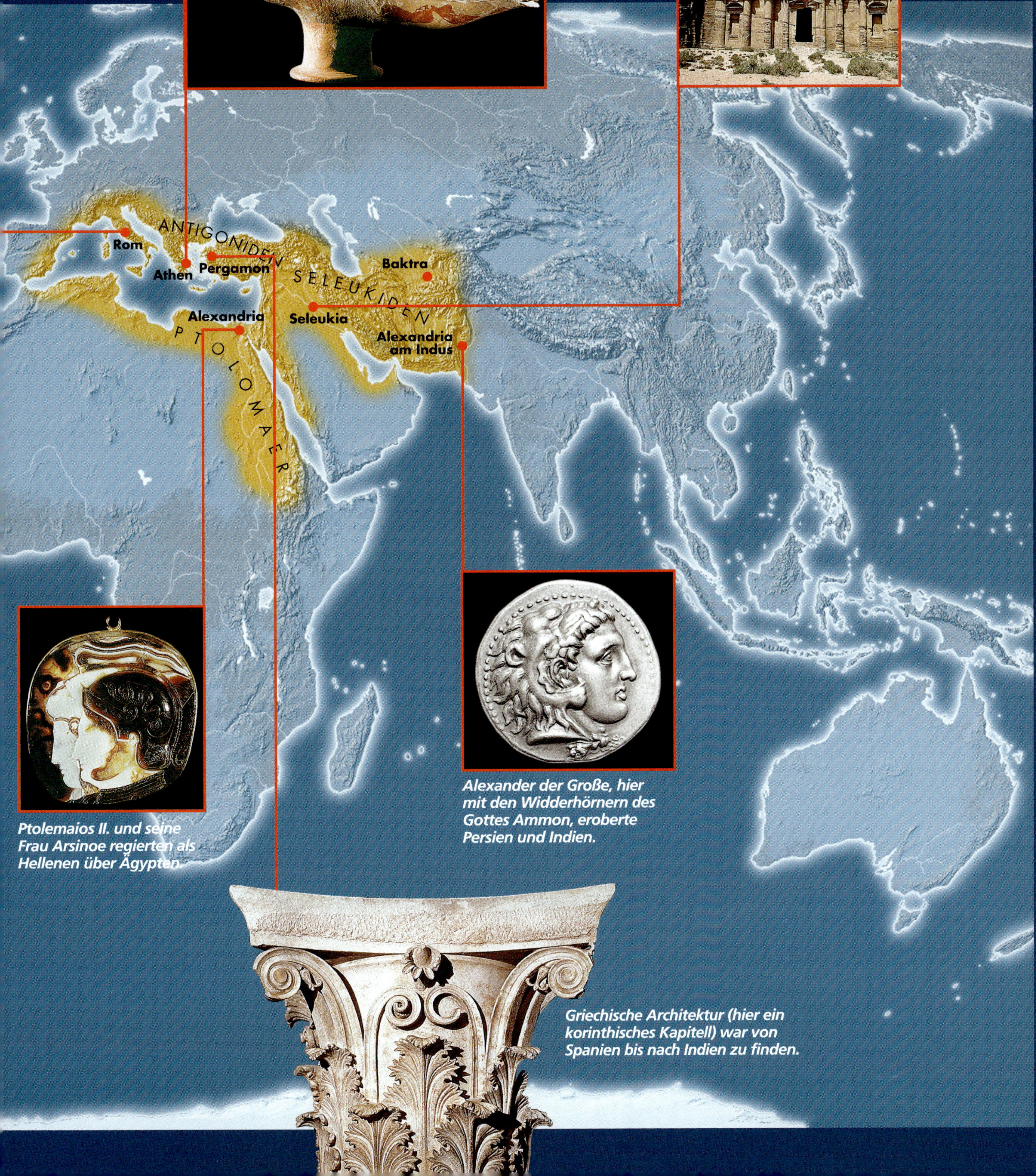

Ptolemaios II. und seine Frau Arsinoe regierten als Hellenen über Ägypten.

Alexander der Große, hier mit den Widderhörnern des Gottes Ammon, eroberte Persien und Indien.

Griechische Architektur (hier ein korinthisches Kapitell) war von Spanien bis nach Indien zu finden.

Die Ausbreitung des Hellenismus

Höhepunkt griechischer Städteplanung

Auf dem Mosaik aus dem 6. Jh. n. Chr. kommt die Regelmäßigkeit der Anlage von Alexandria nicht zum Ausdruck.

In der griechischen Gesellschaft spielte das Familienleben eine große Rolle. Auf dem Bild ist eine gemeinsame Mahlzeit dargestellt.

Elemente griechischer Stadtarchitektur finden sich auch in der Oasenstadt Hatra im heutigen Irak.

Links: Athen bot als eine gewachsene Stadt kein planmäßiges Bild wie Alexandria oder Antiochia.

In den griechischen Städten spielten Handwerk und Gewerbe eine bedeutende Rolle. Das Vasenbild (links unten) zeigt Arbeiter in einer Erzgießerei.

Die Statue der Artemis (rechts) von Ephesos in Kleinasien ist mit üppigen Fruchtbarkeitssymbolen versehen.

Die frühesten Städte der Griechen waren nicht planmäßig angelegt. Aus einfachen Anfängen entwickelten sie sich, wie Athen, zu Siedlungen mit einer unregelmäßigen Gestalt. Anders verhielt es sich mit den Neugründungen im Kolonialgebiet in Kleinasien und im westlichen Mittelmeerraum. Um den Siedlern die gleichen Startchancen zu bieten, wurde die zur Verfügung stehende Fläche in Parzellen von identischer Größe aufgeteilt. Dieses Prinzip wurde im 5. Jh. v. Chr. vom dem berühmten Stadtplaner Hippodamos aus Milet perfektioniert. Nach seinen Konzepten wurden die griechischen Städte nun, einem Schachbrettmuster ähnlich, mit einem System rechtwinklig angelegter Straßenzüge und gleichförmiger Häuserviertel ausgestattet. Die Mitte der Städte wurde für die öffentlichen Gebäude wie Rathaus und Tempel und für die zentralen Plätze reserviert.

Meister der Stadtplanung

Der Höhepunkt griechischer Stadtplanung war das Zeitalter des Hellenismus. Hatten die Städte zuvor meist nicht mehr als 2000–3000 Einwohner aufzuweisen, so strebten die Monarchen im gegenseitigen Wettstreit nun nach Repräsentation und Monumentalität. Als Beispiel galt die Stadt Alexandria, die Alexander der Große 331 v. Chr. in Ägypten nach dem hippodamischen Prinzip bauen ließ. Unter den ptolemäischen Königen wurde Alexandria zur Weltstadt mit 1 Mio. Einwohnern.

Vorbild für andere Kulturen

Eine ähnliche Bedeutung erlangte Antiochia, die Metropole der Seleukiden in Syrien, wo die Bewohner sogar mit dem Luxus einer Straßenbeleuchtung verwöhnt wurden.

Auch auf die Römer hat das Beispiel griechischer Stadtanlagen gewirkt. Die von ihnen in Italien und in den Provinzen neu gegründeten Städte orientierten sich streng an der Vorgabe eines regelmäßigen Straßennetzes und einer klaren Verteilung der Häuserzeilen.

WISSENSCHAFT UND PHILOSOPHIE DER HELLENEN

Platon war einer der größten griechischen Philosophen.

Unten: Das von dem griechischen Astronomen Ptolemaios im 2. Jh. n. Chr. entwickelte Weltbild war eine Pioniertat der Kartographie.

Ganz unten: Griechische Ärzte besuchten ihre Patienten auch zu Hause (Marmorrelief aus dem 4. Jh. v. Chr.).

Die historische Führungsrolle der Griechen auf dem Gebiet der Wissenschaft und der Philosophie ist unbestritten. Eine Fülle von innovativen Ideen, Lehren und Fertigkeiten haben griechische Gelehrte der Nachwelt hinterlassen.

Entscheidend für diese Spitzenleistungen waren die Impulse, die die Griechen aus dem Orient empfangen hatten. Nicht umsonst steht am Anfang der griechischen Philosophie Thales aus dem kleinasiatischen Milet (6. Jh. v. Chr.), der auch als Mathematiker und Astronom für Furore sorgte. Seine Forschungen zeigten sich wesentlich von den Erkenntnissen mesopotamischer Wissenschaftler inspiriert.

Die Griechen waren aber auch in der Lage, diese Anregungen selbstständig weiterzuführen. Kluge Köpfe wie Platon und Aristoteles fragten nach dem Funktionieren des Staates, während die Philosophen des Hellenismus sich mehr für das Glück des einzelnen Menschen interessierten. Bahnbrechend sind zudem die Verdienste der griechischen Forscher auf dem Gebiet der Geographie. Da die Griechen viel in der Welt herumkamen, wurden sie zu Pionieren der Kartographie. Und Hippokrates, Mentor der Ärzte, revolutionierte im 5. Jh. v. Chr. die Medizin.

Förderer und Gönner

Äußerst fruchtbar wirkte sich auch die Unterstützung durch den Staat aus. In Alexandria gründeten die ptolemäischen Könige mit dem Museion ein höchst effektives Institut für Forschungen auf sämtlichen Gebieten.

Der wohl bekannteste Mathematiker und Ingenieur – Archimedes – lebte auf Sizilien. Unter der Obhut des Königs von Syrakus entwickelte er im 3. Jh. v. Chr. viel bewunderte Apparate.

Das römische Mosaik aus der Nähe von Pompeji zeigt Philosophen der von Platon gegründeten Akademie im regen Gedankenaustausch.

Der „Turm der Winde" in Athen, im 1. Jh. v. Chr. gebaut, vereinte Sonnenuhr, Windanzeiger und Wasseruhr.

Kunst und Kultur der Hellenen

Keine griechische Stadt, die etwas auf sich hielt, verzichtete auf ein Theater. Die Kulturmetropole der griechischen Welt aber war Athen. Theateraufführungen waren für die Besucher nicht nur ein Freizeitvergnügen, sondern auch ein gesellschaftliches Ereignis. Während ihnen die Tragödiendichter wie Aischylos, Sophokles oder Euripides ernsthafte Stoffe präsentierten, bemühten sich Komödiendichter wie Aristophanes um Erheiterung.

In jedem Fall aber war für Spannung gesorgt: Die Aufführungen wurden im Rahmen von Festspielen als Wettbewerbe unter den Autoren durchgeführt. Wer von der Jury den ersten Preis zugesprochen bekam, gehörte künftig zur kulturellen Prominenz. Als Schauspieler agierten ausnahmslos Männer, sodass auch Frauenrollen von Männern gespielt wurden, die ihr Gesicht hinter Masken verbargen. Der Reiz mancher Stücke lag darin, dass Männer Frauen spielen mussten, die sich in der Handlung als Männer verkleidet hatten. Beliebt waren in der griechischen Kulturszene auch Rezitationen von Dichtern, die im Odeion, einer kleineren Variante des Theaters, gehalten wurden.

Malerei, Bildhauerei und Musik

Führend waren griechische Künstler auch in der Malerei, in der Bildhauerei und in der Musik. Vom Fleiß und von den Qualitäten der Maler zeugen heute noch die unzähligen Vasenbilder. Sie waren aber auch in der Lage, große Gemälde und Fresken zu produzieren. Bildhauer wie der Athener Phidias (5. Jh. v. Chr.) brachten es zu beträchtlichem Ruhm. Die von ihm geschaffene Zeus-Statue in Olympia wurde zu den sieben Weltwundern gezählt.

Die griechische Musik beeindruckte noch den römischen Kaiser Nero (54–68 n. Chr.), der eigens eine Tournee durch Griechenland unternahm, weil er meinte, dort ein Publikum zu finden, das seine eigene Kunst richtig würdigen konnte.

Szene oben: Tragödien und Komödien waren ein beliebtes Motiv der Vasenmalerei. Das Bild illustriert eine Szene aus dem Stück „Amphitryon".

Szene unten: Musiker und Tänzer auf einem von einem Griechen aus Samos hergestellten Mosaik (Fundort Pompeji). Die Statue (rechts) zeigt eine Lyraspielerin von der Insel Ägina.

Das Theater von Ephesos bot 25 000 Zuschauern Platz und war für seine hervorragende Akustik berühmt.

Eine der Masken, die griechische Schauspieler bei den Aufführungen trugen.

AFRIKA

Karthago – gefürchtete Konkurrentin Roms

Die Handelsmacht Karthago beherrschte seit dem 6. Jh. v. Chr. den gesamten westlichen Mittelmeerraum. Dies führte zu erbitterten Kriegen mit dem aufstrebenden Rom, die schließlich mit dem Untergang Karthagos endeten.

Die Ausrichtung auf das Meer und der damit verbundene Handel bildeten für die Bewohner des Libanon, die Phönizier, seit langem die wirtschaftliche Basis. Seit etwa 1000 v. Chr. richteten die Phönizier auf der Suche nach Metallvorkommen ihr Augenmerk auf den westlichen Mittelmeeraum. Politisch einflussreiche Kaufleute schickten Handelsexpeditionen los, die bis in das silberreiche Spanien gelangten. Überall im westlichen Mittelmeergebiet entstanden so phönizische Kolonien und Stützpunkte. Viele dieser Handelsfahrten nahmen ihren Ausgang in der Stadt Tyros, die sich im 9. Jh. v. Chr. als vorherrschende Macht durchgesetzt hatte. In dieser Zeit erreichten Händler und Kolonisten aus Tyros die Küste Nordafrikas und gründeten hier die Stadt *gart hadascht,* was so viel wie „Neustadt" bedeutet. Dieser wenig eindrucksvolle Name bekam allerdings einen anderen Klang, nachdem er später im Lateinischen zu Karthago wurde und für Reichtum und Macht stand.

Aufstieg zur Handelsmacht

Die Gründung Karthagos ist von Legenden umrankt, die von antiken Schriftstellern überliefert wurden. Demzufolge hätte die aus Tyros stammende Prinzessin Elissa, in anderen Quellen Dido genannt, Karthago gegründet. Nach Angaben der antiken Historiker soll sich dies um das Jahr 814 v. Chr. ereignet haben. Anfangs handelte es sich bei dieser Neugründung um einen kleinen, noch unbedeutenden Stützpunkt an der nordafrikanischen Küste. Doch der Ort war denkbar günstig gewählt, da er sich für die Anlage eines Hafens und einer Festung hervorragend eignete. Zusätzlich bildete er einen wichtigen Stützpunkt zwischen dem Libanon und Spanien – und von hier führten auch Handelswege in das Innere Afrikas. Zu den im Hinterland der Stadt lebenden berberischen Libyern und Numidern entwickelte sich ein freundschaftliches Verhältnis, da auch sie von den neuen Handelspartnern profitierten. Die ersten Jahrhunderte der karthagischen Geschichte liegen zwar noch im Dunkeln, doch scheinen die Karthager in dieser Zeit ihren Einfluss im westlichen Mittelmeerraum durch die Gründung eigener Kolonien ausgedehnt zu haben.

Um 550 v. Chr. jedoch kam es zur ersten großen Auseinandersetzung mit den auf Sizilien siedelnden Griechen, in der die Karthager die Herrschaft über den Westen der Insel errangen. Von nun an war der Expansionsdrang Karthagos nicht

mehr zu stoppen. Es schloss mit den Etruskern ein Bündnis gegen die von Korsika aus operierenden Griechen, die den Handel durch Piratenfahrten störten. Gemeinsam schlug man die Griechen vernichtend, und die Karthager konnten ihren Einfluss über Sardinien ausdehnen. Gegen Ende des 6. Jh. v. Chr. besaß Karthago die Oberhoheit über sämtliche phönizische Kolonien, die sich von der Atlantikküste Marokkos über Südspanien bis Libyen erstreckten. Bald wurde der Machtbereich durch Kämpfe mit den Numidern und Libyern erweitert. Zu dieser Zeit kam es mit dem noch unbedeuten-

Hannibal
Der Feldherr Hannibal, der um 247–183 v. Chr. lebte, lehrte die Römer das Fürchten, indem er mit seinem Heer bis vor die Tore Roms zog.

den Rom zu einem Vertrag über die Abgrenzung der jeweiligen Einflusssphären.

Die Karthager standen bereits damals in dem Ruf, hervorragende Seeleute, unternehmungslustige Kaufleute und waghalsige Piraten zu sein. So ist es nicht verwunderlich, dass sie auch weite Schiffsreisen auf sich nahmen, die sie in unbekannte Weiten führten.

Mit Schiffen auf grosser Fahrt

Als Erste wagten sie sich auf den stürmischen Atlantik hinaus und erreichten Madeira, die Azoren und wahrscheinlich auch die Kanarischen Inseln. Glaubt man dem griechischen Historiker Herodot, so sollen phönizische Seefahrer bereits gegen Ende des 7. Jh. v. Chr. im Auftrag des ägyptischen Pharaos Necho II. ganz Afrika umrundet haben. Als erwiesen gilt die Seereise des Karthagers Hanno, der wohl im letzten Drittel des 6. Jh. v. Chr. aufbrach, um die Westküste Afrikas zu erkunden. Dabei erreichte er den Golf von Guinea, da er einen Vulkan beschreibt, den *Wagen der Götter,* der wahrscheinlich mit dem Kamerunberg identisch ist. Der Grund für derartig wagemutige Unternehmungen liegt in der Suche nach dem Gold Westafrikas und anderen Handelsgütern. Ungefähr zur selben Zeit fand die Schiffsreise des Himilco zu den *Zinn-Inseln* statt. Hier handelte es sich um den Südwesten Englands und um die Bre-

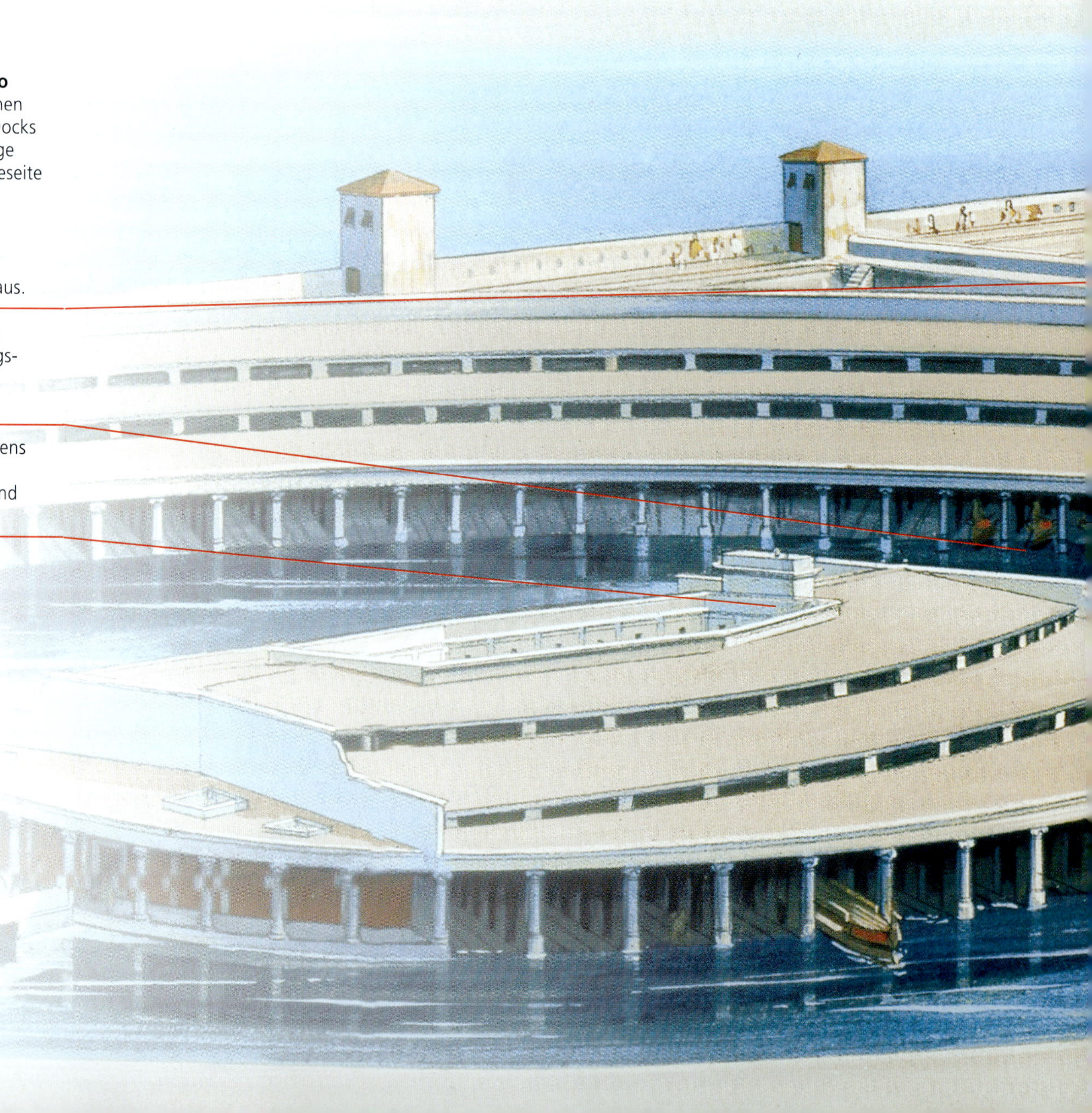

Der Hafen von Karthago
Die Anlage des phönizischen Kriegshafens mit seinen Docks war durch eine Wehranlage geschützt und von der Seeseite her nicht einsehbar.

Nur zu dem rechteckigen Handelshafen gab es eine Zufahrt direkt vom Meer aus.

Der kreisrunde, mit einem Flachdach versehene Kriegshafen verfügte über mehr als 200 Anlegestellen.

In der Mitte des Kriegshafens befand sich eine Insel mit weiteren Anlegeplätzen und dem Sitz der Admiralität.

tagne, wo sich Lagerstätten des für den Bronzeguss unentbehrlichen Zinns befanden. Vielleicht kam Himilco bei diesen Reisen sogar bis nach Irland. In seiner Reisedarstellung erwähnt er Gefahren wie undurchdringlichen Nebel und Seeungeheuer, was auch dem Zweck dienen sollte, die griechische Konkurrenz von ähnlichen Fahrten abzuhalten.

Die Seemacht der Karthager beruhte auf ihrer Flotte. Kein Wunder, dass das Herz Karthagos die riesigen Anlagen des Handels- und des Kriegshafens bildeten, die im 4. Jh. v. Chr. gebaut wurden. Zu diesem Zweck mussten 235 000 m^3 Erdreich und Felsen weggeschafft werden. Der Handelshafen war direkt vom Meer aus zugänglich; dahinter, und mit dem Handelshafen durch einen schmalen Zugang verbunden, lag der Kriegshafen. Er war militärisches Sperrgebiet – die Besatzungen der Handelsschiffe gelangten durch Tore direkt in die Stadt, ohne den Kriegshafen zu Gesicht zu bekommen.

Meister des Schiffsbaus

In der Kunst des Schiffsbaus und der Navigation erwiesen sich die Karthager als vollkommene Meister. Bereits in der Antike galten die Phönizier als die Erfinder der Triere, des Dreiruderers, mit drei Reihen Ruderern übereinander. Die Ruderer waren aber keine Sklaven, wie häufig vermutet, sondern freie

Bartträger
Die farbenprächtig emaillierte Gesichtsmaske verdeutlicht die Kunstfertigkeit der Phönizier, die mit wendigen Schiffen das Mittelmeer dominierten (unten).

Berufsseeleute. Bis zum 4. Jh. v. Chr. beherrschten die Trieren das Mittelmeer, dann kamen die größeren Vier- und Fünfruderer auf. Die größten dieser Schiffe waren bis zu 40 m lang, 6 m breit und boten für etwa 300 Mann Besatzung Platz. Dem Antrieb dienten aber nicht nur Ruder, sondern auch zwei Segel, nämlich das am Mast befestigte große rechteckige Hauptsegel, sowie ein kleineres Segel vorn am Bug. Die Kriegsschiffe waren zusätzlich mit einem bronzeverkleideten Rammsporn am Bug und einer Plattform auf dem Vorschiff ausgestattet, auf der Katapulte und Bogenschützen Platz fanden. In manchen Seeschlachten mit Rom bestanden die karthagischen Flotten aus bis zu 300 derartigen Schiffen. Neben diesen schnellen und wendigen Kriegsschiffen existierten natürlich auch andere Schiffstypen, wie etwa die bauchigen Handelsschiffe, die eine Vielzahl von Waren befördern konnten.

Die Schiffsbautechnik war so weit fortgeschritten, dass einzelne Schiffsteile mit Schablonen vorgefertigt wurden. Dies erlaubte eine schnelle Aufstellung von neuen Flottenverbänden, was wegen der anhaltenden Kriege mit den Griechen und der Verluste durch Stürme und Kaperfahrten notwendig war.

Zankapfel Sizilien

480 v. Chr. brachen die Feindseligkeiten auf Sizilien erneut aus, und die Karthager erlitten bei Himera eine vernichtende Niederlage. Ab 410 v. Chr. gingen die Karthager in die Offensive, und die Kämpfe zogen sich über die folgenden Jahrzehnte hin. Dabei wurden die griechischen Städte Himera, Selinunt, Agrigent und Gela von den karthagischen Truppen erobert. 374 v. Chr. kam es mit dem mächtigsten Gegner, dem Tyrannen Dionysios I. von Syrakus, zum Friedensschluss, der den Karthagern die Herrschaft über das westliche Drittel Siziliens brachte. Syrakus blieb der Hauptgegner der Karthager: Ende des 4. Jh. v. Chr. ließ der Tyrann Agathokles von Syrakus sein Heer Karthago direkt in Nordafrika angreifen. Doch nach Anfangserfolgen musste er sich zurückziehen.

Mittlerweile hatte Rom seine Macht über weite Teile Italiens ausgedehnt, und damit kam ein weit gefährlicherer Gegner ins Spiel, als es die Griechen je gewesen waren. Rom mischte sich schon bald in die sizilianischen Machtverhältnisse ein. Dies führte zum 1. Punischen Krieg von 246 bis 241 v. Chr. Die Römer – sie bezeichneten die Karthager als Punier – sahen sich einem Seekrieg gegenüber, in dem sie unterlegen waren. Die seegewohnten Karthager manövrierten ihre Schiffe besser und brachten den Römern schwere Niederlagen bei. Das Blatt wendete sich erst durch eine römische Erfindung, die *corvus* genannte Enterbrücke. Sie wurde vom römischen

Schiff auf das des Gegners herabgelassen und hakte dort ein. Der Krieg endete mit der Niederlage Karthagos, das sich verpflichtete, alle Stützpunkte in Sizilien aufzugeben. Kurz darauf verlor es auch Sardinien an Rom. Karthagos Macht war schwer getroffen, aber nicht gebrochen: Man wich nach Spanien aus. Nun galt es, Spanien ganz unter Karthagos Kontrolle zu bringen.

Hannibal kämpft gegen Rom

Ein Vertrag mit Rom, der den Fluss Ebro zur Grenzlinie des karthagischen Einflussgebiets machte, war bald Makulatur. Der berühmte Feldherr Hannibal belagerte die Stadt Sagunto, die sich im karthagischen Einflussbereich befand. Die Bewohner der Stadt riefen die Römer zu Hilfe – 218 v. Chr. ließ sich ein neuer Krieg mit Rom nicht mehr vermeiden. Hannibal ergriff sofort die Initiative und rückte mit seinem Heer über den Ebro nach Südfrankreich vor. Nach dem verlustreichen Marsch über die Alpen fügte er den Römern Niederlagen zu, die diese an den Rand des Untergangs brachten. In der berühmten Schlacht bei Cannae in Apulien standen 80 000 Römer den 50 000 Mann Hannibals gegenüber. Der Kampf endete für Rom katastrophal, fast 50 000 Soldaten fielen.

Ziel Hannibals war es eigentlich gewesen, die italischen Verbündeten der Römer auf seine Seite zu ziehen. Doch die Strategie ging nicht auf: Rom erholte sich. 202 v. Chr. setzte ein römisches Heer nach Nordafrika über, und der römische Feldherr Scipio, der dafür den Beinamen „Africanus“ erhielt, schlug Hannibal in der Schlacht von Zama. Das völlig erschöpfte Karthago bat um Frieden. Die Bedingungen waren hart: Die Karthager mussten sich aus Spanien zurückziehen, ihre Flotte zerstören und hohe Geldzahlungen leisten. Außerdem durfte es keinen Krieg mehr ohne Roms Erlaubnis führen.

Monumentale Stadtanlage

Vieles, was man über Karthago weiß, stammt aus griechischen und römischen Quellen. Da Griechen und Römer erbitterte Feinde der Karthager waren, ist manches böswillige Propaganda. Wegen der gründlichen Zerstörung Karthagos bleibt man jedoch auf die Angaben der antiken Historiker angewiesen. So soll Karthago eine der größten und reichsten Städte der Antike mit einer Einwohnerzahl von 700 000 Menschen gewesen sein. Geschützt wurde die Stadt durch einen Mauerring von 33 km Länge, wobei die gefährdeten Stellen im Süden und Westen durch einen dreifachen Mauerring gesichert waren. Die 15 m hohen und 10 m breiten Mauern wurden alle 60 m von einem Wachturm überragt. Im Inneren der Befestigungsmauern befanden sich Vorratslager, Unterbringungsmöglichkeiten für 24 000 Soldaten sowie Ställe für 300 Kriegselefanten und 4000 Pferde.

Das Zentrum der Stadt bildete die *Byrsa* genannte Zitadelle mit dem prächtigen Tempel des Gottes Eschmun, den man über eine Monumentaltreppe von 60 Stufen erreichen konnte. Daran schlossen sich die Unterstadt und die Vorstadt an, deren Erscheinungsbild durch enge Straßen und bis zu sechs Stockwerke hohe Häuser geprägt wurde. Die Wasserversorgung erfolgte durch Brunnen und Zisternen. Neben dem heiligen Bezirk *tophet*, der dem Gott Baal Hammon und der Göttin Tanit geweiht war, gab es zahlreiche weitere Tempel. Westlich des Handelshafens befand sich die Agora, der große Handelsplatz, an dem sich die Kaufleute aus aller Herren Länder einfanden. Der Handel bestimmte das Leben Karthagos. Die benötigten Rohstoffe und Waren kamen aus den entferntesten Regionen. Das Innere Afrikas lieferte Gold, Straußenfedern, Raubtierfelle, Elfenbein und auch Sklaven. Aus der griechischen Welt kam wertvolle Keramik und aus

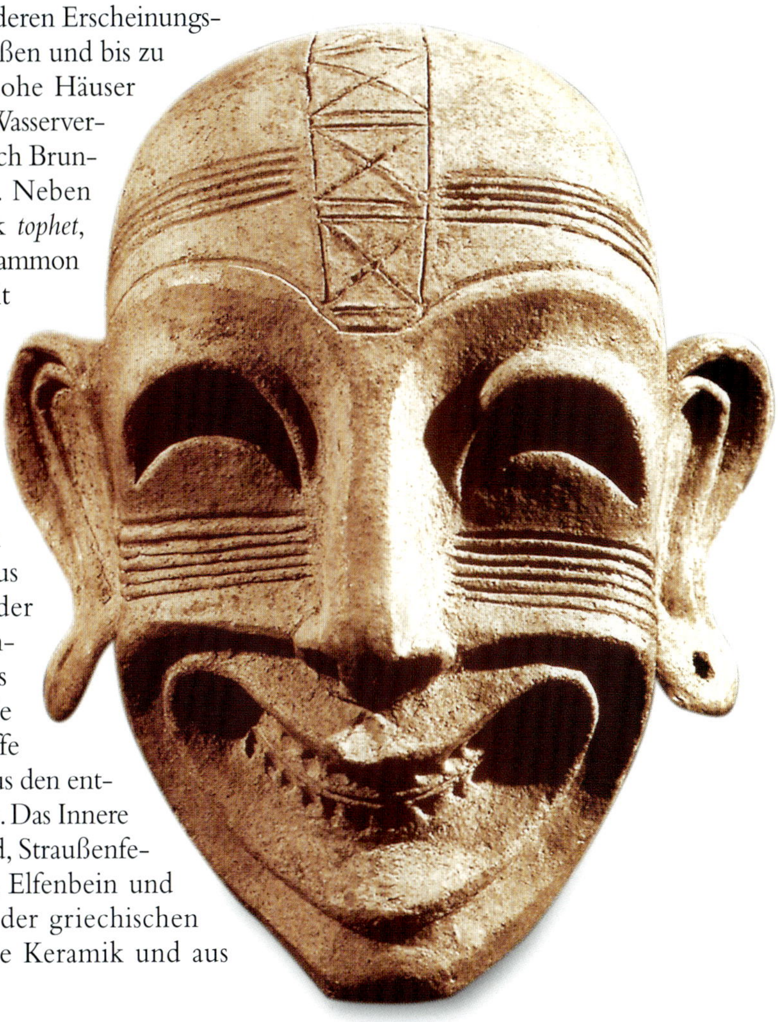

Fratzenhafte Maske
Diese phönizische Maske aus dem 6. Jh. v. Chr. zeigt einen grotesk verzerrten Gesichtsausdruck.

HINTERGRUND

Moloch – *molkh,* Kinderopfer der Karthager für ihren Gott Baal Hammon?

Die karthagische Religion leitete sich direkt von der phönizischen ab, und die Götterwelten waren im Wesentlichen identisch.

Besondere Verehrung erfuhren die Göttinen Tanit und Astarte sowie die männlichen Gottheiten Baal Hammon, Baal Schamim, Eschmun und Melkart.

Mit Abscheu berichten die Bibel und die antiken Autoren in farbiger Übertreibung von zahlreichen Kinderopfern für den furchtbaren Gott Moloch in der *tophet* genannten Kultstätte. Doch Moloch oder *molkh* war kein Gott, sondern der Ausdruck für eine rituelle Handlung, bei der meist Tiere geopfert wurden.

Dennoch galt es lange Zeit als sicher, dass es – besonders in Zeiten der Gefahr – zu gelegentlichen Opferungen von Kindern für Baal Hammon gekommen sei. Nach heutigem Stand der Forschung geht man allerdings davon aus, dass der Ort Tophet als ganz normaler Friedhof für Kinder diente, die durch Krankheiten ums Leben kamen.

Tophet
Um die phönizische Begräbnisstätte Tophet rankten sich lange Zeit grausame Gerüchte und Legenden.

Ägypten Papyrus. Karthagische Handwerker produzierten kostbare Metallgefäße, Gold- und Silberschmuck, Lederwaren und Stoffe. Daneben spielte Karthago eine Rolle beim Export landwirtschaftlicher Produkte wie Öl und Wein.

DIE MACHTVERHÄLTNISSE

In den frühen Zeiten wurde Karthago wahrscheinlich von einem König regiert, doch ebenso wie in den anderen phönizischen Städten waren die mächtigen Kaufleute so einflussreich, dass der Monarch sich auf ihr Einverständnis angewiesen sah. Schließlich wurde die Königswürde ganz abgeschafft. Als Oberhäupter des Staates wählte man jährlich zwei so genannte Sufeten. Neben ihnen gab es den Rat der Mächtigen, eine Art Senat, dem 300 Männer der vornehmsten Familien angehörten. Dieser hatte große Macht, und er entschied über Krieg und Frieden. Aus dem Kreis der 300 rekrutierte sich ein weiterer Rat, der 30 jährlich gewählte Mitglieder umfasste. Diese standen über dem Senat und bildeten eine Art Regierung. Der Oberste Gerichtshof, vor dem sich die Generale nach Abschluss ihrer Feldzüge rechtfertigen mussten, bestand aus 104 Mitgliedern, die ebenfalls aus dem Senat hervorgingen und auf Lebenszeit gewählt waren. Diese auf den ersten Blick so demokratisch wirkende Machtverteilung blieb in Wirklichkeit auf einen kleinen Personenkreis begrenzt. Die wichtigen Ämter Karthagos wurden ausschließlich nach Macht, Reichtum und Herkunft besetzt. Zugang besaßen nur Angehörige der großen und mächtigen Adelsgeschlechter. Die Masse der Bevölkerung war politisch bedeutungslos. Sie setzte sich aus Bauern, Fischern, kleinen Händlern und Handwerkern zusammen. Dazu kamen noch die Sklaven, meist Kriegsgefangene und Schwarzafrikaner, die sich sowohl in Privat- als auch in Staatsbesitz befanden.

Da das Kerngebiet Karthagos im Gegensatz zu demjenigen anderer Staaten relativ klein war, griff man für den Kriegsdienst seit dem 6. Jh. v. Chr. verstärkt auf Söldner und Verbündete zurück, die ausschließlich von karthagischen Generalen geführt wurden. In Krisenzeiten stellten auch die karthagischen Bürger Truppen. Eine militärische Dauereinrichtung stellte die 2500 Mann starke Elitetruppe *Heilige Schar* dar.

Obwohl Rom Karthago vernichtend geschlagen hatte, wartete es nur darauf, dem verhassten Gegner den Garaus zu machen. Der römische Politiker Cato forderte bei seinen Reden seit langem die endgültige Zerstörung Karthagos. Ein Kriegsgrund ließ nicht lange auf sich warten. Der Numiderkönig Massinissa drang in karthagisches Gebiet ein – sofort setzte sich Karthago mit einer Streitmacht zur Wehr. Dies verstieß gegen den mit Rom geschlossenen Vertrag, keinen Krieg ohne die Erlaubnis Roms zu führen.

149 v. Chr. setzte die römische Armee nach Afrika über und begann mit der Belagerung der Stadt. Der Krieg währte zwei Jahre, in denen sich Karthago und sein Hinterland verbissen verteidigten. 146 v. Chr. erfolgte dann der endgültige, mit aller Macht vorgetragene Angriff auf Karthago, und die Stadt wurde bis auf ihre Grundmauern zerstört.

Das Reich der Kusch

In einer ägyptischen Kolonie entstand ein unabhängiger Staat namens Kusch, dessen dunkelhäutige Könige schon bald über ganz Ägypten herrschten.

Weihrauch, Ebenholz, Gewürze, Straußenfedern, seltene Steine und vor allem Gold – die Schätze des Südens erwiesen sich schon für die Pharaonen des Alten Reiches als so verlockend, dass sie Beamte auf Erkundungsfahrten bis nach Zentralafrika schickten. Später versuchten die Gottkönige dann, die Südgrenze des Reiches mithilfe von Festungen und Garnisonen immer weiter vorzuschieben oder die Schwarzen als Söldner dem eigenen Heer einzugliedern. Doch so einfach kam man den „elenden Völkern von Kusch",

Uschebti-Statuen
Diese Dienerfiguren aus dem Grab eines schwarzen Pharaos sollten für ihn alle im Jenseits anfallenden Arbeiten verrichten.

Gräber wie die Ägypter
Um ihren Lebenslauf zu verherrlichen, ließen die schwarzen Pharaonen ihre Grabkammern mit Hieroglyphen und Fresken ausmalen – ganz nach ägyptischer Sitte.

wie die Ägypter ihre widerspenstigen Nachbarn an den oberen Stromschnellen nannten, nicht bei; sie blieben über Jahrhunderte hinweg ernst zu nehmende Gegner, die sich nicht unterwerfen ließen. Langfristig gesehen konnte nur eine Politik der schrittweisen „Ägyptisierung" Erfolg haben.

KASCHTA GRÜNDET EINE DYNASTIE VON SCHWARZEN PHARAONEN

In der Tat gelang es den Statthaltern des Pharaos nach und nach, die lokalen Fürsten des Südens für sich zu gewinnen. Immer häufiger wurden ägyptische Sitten, Begräbnisarten und Bautechniken übernommen. Prächtige Heiligtümer entstanden – allen voran der monumentale Tempel des Sonnengottes Amun-Re am Gebel Barkal in Napata, dessen Priester schließlich sogar mit ihren mächtigen Glaubensgenossen im ägyptischen Kultzentrum Theben konkurrierten. Nur so ist zu verstehen, warum sich in den unruhigen Zeiten der Libyereinfälle am oberen Nil ein unabhängiger Gottesstaat bilden konnte, dessen dunkelhäutige Könige sich als die rechtmäßigen Herrscher Ägyptens fühlten.

Napata, die Hauptstadt der schwarzen Pharaonen, lag im Schutz eines hoch aufragenden Gebirges, des „reinen Felsens", in der Landessprache *Gebel Barkal* genannt. Sie befand sich weiter flussabwärts von der vierten Stromschnelle des Nil in der Wüste, war jedoch in einer fruchtbaren Ebene gelegen, in der sich Karawanenstraßen kreuzten.

Der erste namentlich bekannte schwarze Pharao, der den Libyern die Macht entriss und in Ägypten die 25. Dynastie begründete, regierte 760–747 v. Chr. und hieß Kaschta. Er wurde, wie die ägyptischen Könige vor ihm, als Sohn des höchsten Gottes Amun verehrt. Gleichzeitig galt Kaschta als Sohn einer von Amun erwählten Frau, der „Gottesgemahlin", die dem einflussreichen Hohepriester im weiter nördlich gelegenen Theben übergeordnet war. Natürlich besetzte Kaschta diesen entscheidenden

Gebel Barkal
Die Pyramiden von Gebel Barkal in der Wüste von Meroë, im heutigen Sudan, zeugen von der kuschitischen Zivilisation.

Kontrollposten mit einer Angehörigen des Königshauses. Auf diese Weise konnte der schwarze Pharao seine Interessen in Theben erfolgreich durchsetzen.

PIANCHIS KAMPF GEGEN DIE LIBYER

Kaschtas Nachfolger Pianchi fühlte sich zum Kampf gegen die Libyer berufen, denn er glaubte noch immer die Stimme der Maat, der altägyptischen Göttin der Gerechtigkeit und der Wahrheit, hören zu können. Pianchi trug zwar den Titel König von Ober- und Unterägypten, doch er hielt sich ständig in seiner Hauptstadt Napata auf, in der er den alten Felsentempel Amuns durch eine prachtvolle Säulenhalle und eine weithin sichtbare Widderallee zum Nil hinunter erweitern ließ. Nur gelegentlich fuhr der Herrscher in seiner königlichen Barke stromabwärts nach Kurru, wo die Begräbnisstätten seiner Vorfahren lagen. Für sein eigenes Grab hatte er die Form einer Pyramide gewählt, die mit einer Kapelle und einer prachtvoll bemalten Grabkammer versehen war.

Etwa im 15. Regierungsjahr ließ sich ein Feldzug gegen die libyschen Besatzer im Norden nicht länger verschieben. Der Widerstand der ausländischen Fürsten – allesamt „Fischesser und unbeschnitten", wie Pianchi überheblich bemerkte – konnte nur schwer gebrochen werden, und so musste Pianchi bis vor die Tore der Stadt Memphis ziehen, ehe sich seine Widersacher schließlich geschlagen gaben. Der umfangreiche Text der Königsstele Pianchis erzählt in elegantem Ägyptisch von den Heldentaten des siegreichen Feldherrn: „Greift den Feind nicht bei Nacht an wie bei einem Glücksspiel, sondern liefert ihm die Schlacht, wenn ihr gesehen werden könnt. Fordert ihn aus der Entfernung zum Kampf auf, denn ohne ihn, Amun, ist kein Tapferer im Besitz von Kraft … Dem jugendlichen Soldatenheer, das du ausgesandt hast, gehört der Sieg, und viele sollen beben vor ihm!"

Nach seinem Triumph über die Fürsten des Nildeltas, die das Land beinahe in Anarchie gestürzt hätten, segelte Pianchi mit seinen Schiffen zurück nilaufwärts nach Napata. Theben und das Orakel des Amun waren nun weit – und so schickte der schwarze Pharao seine Schwester Ameniridis als „Gottesgemahlin" nach Theben und übertrug ihr die Regierungsgewalt. Damit lag die Macht – wenigstens formell – in den Händen einer Frau.

Unter Pianchis Nachfolger Schabaka kamen die Götter des Alten Reiches wieder zu Ehren, denn die Macht des Pharaos aus Napata reichte jetzt im Süden bis Memphis, der alten Kultstätte des Schöpfergottes Ptah und seines heiligen Stieres Apis. Der neue Aufstieg Ägyptens führte aber nicht nur zu einer umfangreichen Wiederbelebung alter Traditionen, sondern flößte den feindlichen Nachbarn, speziell den Assyrern, so großen Respekt ein, dass erneute Angriffe unterblieben.

TAHARKA – FÖRDERER DER KÜNSTE

Schließlich kam der schwarze Pharao auf den Thron, der am längsten über Ägypten herrschen sollte: Taharka. Obwohl auch er Gegenspieler im nördlichen Delta hatte, scheint es während seiner Regierungszeit relativ lange Friedensperioden gegeben zu haben; so entstanden

Nackte Dame
Die unbekleidete Frau aus Elfenbein stammt aus dem 7. Jh. v. Chr. Ursprünglich war sie wohl Teil eines königlichen Möbelstücks.

Amuntempel
Widderskulpturen säumen den Weg vom Nilufer zu dem heute stark zerstörten Tempel des ägyptischen und kuschitischen Staatsgottes Amun am Fuß des Gebel Barkal.

Pharao Taharka
Der Porträtkopf zeigt den schwarzen ägyptischen König Taharka, der um 690–664 v. Chr. regierte.

imposante Grabdenkmäler, Pyramiden und Tempel. Noch heute sind die Überreste dieser prachtvollen Bauwerke südlich der dritten Stromschnelle in Kawa, Napata oder Sanam, aber auch weiter nördlich in Karnak und sogar Memphis zu bewundern. Um die Macht und Herrlichkeit seines Gottesstaats eindrucksvoll zu zeigen, benötigte Taharka ägyptische Kunsthandwerker, die ihn und seine Taten verewigten. Besonders eindrucksvoll wirkt eine Darstellung des Königs selbst, wie er selbstbewusst zwischen den Vorderbeinen eines riesigen sitzenden Widders – des Symbols seines göttlichen Vaters Amun – steht und von ihm beschützt wird. Offiziell unterstand auch Taharkas Regierung der Macht einer „Gottesgemahlin" des Amun, die in Theben herrschte. Aus diesem Grund bekam eine Frau namens Schapenupet II. sogar eine eigene Kultkapelle in der Tempelanlage von Karnak bei Theben, wo sie als geheimnisvolle Sphinx zu sehen ist.

Meroë wird Hauptstadt

Das Gebiet von Meroë liegt wie eine Insel zwischen dem Blauen Nil und dem Fluss Atbara oberhalb des 5. Katarakts. Seinerzeit existierte dort noch ein reiches Savannen- und Buschland mit einer Vielzahl an Nashörnern, Löwen, Gazellen und Elefanten, die heute weiter südlich leben. Die Stadt Meroë wurde schon unter den schwarzen Pharaonen der 25. Dynastie als Residenz ausgebaut – vielleicht spielten die Herrscher von Kusch bereits damals mit dem Gedanken, Meroë zur künftigen Hauptstadt zu machen.

Als dann ein Fürst aus der Deltastadt Sais mithilfe verbündeter Assyrer den ägyptischen Thron an sich riss, war es so weit: Der schwarze Pharao Tantamani zog sich aus Ägypten zurück. Er hatte andere Pläne. Der Schwerpunkt des Reiches würde in Zukunft im Süden liegen. Am Schnittpunkt wichtiger Karawanenstraßen gelegen, stieg Meroë in den nächsten Jahrhunderten zu einer wichtigen Handelsstadt auf, die Gold, Sklaven und tropische Erzeugnisse in die Mittelmeerländer und den Nahen Osten lieferte. Von hier aus reisten die Kaufleute bis Indien und China. Die Nachfolger der schwarzen Pharaonen residierten noch bis ins dritte vorchristliche Jahrhundert hinein weiter in Napata. Ihre Namen, etwa Aspelta oder Nastansen, kennt man aus der Königsnekropole von Nuri, wo sie sich in steinernen Treppenpyramiden begraben ließen.

Rätselhafte Gottesgemahlinnen

Wie so vieles in der Geschichte des altafrikanischen Reiches bleibt auch die Rolle der Gottesgemahlin – sie hieß jetzt Kandake – bis heute rätselhaft. Das Wort *Kandake* stammt aus dem Altgriechischen und ist eine Umschrift des meroitischen Wortes *kdke* für Königsmutter. Im Lauf der Jahrhunderte scheint der Einfluss der Kandake immer größer geworden zu sein – womit vielleicht auch die Verlegung der Residenz von Napata nach Meroë zusammenhing. Denn es wäre denkbar, dass die Gottesgemahlin die weltlichen Regierungsgeschäfte in Meroë führte, während ihr göttliches Kind, der König, weiterhin die Funktion eines Hohepriesters im heiligen Bezirk von Napata ausübte.

Glücklicherweise erzählen die erhaltenen Kunstwerke sehr viel über die mächtige Position der Kandake in Meroë: Niemals wird die Königsmutter hinter dem Gottkönig dargestellt, sondern immer ebenbürtig mit ihm, vor Amun, der ja ihr Gemahl ist. Vom ganz und gar irdischen Reichtum einer Kandake mit dem Namen Amanischachete zeugt der in ihrer Pyramide gefundene kostbare und aufwändig gearbeitete Goldschmuck.

Interessanterweise soll Königin Kleopatra VII., die angeblich auch meroitisch sprach, die Jahre 50–48 v. Chr. außerhalb Ägyptens bei ihren südlichen Nachbarn verbracht haben. Wohl angeregt durch das Vorbild der Kandake Amanischachete, begann auch Kleopatra VII. sich als Gottesgemahlin zu fühlen und begründete damit ihren Machtanspruch.

Neue und alte Götter

Obwohl die Meroiten in die Fußstapfen ihrer Vorgänger traten und die Heiligtümer Amuns erweiterten, bauten sie auch neue Tempel: So entstanden in Naka und Musawwarat As Sufra lokale Gotteshäuser, die dem einheimischen Löwengott Apedemak geweiht

Goldspange mit Isis
Die Mumie des meroitischen Königs Natakamani schmückte diese kostbare Spange mit der beflügelten Göttin Isis.

waren. Die Reliefs im Innern des Einraumheiligtums zeigen den Herrscher von Meroë, wie er, prächtig gekleidet und mit sämtlichen Insignien der Macht ausgestattet, vor die Götter tritt. Friedlich vereint mit den altbekannten ägyptischen Gottheiten Amun oder Horus, sind hier ganz neue einheimische Götter zu sehen: Neben dem löwenköpfigen Apedemak erkennt man den Schöpfergott Sebiumeker und den „heiligen Prinzen" Arensnuphis – selten sind in der Geschichte zwei unterschiedliche Kulturen so harmonisch miteinander verschmolzen.

Die Pyramiden von Meroë

Mitten in der Wüste liegen die beeindruckenden Pyramidenfelder von Meroë, in denen nicht nur Könige, sondern auch andere einflussreiche Personen begraben wurden – ein Hinweis auf eine bedeutende städtische Oberschicht, deren Angehörige sich wohl rechtzeitig mithilfe der Priesterschaft ihren Jenseitskomfort sichern wollten.

ZEITZEUGEN

Nubische Goldschmiedekunst

Schon zu Zeiten des Alten Reiches stieg die Bedeutung des nubisch-äthiopischen Raumes durch die Entdeckung von Goldvorkommen in den östlichen Wüsten.

Aus diesem Grund brachten es die nubischen Künstler zu großer Meisterschaft in der Goldbearbeitung, ja sie beherrschten sogar die so genannte Zellenschmelztechnik. Anders ist die hohe Qualität zahlreicher goldener Schmuckstücke aus meroitischer Zeit nicht zu erklären. Von großer Kunstfertigkeit zeugen die Amulette, Siegelringe, Anhänger und Armbänder der Kandake Amanischachete, da sie durch außerordentlichen Formenreichtum und Liebe zum Detail beeindrucken.

Diesen berühmten Goldschatz, der aus unbekannten Gründen im Mauerwerk ihrer Pyramide im Nordfriedhof von Meroë versteckt war, hat man nach seiner Auffindung nach Berlin gebracht.

Opfergabe an Horus
Taharka opfert dem Falkengott Horus. Der Herrscher ist in der Haltung und Tracht des ägyptischen Pharaos dargestellt. Auf seine Macht über die Länder Nubien und Ägypten spielen die Uräusschlangen des Kopfschmucks an.

Als besonderes Wahrzeichen Meroës unterscheiden sich diese Pyramiden erheblich von den ägyptischen Vorbildern. Mit einer Grundfläche von 30 m² sind sie viel kleiner und erreichen nur 26 m Höhe, wobei ihr Neigungswinkel sehr steil ist. Die Spitzen dieser Grabmonumente sind seit Jahrhunderten beschädigt oder auch zerstört, denn Grabräuber leisteten auch hier ganze Arbeit.

Der wirtschaftliche Aufschwung des Landes, die Einführung des noch heute verwendeten Wasserrads und ein funktionierendes Verwaltungssystem machten Meroë zu einem Staat, der überregional von großer Bedeutung war. An der Südflanke des Römischen Reiches gelegen, blieb er jahrhundertelang ein wichtiger Wirtschaftspartner Roms, wo er zum Inbegriff afrikanischer Exotik wurde.

Von Christen besiegt

Seine zentrale Stellung innerhalb des Handels ließ Meroë immer wieder zu einem Dorn im Auge anderer Völker werden, doch bis 350 n. Chr. konnte der Staat seine unabhängige Position behaupten. Neben Juden, die hier wohl die Eisenindustrie ansiedelten, lebten in Meroë z. B. Perser, Ägypter, Palmyrener und sogar Inder. Alle hatten ihre eigenen Glaubensvorstellungen, und so verwundert es nicht, dass auch die neue Lehre des Christentums das Reich in der Mitte des Niltals bald erreichte. Die Apostelgeschichte des Lukas berichtet darüber: „Philippos machte sich auf den Weg und ging dorthin, wo er einen Äthiopier sah, einen Eunuchen der Kandake, der auch ihre Schatzkammer verwaltete. Er befahl, den Wagen anzuhalten, und beide, Philippos und der Eunuch, stiegen in das Wasser hinein und er taufte ihn."

Östlich von Meroë war in der Zwischenzeit eine neue Macht entstanden, die den Untergang des altafrikanischen Staates herbeiführen sollte: Aksum. Auch dort kannte man die christliche Lehre mit dem Gebot der Nächstenliebe bereits, was den aksumitischen Herrscher Ezana jedoch nicht davon abhielt, Meroë zu erobern und die Kontrolle über den einträglichen Handel im Roten Meer an sich zu reißen.

Mit Köpfchen – die Nok in Nigeria

Bis ins 20. Jh. hinein sah man in Schwarzafrikanern häufig nur primitive Wilde. Dann aber fand man Zeugnisse einer unbekannten, alten Kultur, deren Künstler und Handwerker über erstaunliche Fähigkeiten verfügt hatten.

Bislang war Walter Townend, Verwalter einer Zinngrube in der Nähe des nigerianischen Dörfchens Nok, stets achtlos an dem Jamsfeld vorbeigegangen, das einem seiner Arbeiter gehörte. Diesmal aber fiel sein Blick unvermittelt auf eine seltsame Vogelscheuche inmitten der heranreifenden Knollenfrüchte. Wie faszinierend! Der aus Ton geformte, ungewöhnlich ausdrucksvolle Kopf mit den weit geöffneten Augen schien ihn regelrecht zu hypnotisieren. Neugierig bahnte sich Townend einen Weg durch das Feld, um das Objekt genauer zu betrachten.

Die ältesten Skulpturen südlich der Sahara

Der etwa 25 cm große Kopf hatte trotz relativ einfacher Züge eine enorme Ausstrahlung. Es schien Townend, als würde ihm der große Mund mit der betonten Oberlippe, die fast bis an die Nase reichte, etwas zurufen wollen. Vielleicht sollte er besser verschwinden? Einen Moment lang hielt er inne, dann aber besann er sich wieder, machte kehrt und marschierte geradewegs zur Hütte seines Grubenarbeiters, um sich über die Herkunft der wunderlichen Vogelscheuche aufklären zu lassen.

Kurze Zeit später war klar, dass der Mann die Terrakottaskulptur bei seiner Arbeit in der Zinngrube in 8 m Tiefe gefunden und mit nach Hause genommen hatte, um sie auf dem Jamsfeld einem sinnvollen Zweck zuzuführen. Der Fundort, die Mine von Tsauni, war mittlerweile geflutet worden. Townend kaufte den Kopf und zeigte ihn dem Verwaltungsbeamten Bernard Fagg, der damals Archäologie studierte.

Fagg stellte sofort einen Zusammenhang mit einem bereits 1928 in dem Geröll gefundenen Affenkopf her und bestätigte damit, was Townend schon vermutet hatte: Der ausdrucksvolle Kopf war schätzungsweise mehrere 100 Jahre alt und gehörte zu einer bislang gänzlich unbekannten Kultur.

Seit diesem Aufsehen erregenden Fund im Jahr 1943 wurden im Umkreis von Nok in einem Gebiet von ungefähr 150 × 500 km nördlich des Zusammenflusses von Benue und Niger rund 200 ähnliche Terrakottafiguren entdeckt – Zeitzeugen einer Zivilisation, die von Fachleuten auf die Zeit zwischen 500 v. Chr und 200 n. Chr.

Ein weiblicher Nok-Kopf, der rund 500 v. Chr. entstand.

Geschmückte Dame
Das Fragment einer Ganzkörperskulptur zeigt die kunstvolle Frisur und den Schmuck, den eine Nok-Frau trug.

datiert wird. Es ist aber auch gut möglich, dass sie sogar noch erheblich älter ist.

Wie es den archäologischen Gepflogenheiten entspricht, nannte man sie nach dem ersten Fundort. Die Nok-Kultur ist die bislang älteste bekannte afrikanische Kultur südlich der Sahara. Das Material, aus dem die Skulpturen gefertigt wurden, bestand aus Ton mit einer Beigabe von Quarzkörnern, Glimmer und Granit – eine Mischung, wie sie auch heute noch bei der Herstellung nigerianischer Keramik verwendet wird. Die Menschenköpfe besitzen eine Größe zwischen 10 und fast 40 cm und gehörten sehr wahrscheinlich zu Statuen, die bis zu 1,4 m groß gewesen sein müssen. Selten fanden sich auch Tierdarstellungen, beispielsweise ein Elefant oder Schlangen und Affen.

KUNSTVOLLE FRISUREN

Obwohl die Nok-Kunstwerke über ein weites Areal verstreut gefunden wurden, haben sie doch eine Menge Gemeinsamkeiten: Alle menschlichen Gesichter besitzen den gleichen dreieckigen Schnitt der Augen, wobei diese zur Bezeichnung der Pupillen durchlöchert sind. Männerköpfe tragen meist deutliche Zeichen der Männlichkeit: Schnurr- oder Spitzbärte. Große Aufmerksamkeit widmeten die Künstler stets den Frisuren, oft hoch stehenden, nicht selten mit Perlenschmuck verzierten Haartrachten. Löcher in den Frisuren dienten zweifellos dazu, Federn einzustecken. Gelegentlich sind Ziernarben in die Gesichter geritzt. Zudem fällt auf, dass die menschlichen Gesichter allesamt stilisiert sind – gewiss nicht deshalb, weil die Hersteller zu einer naturalistischen Darstellung nicht in der Lage waren. Sämtliche Tiere wurden nämlich durchaus wirklichkeitsgetreu wiedergegeben. Aber warum?

Leider ist über die Nok-Kultur so gut wie gar nichts bekannt. Es gibt mehr Fragen als Antworten. Anzunehmen ist aber, dass die Terrakottafiguren zu kultischen Zwecken hergestellt wurden und möglicherweise einen wesentlichen Bestandteil des Glaubens der Urnigerianer bildeten. Vielleicht symbolisierten sie Geister, von denen man glaubte, dass sie den Erntesegen und das Jagdglück beeinflussen konnten. Es ist aber auch durchaus möglich, dass die menschlichen Gesichter im Zusammenhang mit einem Ahnenkult standen, der in vielen afrikanischen Gemeinschaften noch heute praktiziert wird. Das würde auch erklären, warum man auf eine realistische Darstellung der Züge verzichtet hat: aus Angst, der Hexerei beschuldigt zu werden, falls die Menschen erkennbar wiedergegeben wurden.

MEISTER DER EISENVERHÜTTUNG

Ebenso wenig weiß man, ob die Savannenlandschaft, die heute für das Verbreitungsgebiet der Nok-Kultur typisch ist, schon damals vorherrschte. Es ist durchaus möglich, dass der Regenwald in jener Zeit noch weiter nach Norden reichte. Wegen der Größe des Verbreitungsgebiets lässt sich vermuten, dass die Nok-Gesellschaft hierarchisch gegliedert war und von einer zentralen politischen und religiösen Macht gelenkt wurde.

STANDPUNKT

Terrakotta oder Holz?

Dass die bislang gefundenen Nok-Figuren am Anfang einer Tradition standen, ist unwahrscheinlich. Sie waren wohl das Ergebnis einer Entwicklung, deren Beginn im Dunkeln liegt. Einige Forscher sind der Ansicht, dass manche Figuren Formen aufweisen, die eher zu Holzskulpturen passen: Zähne und Lippen sind oft nur eingeritzt, Mund oder Bart bilden einen aus dem Gesicht hervorstehenden Block.

Diese These beruht auf der Annahme, dass der Regenwald damals bis an das Verbreitungsgebiet der Nok-Kultur heranreichte. Nur so konnten sich die Künstler das benötigte Material beschaffen. Holzplastiken wurden aber bisher nicht gefunden.

Dass die Menschen sesshafte Bauern waren, Getreide anbauten und keine Viehzucht kannten, kann als sicher angesehen werden. Neben ölhaltigen Samenkörnern wurden nämlich etliche Reibsteine gefunden, die zum Zermahlen von Feldfrüchten dienten. Während diese Tatsache kaum weiter überraschend ist, erwies sich die Erkenntnis über den Stand der Technik bei den Urnigerianern als geradezu sensationell: Sie schafften es nicht nur, ihre Terrakottaskulpturen im Feuer extrem haltbar zu machen, sondern gehörten auch zu den ältesten bekannten Eisenschmelzern südlich der Sahara. Das beweisen Funde von Schlackenresten aus ihren Schmelzöfen sowie tönerne Röhren, die sie als Blasebälge benutzten. Lange hielt man sie sogar für die allerersten Eisenschmelzer.

Waffen und Werkzeuge aus Eisen

Vermutlich beherrschten die Nok-Menschen diese Fähigkeit bereits im 1. Jt. v. Chr., denn in diesen Zeitraum lassen sich die Bergwerke datieren, in denen das zur Verhüttung benötigte Eisenerz abgebaut wurde. Die zylinderförmigen geschlossenen Schmelzöfen waren aus Ton und besaßen zwei Kammern, eine für das Brennmaterial – Holz oder Holzkohle – und eine für das Erz. Vermutlich standen beim Schmelzen des Metalls mehrere Männer um den Ofen herum und fachten das Feuer an, indem sie in jene langen Tonröhren bliesen, die ihnen als Blasebalg dienten. Anschließend gossen sie das geschmolzene Metall in eigens angefertigte Formen, vermutlich aus tonhaltigem Sand, Diorit oder Sandstein. Auf diese Weise produzierten die Urnigerianer ihre Waffen und Werkzeuge, Messer und Pfeile sowie Hacken und Äxte für die Feldarbeit. Man hat bisher drei Terrakottafiguren gefunden, die eine Axt mit sich tragen – wobei sich allerdings nicht eindeutig erkennen lässt, ob diese Äxte aus Holz oder aus Eisen sind.

Kleine Eisenwerkzeuge benutzte man auch zum Durchbohren der beliebten Quarzperlen, die als Schmuck für den ganzen Körper dienten. Um sie herzustellen, schnitten die Künstler zunächst Rillen in einen Felsen, legten den Quarz hinein und schliffen ihn zu zylinderförmigen Perlen. Derartige Perlen wurden hundertfach zusammen mit ihren Herstellungsgeräten gefunden.

Sind die Nok-Köpfe Frauenkunst?

Da Ton- und Eisenverarbeitung gleichzeitig auftauchten, liegt der Schluss nahe, dass die Keramik von Frauen gefertigt wurde. Denn in vielen afrikanischen Kulturen sind auch heute noch traditionell die Ehefrauen von Schmieden für die Töpferarbeit zuständig, wie es das enge Verhältnis dieser beiden Technologien auch nahe legt. Und die Köpfe sind mit der freien Hand gebildet, indem erst Tonringe aufeinander gestapelt wurden – so fertigen die Töpferinnen Nigerias auch in heutiger Zeit ihre Skulpturen.

Wer auch immer die Figuren herstellte, seit diesen Entdeckungen kann vom „primitiven Wilden“ keine Rede mehr sein. Zu den vielen ungeklärten Fragen hinsichtlich der Nok-Kultur gehört auch diejenige, wie und warum die wohl älteste schwarzafrikanische Zivilisation um 200 n. Chr. oder etwas später unterging. Doch völlig verschwunden scheint sie nicht zu sein. Im ungefähr 300 km entfernten ostnigerianischen Ife fand man ebenfalls Terrakottaskulpturen, die aus dem 11.–15. Jh. stammen und teilweise erhebliche stilistische Ähnlichkeiten mit den Nok-Köpfen aufweisen. Eine wie auch immer geartete kulturelle Verbindung der beiden Zivilisationen ist daher trotz der großen geographischen Entfernung nicht von der Hand zu weisen.

Kniender Mann
Die Männlichkeit dieser sehr gut erhaltenen Figur wird durch den Schnurrbart und die Penishülle betont.

Reiche Kornkammer Roms

Einst von den Römern in langen Kriegen erobert, wurde Nordafrika für das Imperium Romanum so bedeutend, dass seine Bewohner bald römischer waren als die Römer selbst.

Kleopatra VII.
Das Porträt der berühmten Königin von Ägypten (69–30 v. Chr.) entstand nach ihrem Tod und hat stark idealisierende Züge.

Jede Rede, die Cato der Ältere vor dem römischen Senat hielt, beendete er kategorisch mit dem Satz: „Im Übrigen bin ich der Ansicht, dass Karthago zerstört werden muss.“ Im Jahr 146 v. Chr. wurde sein Wunsch tatsächlich erfüllt. Über 100 Jahre lang war Karthago, die reiche Handelsstadt in Nordafrika, der Hauptkonkurrent der aufstrebenden Macht Rom gewesen. Zwei lange Kriege hatten sie gegeneinander geführt, bei denen die Römer mehr als einmal in große Schwierigkeiten geraten waren. So vertrat nicht nur Cato die Ansicht, dass Karthago nun endgültig von der Bildfläche verschwinden müsse, um der Stadt am Tiber den Weg zur einzigen Weltmacht zu ebnen. Im dritten Krieg gegen die Punier, wie die Römer die Karthager nannten, wurde die einst von den Phöniziern gegründete Stadt in Schutt und Asche gelegt.

Immerhin waren sich die Römer bewusst, was sie angerichtet hatten. Der Feldherr Scipio, der nach dem Sieg über den einstigen Rivalen den ehrenvollen Beinamen „Africanus“ tragen durfte, vergoss beim Anblick des brennenden Karthago einige Tränen. Doch es war nicht allein das traurige Schicksal Karthagos, das ihn so sentimental stimmte. Bei dieser Gelegenheit erkannte er auch, dass es kein Großreich gibt, das für alle Ewigkeit Bestand hat. Organisatorisch verwandelten die Römer 146 v. Chr. das ehemalige Territorium Karthagos in die Provinz Africa. Die Bewohner nördlich der Sahara waren nun römische Untertanen.

Cäsar und Kleopatra

In der römischen Zeit blieb Afrika ein Brennpunkt der Geschichte. So wurden im 1. Jh. v. Chr. die römischen Bürgerkriege zeitweise auf afrikanischem Boden ausgetragen. Bei Thapsus im heutigen Tunesien besiegte Julius Cäsar 46 v. Chr. seine Gegner und wurde zum Alleinherrscher Roms. In seiner Eigenschaft als Dictator unterstellte er Afrika einer straffen Verwaltung. Das bis dahin noch unabhängige Königreich Numidien wurde mit der alten Provinz Africa zu einer neuen Provinz Africa proconsularis zusammengelegt.

Zuvor war schon Ägypten in das Visier des römischen Machthabers geraten. Die Verfolgung des Rivalen Pompejus hatte Cäsar 48 v. Chr. in den Nordosten Afrikas geführt. Das sagenumwobene Land am Nil hatte schon lange seine einstige politische Bedeutung verloren. Seit es 332 v. Chr. von Alexander dem Großen erobert worden war, herrschten dort die Nachfahren des Ptolemaios, der den Makedonenkönig auf seinem Siegeszug durch den Orient begleitet hatte. Als letzte Königin dieser Dynastie ist Kleopatra VII. in die Geschichte eingegangen. Mit Charme und Geschick verstand sie es, den großen Cäsar für sich einzunehmen. Mit seiner Hilfe vermochte sie ihren Bruder Ptolemaios XIII.

Szenen vom Nil waren auf römischen Mosaiken ein beliebtes Motiv

Kaiserfamilie
Septimius Severus im Kreise seiner Familie. Der Kopf unten links stellt seinen Sohn Geta dar. Als Caracalla (unten rechts) an die Macht kam, ermordete er seinen Bruder und ließ dessen Bild von allen Darstellungen tilgen.

im Streit um den ägyptischen Thron schließlich auszuschalten.

Jedoch konnte sie diesen Triumph nur kurz genießen. Als nach der Ermordung Cäsars der Machtkampf zwischen Marcus Antonius und dem späteren Kaiser Augustus in die entscheidende Phase trat, stellte sie sich auf die falsche Seite, indem sie Antonius unterstützte. Am 2. September 31 v. Chr. wurden ihre Truppen in der Seeschlacht bei Actium entscheidend geschlagen. Kleopatra, die diese Schmach nicht ertragen konnte, beging Selbstmord. Auch Ägypten war nun eine römische Provinz.

Kaiser Augustus vergaß jedoch nicht, dass sein Gegner Antonius sich hier so lange hatte halten können. Dank der unermesslichen Reichtümer des Landes hatte er Rom lange Zeit die Stirn bieten können. Um die Wiederholung eines solchen Falles für die Zukunft auszuschließen, erhielt das Nilland einen Sonderstatus, indem es direkt dem Befehl des Kaisers unterstellt wurde.

Eine blühende Provinz

In der römischen Kaiserzeit gehörte Afrika zu den reichsten Regionen des Imperium Romanum. Die Fruchtbarkeit der Landstriche nördlich der Sahara war geradezu sprichwörtlich. Voll beladen waren die römischen Getreideschiffe, wenn sie die Häfen an der nordafrikanischen Küste verließen. Doch Afrika war nicht allein die Kornkammer Roms, sondern produzierte auch viele andere landwirtschaftliche Güter. In der Zeit von Kaiser Hadrian (117–138 n. Chr.) galt ein geflügeltes Wort: Den ganzen Weg von Karthago bis nach Alexandria kann man im Schatten von Palmen wandeln.

Aber nicht nur die römischen Herren waren zufrieden. Auch die Bewohner Nordafrikas profitierten von den Verhältnissen. Zu Anfang hatten die Römer noch verstärkt Soldaten angesiedelt, deren Aufgabe es gewesen

war, die nomadischen Stämme zu überwachen und an Sesshaftigkeit zu gewöhnen. Doch dann kamen immer mehr Städte auch zu zivilen Zwecken hinzu. Fast 500 Siedlungen wurden in dieser Zeit in Nordafrika gegründet und durch ein engmaschiges Straßennetz miteinander verbunden.

Geschickt stellten sich die einheimischen Landbesitzer auf die Bedürfnisse der römischen Oberschicht ein. Wurde auf ihren Großgütern zunächst hauptsächlich Korn zur Versorgung der Hauptstadt des Reiches angebaut, erkannten die geschäftstüchtigen Nordafrikaner bald, dass der Verkauf von Wein, Feigen, vor allem aber von Oliven, noch viel einträglicher war. Denn das daraus gepresste Öl wurde in den römischen Haushalten vielfältig genutzt. Nicht nur in der Küche war es beliebt, sondern auch als Schönheitsmittel, und so fand es in Seifen, Parfüms und Cremes Verwendung. Unverzichtbar war es vor allem als Brennstoff für Lampen.

Es war also kein Wunder, dass man mit der Frucht des Olivenbaums im Römischen Reich enorme Profite erwirtschaften konnte. Das hatte auch Kaiser Domitian, der in Rom von 81 bis 96 n. Chr. herrschte, erkannt. Gerade in Anbetracht der starken afrikanischen Konkurrenz wollte er Italien das Monopol für die Wein- und Olivenproduktion sichern. Daher sollten laut kaiserlicher Anordnung 50 % aller Rebstöcke und Olivenbäume in den Provinzen zugunsten des Anbaus von Getreide vernichtet werden. Unter Domitians Nachfolgern rückte man aber von dieser Bestimmung wieder ab. So konnten sich also auch die afrikanischen Produzenten wieder ausgiebig der Kultivierung von Wein und Oliven widmen.

ALLTAGSLEBEN

Wie aus Afrikanern Römer wurden – Beginn einer neuen Ära

Für die Bevölkerung Nordafrikas brach mit der römischen Herrschaft eine neue Ära an. Zwar hatten die Phönizier mit der Gründung von Karthago Jahrhunderte zuvor das Städtewesen eingeführt, aber die meisten Bewohner waren immer noch Nomaden. So diente die Gründung von Städten unter den Römern mehreren Zielen. Rom konnte dort seine Soldaten, die für Ordnung sorgen sollten, unterbringen, und die Nomadenstämme wurden an die Sesshaftigkeit gewöhnt.

Im Alltagsleben gab es nun viele Veränderungen. Da brachten beispielsweise Aquädukte frisches Wasser direkt in die Städte, und wer es sich leisten konnte, ließ sich eine Leitung gleich ins Haus legen. Wasser im Überfluss war auch in den vielen Thermenanlagen vorhanden, wo die Bewohner der afrikanischen Provinzen nun dem Badevergnügen frönen konnten. Foren und Märkte wurden angelegt, auf denen man alles kaufen konnte, was die Gegend zu bieten hatte. Unter schattigen Kolonnaden konnte man flanieren, die wichtigen Persönlichkeiten der Stadt treffen und das Tagesgeschehen diskutieren.

Und nicht zuletzt hielten Kunst und Kultur in ganz ungewohnter Art Einzug. In prächtig ausgestatteten Theatern konnte man Tragödien und Komödien bekannter Autoren genießen. In monumentalen Amphitheatern kreuzten Gladiatoren ihre Klingen, und in Zirkusarenen kämpften Wagenlenker um den Sieg.

Gerade die Reichen imitierten gern den römischen Lebensstil. Sie bauten ihre Häuser nach römischem Vorbild, trugen die Toga, lernten Latein und schickten ihre Söhne auf die besten Schulen. So wurden aus Afrikanern perfekte Römer. Dass sie dadurch die römische Herrschaft festigten, nahmen sie bei all den Annehmlichkeiten bereitwillig in Kauf.

Das Eldorado der Archäologie

Der große Wohlstand, den Nordafrika zur Zeit der römischen Herrschaft genießen durfte, ist bis heute sichtbar geblieben. Sowohl die Bewohner als auch die Kaiser, die sich mit Prachtbauten unvergesslich machten, haben ihren Teil dazu beigetragen. Es gibt nur wenige einst von Rom beherrschte Regionen mit so vielen prächtigen Gebäuden

Ansicht der Stadt Lambaesis
Die Ruinen zeugen noch immer von der einstigen Blüte. Lambaesis im heutigen Algerien war seit Septimius Severus Hauptstadt der Provinz Numidia.

HINTERGRUND

Unersetzlicher Verlust für die Wissenschaft

Bis zur Ankunft der Römer in Ägypten waren Tausende von Papyrusrollen in der Bibliothek von Alexandria, der größten der damaligen Welt, gestapelt worden. Das gesamte Wissen der antiken Forscher war hier versammelt. Im Jahr 48 v. Chr. gingen diese Schätze jedoch plötzlich in Rauch auf. Kleopatras Kampf um die Herrschaft hatte Julius Cäsar auf den Plan gerufen, doch die Gefechte mit ihrem Bruder Ptolemaios gestalteten sich verlustreicher als gedacht. Ein Feuer, das auf den römischen Schiffen im Hafen ausgebrochen war, breitete sich schnell aus, sodass auch die Bibliothek den Flammen zum Opfer fiel.

wie im heutigen Tunesien und Libyen. Eine Rolle spielen dabei auch die klimatischen Verhältnisse. Der trockene Wüstensand bedeckte die Städte, nachdem sie verlassen worden waren, und hat sie auf diese Weise konserviert.

Nahe dem winzigen Ort Eldschem, dem antiken Thysdrus, stößt man auf ein dreistöckiges Amphitheater, das einst 30 000 Zuschauern Platz bot, die sich von Gladiatorenspielen und Tierhetzen unterhalten ließen. Timgad, das 100 n. Chr. von Kaiser Trajan als Garnisonsstadt der 3. Legion gegründet worden war, entwickelte sich unter der römischen Herrschaft zu einer Großstadt mit allem Komfort wie Theatern, Thermen, Bibliotheken, Plätzen und Tempeln.

Die wohl schönsten Ruinen aber lassen sich in Leptis Magna bewundern. Das kaiserzeitliche Forum als politischer und wirtschaftlicher Mittelpunkt der Stadt konnte es in Ausmaßen und Ausstattung mühelos mit dem Forum der Hauptstadt Rom aufnehmen. Das Theater der Stadt gehört zu den besterhaltenen aus der römischen Antike. Die Pracht von Leptis Magna ist jedoch kein Zufall. Die Stadt war der Geburtsort des ersten Afrikaners, dem es gelungen ist, in Rom Kaiser zu werden.

Ein Afrikaner wird Kaiser

Für römische Verhältnisse war eine solche Karriere jedoch keineswegs ungewöhnlich. Alle Bewohner des Reiches, ganz gleich, ob sie aus Syrien, Britannien oder Nordafrika stammten, hatten, sobald ihnen das römische Bürgerrecht übertragen worden war, grundsätzlich die Chance, die höchsten Ämter zu erringen. In Militär, Verwaltung und Politik boten sich also hervorragende Aufstiegsmöglichkeiten.

Die Bewohner der Provinz Africa entwickelten in dieser Hinsicht eine solche Aktivität, dass im 3. Jh. n. Chr. etwa 12 % aller Senatoren in Rom afrikanischer Herkunft waren. Auch die Kaiser selbst kamen schon längst nicht mehr nur aus Rom oder Italien. 98 n. Chr. war mit dem aus Spanien stammenden Trajan erstmals ein Fremder Kaiser geworden. Sein Nachfolger Hadrian hatte ebenfalls auf der Iberischen Halbinsel das Licht der Welt erblickt. Zwar war sein Latein mangelhaft, wie manche Zeitgenossen kritisierten, doch stellte dieser Makel kein ernsthaftes Hindernis für seine Karriere dar.

Lebendige Tote
Im römischen Ägypten wurden am Kopfende der Mumien (Hintergrundbild) auf Linden- oder Sykomorenholz Porträts der Verstorbenen angebracht. Das Frauenbild rechts stammt aus dem unterägyptischen Fajum.

146 n. Chr. wurde in Leptis Magna Septimius Severus geboren, der erste römische Kaiser, der nicht einmal mehr aus Europa kam. Als Sohn eines reichen Landbesitzers war ihm der Weg in die Hauptstadt geebnet worden. Dort verdiente er sich als Anwalt seine ersten Meriten und kletterte in der in Rom üblichen Ämterlaufbahn unaufhaltsam nach oben, ohne allerdings von der Kaiserwürde träumen zu dürfen. Dann jedoch kam ihm das Glück zu Hilfe. Im Jahr 193 n. Chr. wurde Kaiser Pertinax von seiner Leibgarde ermordet, ohne einen rechtmäßigen Erben zu hinterlassen. Das Militär, das die Szene beherrschte, konnte sich nicht auf einen geeigneten Kandidaten für die Nachfolge einigen. In den verschiedenen Provinzen wurden mehrere Nachfolger gleichzeitig zum Kaiser ausgerufen. In Pannonien, dem Gebiet jenseits der Donau, war Septimius Severus als dortiger Legat der Favorit seiner Legionen. Vor seinen Rivalen traf er in Rom ein und erhielt die Bestätigung vom Senat.

Die Kämpfe mit seinen Gegnern hielten ihn noch lange in Atem, aber dann kehrten wieder Ruhe und Ordnung im Reich ein. Der afrikanische Kaiser brachte auch mit seiner Ehefrau ein exotisches Element nach Rom. Julia Domna stammte aus Syrien und war dort in Emesa als Tochter eines Sonnenpriesters aufgewachsen. Nach einem Leben, das vor allem von Kriegen gekennzeichnet war, fand Septimius Severus 211 n. Chr. fern der Heimat den Tod, in Kämpfen gegen die Kaledonen am schottischen Hadrianswall. Unter Septimius Severus war zwar das Militär der entscheidende Faktor der Herrschaft geworden, doch blühte die Wirtschaft gerade in seiner Heimat noch weiter auf. Der Kaiser selbst sorgte durch kostspielige Bauten dafür, dass seine Heimatstadt Leptis Magna zu einer Perle unter den römischen Städten in Afrika wurde.

Das Ende der Glanzzeit

Während in Afrika zunächst noch kräftig gebaut und investiert wurde, war das Römische Reich insgesamt an einem Wendepunkt angekommen. Die Zeichen mehrten sich, dass es den Zenit seiner Macht überschritten hatte. Immer deutlicher wurde eine Wirtschaftskrise spürbar, die nicht mehr aufzuhalten war. Das bekamen auch bald die Menschen in Nordafrika zu spüren. Zu den reichsweiten Krisenfaktoren wie Inflation und Bürgerkrieg kamen hausgemachte Schwierigkeiten. So litt man unter einer zunehmenden Verödung der fruchtbaren Böden, und auch mit Bewässerungsanlagen, Aquädukten und Brunnen war der zunehmenden Ausdehnung der Wüste in Richtung Norden nicht beizukommen. Die Grundlage des Reichtums der Region ging mehr und mehr verloren. Die Situation wurde noch bedrohlicher, als sich die einst so sicheren Grenzen des Reiches immer häufiger dem Ansturm fremder Völker zu erwehren hatten. Ein Grenzwall, den man im Norden der Sahara errichtet hatte, stellte kein wirkliches Hindernis mehr dar.

Exotische Sklaven
Die Römer fanden besonderen Gefallen an Sklaven aus Afrika. Ihre exotische Herkunft und die dunkle Hautfarbe weckten das Interesse reicher Käufer.

Eine neue Religion fällt auf fruchtbaren Boden

Bereits im 2. Jh. n. Chr. hatte mit dem Christentum eine damals noch junge Religion in Nordafrika Fuß gefasst. Am erfolgreichsten waren die christlichen Missionare in Ägypten, wo sich mit den Kopten eine eigene Gemeinde bildete, die bis heute Bestand hat.

Für das 2. Jh. n. Chr. ist auch erstmals ein Bischof in Karthago belegt, das sich nach der Neugründung durch die Römer zu einer Weltstadt entwickelte. Nur 100 Jahre später war der ganze Norden des Kontinents weitgehend christianisiert. Das konnten auch die Christenverfolgungen unter den Kaisern Decius (249–251 n. Chr.) und Diocletian (284 bis 305 n. Chr.) nicht verhindern. Im Gegenteil: Afrika war und blieb eine Hochburg des Christentums.

Zwei der einflussreichsten Personen des frühen Christentums waren in Afrika beheimatet. Mit Tertullian wurde um 160 n. Chr. in Karthago der erste christliche Denker geboren, der seine Schriften in lateinischer Sprache abfasste und sie dadurch auch breiteren Kreisen unter den Römern zugänglich machte. Der Nordafrikaner, der das Christentum bereits früher kennen gelernt hatte als die meisten Bewohner der Hauptstadt des Reiches, erläuterte in seinen Schriften die neue Religion, der viele Menschen noch skeptisch gegenüberstanden.

Noch folgenschwerer für die Entwicklung des neuen Glaubens waren aber das Leben und das Werk des Augustinus, des bedeutendsten christlichen Theologen der Spätantike. Der Kirchenvater stammte wie Tertullian aus Karthago, fand aber sehr viel später als sein Vorgänger den Weg zu seiner wahren Berufung. Der lebenslustige junge Mann wurde erst 387 n. Chr., im Alter von 33 Jahren, in Mailand getauft und wandte sich danach einer völlig neuen Existenz zu. Als Priester führte er ein weltabgewandtes Leben in klösterlicher Einsamkeit, das vor allem dem Bibelstudium gewidmet war. Nach seiner Rückkehr in die Heimat wurde er in der nordafrikanischen Stadt Hippo Regius zum Bischof erhoben. Die langen Jahre bis zu seinem Tod am 28. August 430 n. Chr. füllte er mit der Produktion einer Vielzahl von Texten zum christlichen Glauben. Unter dem Eindruck der Eroberung Roms durch die Goten 410 n. Chr. schrieb er mit dem „Gottestaat“ sein Hauptwerk, das weit bis ins Mittelalter hinein einer der wichtigsten Texte zur christlichen Theologie blieb.

Römische Freizeitgestaltung
Mit den Römern hielt auch das Würfelspiel in Nordafrika Einzug. Das Mosaik aus Tunesien zeigt Spieler bei diesem beliebten Zeitvertreib.

DIE VANDALEN KOMMEN

410 n. Chr. hatte damit jenes Schicksal die Stadt Rom ereilt, das Scipio im Angesicht des brennenden Karthago erahnt hatte. Tatsächlich konnte sich das römische Nordafrika sogar länger halten als das wankende Zentrum des Imperiums. Doch auch für Afrika kam das Ende unaufhaltsam. 429 n. Chr. setzte der berüchtigte Vandalenführer Geiserich mit 80 000 Soldaten von Italien nach Afrika über und begann mit der Unterwerfung der einst so blühenden Provinz. Es ist eine Ironie der Geschichte, dass Karthago, mit dessen Zerstörung 146 v. Chr. Afrika römisch geworden war, den Eroberungsversuchen der Vandalen am längsten standzuhalten vermochte. Doch am 19. Oktober 439 n. Chr. zogen die Vandalen in Karthago ein.

Die christlichen Herrscher von Aksum

Auf dem Höhepunkt seiner Macht erstreckte sich das Reich von Aksum vom Oberlauf des Nil bis nach Südarabien. Seine Herrscher begründeten die christliche Tradition des heutigen Äthiopien.

Das in Nordostäthiopien entstandene Reich von Aksum zählt zusammen mit Ägypten und dem Reich von Kusch, später Meroë genannt, zu den großen frühen afrikanischen Hochkulturen. Die Anfänge des aksumitischen Reiches liegen im Dunkeln, doch seine Gründung ist eng mit der Ankunft südarabischer Stämme verbunden, die etwa 500 v. Chr. das heutige Äthiopien erreichten. Die Abessinier, einer dieser Stämme, erlangten die Vormachtstellung und errichteten während des 1. Jh. v. Chr. auf der äthiopischen Hochebene die Stadt Aksum. Der Platz war bestens gewählt, denn man erreichte schnell das Niltal und die Hafenstadt Adulis an der Küste des Roten Meeres. Hier trafen zahlreiche wichtige Handelsrouten aufeinander, die Innerafrika, den Mittelmeerraum, Südarabien und Indien miteinander verbanden. Aus Afrika brachten die Handelskarawanen Elfenbein, Gold und Sklaven, Indien lieferte Eisenprodukte, und aus Südarabien kam der Weihrauch, der beim Gottesdienst in den Tempeln und später in den Kirchen Verwendung fand. Römische Händler brachten Glaswaren, Wein und Öl zu dem großen Handelsplatz am Roten Meer. Daher wuchs die Bedeutung von Aksum schnell, und es wurde bereits im 1. Jh. n. Chr.

Grabstele
Die größte Grabstele von Aksum ist 33 m hoch. Die in Stein gemeißelten Fenster und Türen spiegeln die Architektur der Königspaläste wider.

HINTERGRUND

Wer waren die Kopten?

Der Begriff *Kopten* leitet sich vom griechischen *aigyptos* ab, womit ursprünglich generell nur die Ägypter bezeichnet wurden. Seit der islamischen Eroberung Ägyptens im 7. Jh. wandelte sich die Bedeutung und mit Kopten sind seitdem ausschließlich die christlichen Ägypter gemeint, die einst in enger Verbindung zu Aksum standen. Sie bilden innerhalb der so genannten Ostkirchen eine eigene Kirche mit einem Patriarchen als Oberhaupt, dessen Sitz Kairo ist.

Frühchristliche Kunst
Der Apostel Petrus und Bischof Petros auf einem Fresko der sudanesischen Kathedrale von Faras.

als wichtiges Handelszentrum erwähnt. In dieser Zeit herrschte König Zoskales, von dem berichtet wird, er sei der griechischen Sprache mächtig gewesen. Das zeigt den Einfluss, den die griechisch-römische Welt hatte. Auch das Verhältnis zwischen Rom und Aksum war freundschaftlich. In antiken Schriften wird Aksum gleichberechtigt neben die Großreiche von Rom und Persien gestellt. Zudem war Aksum durch weit reichende Handelsbeziehungen in Indien, auf Sri Lanka und vielleicht sogar in China bekannt. Als einziges afrikanisches Reich prägte Aksum eigene Münzen. So erreichte man eine Vereinfachung des Handelsverkehrs, und gleichzeitig bot sich den Königen ein Mittel zur Selbstdarstellung, dank derer die weitgehend unbekannte Herrscherfolge dieses Reiches einigermaßen gesichert ist.

Aksum dehnt seine Macht aus

Von der prächtigen Stadt Aksum selbst ist bislang leider nur sehr wenig entdeckt worden. Hier zeigt sich jedoch der südarabische Einfluss, der auch im Bau eines großen Beckens sichtbar wird, das der Wasserversorgung diente. Über eine Befestigung verfügte die Stadt nicht. Die Paläste waren auf terrassenartigen Unterbauten errichtet und über Treppen zugänglich. Der Hauptzugang zur Stadt erfolgte von Osten her, vorbei an reich verzierten Thronen aus Stein, die als Richtersitze fungierten, und den wertvollen Statuen von Göttern und Königen. Im Zentrum befanden sich die Tempel, später die Kirchen, und westlich davon erstreckte sich das ausgedehnte Palastviertel. Im Umkreis der Stadt befanden sich die Grabanlagen der Könige mit den gewaltigen Steinstelen. An deren Spitze glänzten wahrscheinlich goldene Halbmonde und Sonnenscheiben, später Kreuze.

Im Verlauf des 2. Jh. hatte sich das Reich gefestigt, und es begann langsam damit, das im Westen gelegene Reich von Meroë aus dem lukrativen Handel mit Innerafrika zu verdrängen. Im 3. Jh. besaß Aksum unter König Gadarat bereits eine solche Macht, dass es Südarabien beherrschte. Erst gegen Ende des 3. Jh. gelang es dem König von Himyar, die Aksumiten weitgehend zu vertreiben. Auch dem Mitte des 4. Jh. herrschenden mächtigen aksumitischen König Ezana scheint es nicht gelungen zu sein, die Vorherrschaft über Südarabien wieder zurückzuerlangen. Trotzdem konnte er die Machtstellung Aksums weiter ausbauen. Er festigte die Grenzen und trieb Tribute ein. Auch bestrafte er Nomaden, die Handelskarawanen plünderten, denn die Sicherheit der Handelswege war für Aksum lebenswichtig. In diese Zeit fiel auch der Untergang des Reiches von Meroë. Während des 5. Jh. konnten die aksumitischen Könige die Oberhoheit über Südarabien nicht zurückerlangen – dies blieb erst König Kaleb zu Beginn des 6. Jh. vorbehalten.

König Ezana erklärt das Christentum zur Staatsreligion

In die Regierungszeit König Ezanas fällt eines der bedeutendsten Ereignisse der aksumitischen Geschichte: Um 330 erklärte Ezana das Christentum zur Staatsreligion. Bis zu diesem Zeitpunkt hatte man in Aksum südarabische Götter verehrt. Unter diesen Göttern ragte der Kriegsgott Mahrem hervor, der als Beschützer der königlichen Dynastie galt. Weitere wichtige Gottheiten waren der mit der Venus gleichgesetzte Gott Astar, der Mondgott Ilmuqah und Shams, die Sonnengöttin. Ihnen zu Ehren verbrannte man Weihrauch auf Steinaltären, die man mit dem Halbmond

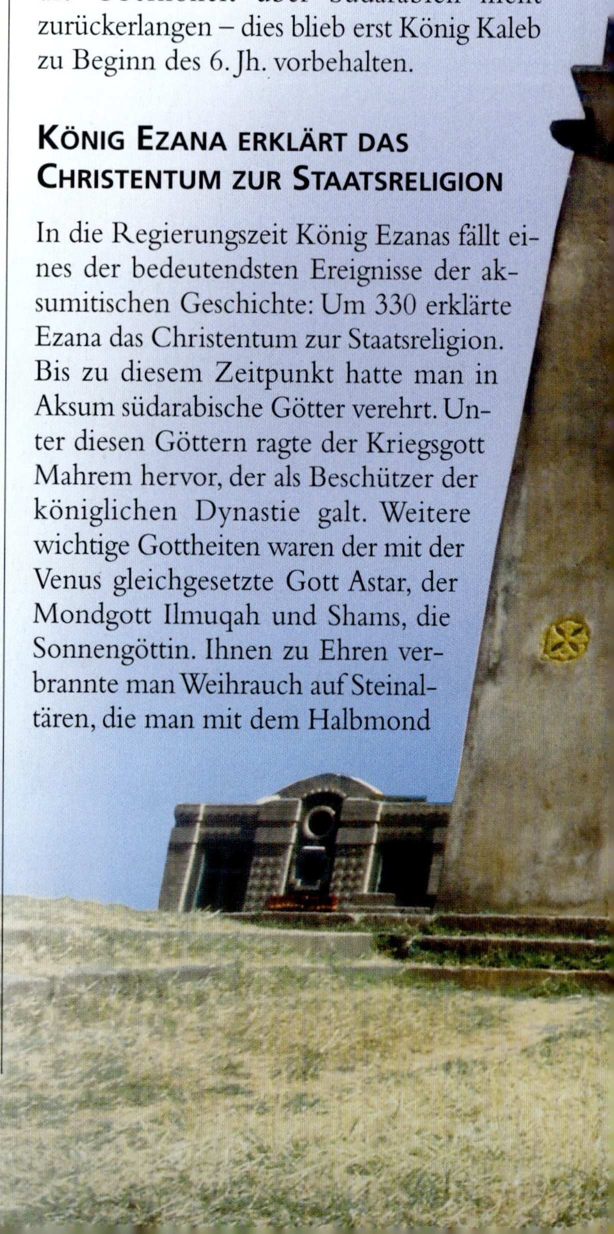

und der Sonnenscheibe versehen hatte. Das Christentum war durch die zahlreichen Handelskontakte im Reich von Aksum zwar nicht unbekannt, doch angeblich soll erst ein Grieche namens Frumentius für die Verbreitung der neuen Religion gesorgt haben.

Nachdem sein Schiff von Piraten überfallen wurde, brachte man ihn zum König, und dieser machte den gebildeten Mann zu seinem Schatzmeister. Als der König starb, wurde Frumentius zum Vormund des jungen Kronprinzen und sorgte nun für die Verbreitung des Christentums. Nach der Thronübergabe an den volljährigen König kehrte er nach Alexandria zurück und wurde vom dortigen Bischof zum ersten Bischof von Aksum ernannt. Dies erklärt die enge Verbindung, die zwischen der koptischen Kirche Ägyptens und der äthiopischen Kirche besteht. Auch soll der Legende nach das Herrscherhaus von König Menelik, einem Sohn des Königs Salomo und der Königin von Saba, abstammen. Die Hinwendung zum Christentum zeigte sich auch in den aksumitischen Münzen, die nun anstelle von Sonnenscheibe und Halbmond das Kreuz trugen. Aksum blieb in den folgenden Jahrhunderten das einzige christliche Königreich Afrikas und wurde so zur Keimzelle des äthiopischen Staates.

Kathedrale Maria Sion
In der Kathedrale Maria Sion von Aksum wird der Legende nach die Bundeslade der Israeliten aufbewahrt.

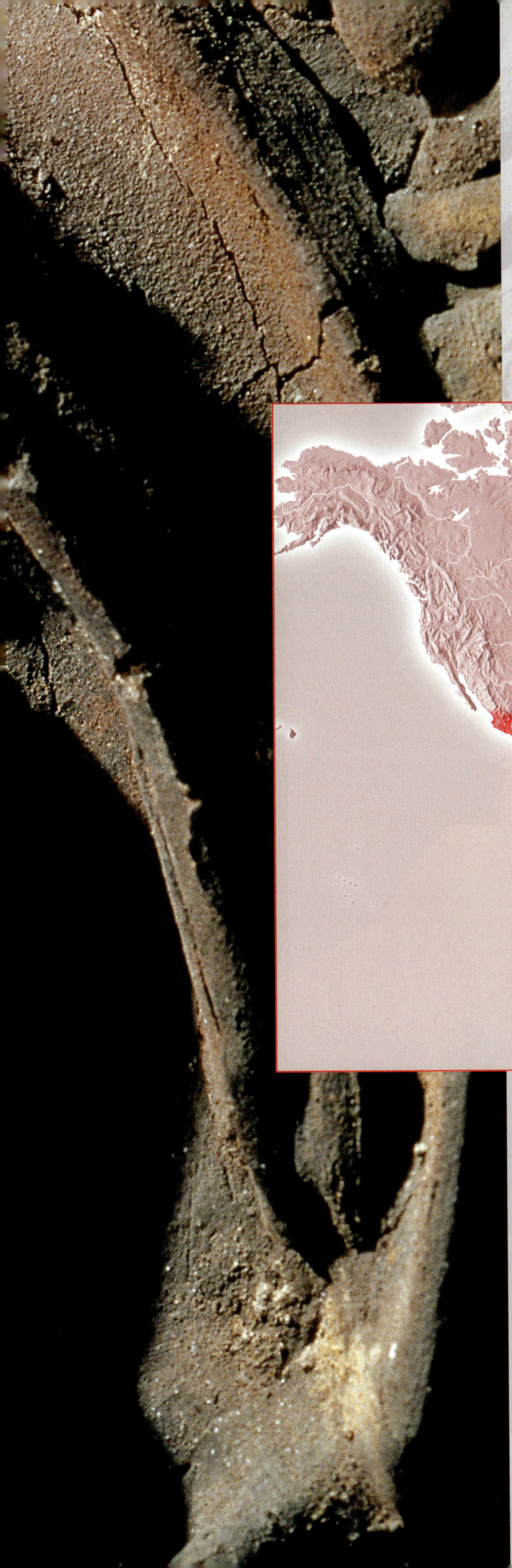

AMERIKA

In den Tälern Perus – die Paracas-Kultur

Lange vor den Inka entstand in Peru eine hoch entwickelte Kultur, die erstaunliche medizinische Kenntnisse besaß und sich in der Keramikherstellung und Webkunst hervortat.

Zielsicher setzt der Chirurg das Messer an. Mit geübten Griffen öffnet er vorsichtig die Schädeldecke. Er bohrt eine kreisrunde Linie und entfernt dem Patienten ein Stück Knochen. Danach wird die Wunde wieder professionell verschlossen. Ein routinemäßiger Eingriff in einem modernen Krankenhaus? Keineswegs. So oder so ähnlich mag sich diese Szene vor rund 2700 Jahren im alten Peru abgespielt haben. Auf der Halbinsel Paracas im Süden des Landes, an den Ausläufern der Anden, entwickelte sich eine der ersten Hochkulturen auf dem südamerikanischen Kontinent. Wie dieses Volk hieß, weiß man nicht, denn es hat keine Schriften hinterlassen. Sicher ist jedoch, dass in der Paracas-Zivilisation bereits jener komplizierte chirurgische Eingriff bekannt war, den man in der Medizin

Textilien für die Toten
Je mächtiger im Leben, umso prächtiger die Grabbeigaben. Kostbare Stoffe sollten bei den Paracas auch im Jenseits den Rang bedeutender Persönlichkeiten demonstrieren.

heute als Trepanation bezeichnet. Bei Untersuchungen der alten Paracas-Gräber stellte man bei fast der Hälfte der Toten merkwürdige Verformungen der Schädel fest, die auf eine solche chirurgische Behandlung hindeuten. Manchmal müssen die altperuanischen Ärzte auch ein alternatives Verfahren angewandt haben. An die Stelle der Bohrung trat in diesem Fall das Abschaben der Schädeldecke, sodass der Kopf des Patienten anschließend eine charakteristische ovale Form aufwies. Über die Gründe für diese sehr häufig vorgenommenen Schädeloperationen kann man nur spekulieren. Aus anderen frühen Kulturen ist bekannt, dass die Trepanation ein beliebtes Mittel zur Bekämpfung von Krankheiten wie chronischen Kopfschmerzen oder Epilepsie war. Aber auch ein ritueller Hintergrund etwa zum Vertreiben böser Geister ist denkbar.

Begräbnis nach Rang

Neben den wenigen Siedlungsresten sind die Gräber die wichtigste Quelle für die Rekonstruktion dieser ebenso herausragenden wie rätselhaften Paracas-Kultur. Im Glauben an ein Weiterleben im Jenseits statteten die

Tanzende Krieger
Farbenreichtum und detaillierte Muster zieren die Stoffe der Paracas-Weber, deren Webkunst unübertroffen blieb.

Menschen die Gräber mit Gegenständen aus, die den Verstorbenen im Totenreich von Nutzen sein sollten. Je nach Rang fielen diese Grabbeigaben jedoch üppiger oder bescheidener aus. Während Arme nach dem Tod nur etwas Nahrung mit auf den Weg bekamen, schickte man ranghöhere Verstorbene mit wertvollen Keramikgefäßen und Goldschmuck auf die Reise ins Jenseits.

An den Hängen des Cerro Colorado genannten Bergzugs auf der Paracas-Halbinsel wurden zwei große Gräberfelder entdeckt. Die meisten Gräber waren von Räubern verschont geblieben und dank des vorherrschenden trockenen, wüstenartigen Klimas noch in einwandfreiem Zustand. Der ältere Friedhof bestand aus flaschenförmigen Grabkammern, den *Cavernas*, die terrassenförmig am Hang angeordnet waren. Ungefähr 40 Männer, Frauen und Kinder sind um 550 v. Chr. dort bestattet worden. Später entstand die zweite große Nekropole mit unterirdischen, gemauerten Grabkammern. Hier fand man 429 in Bündel verpackte Mumien, verstorbene Männer, die alle in leicht gebeugter Stellung vorgefunden wurden. Die reiche Ausstattung dieser Anlage deutet auf einen hohen gesellschaftlichen Rang hin.

Exporteure von Töpferwaren

Die Gräber der Oberschicht enthielten hochwertige Keramik. Sie zeugt vom hohen künstlerischen Niveau der vielseitig begabten Paracas-Kultur, das dem herausragenden medizinischen Know-how in nichts nachstand. Dabei waren die Töpferwaren nicht allein zum eigenen Gebrauch, sondern auch zum Export zumindest in die nähere Umgebung bestimmt. Im Design war die Keramik gleichermaßen fortschrittlich wie originell. Die farbigen Bildmotive, häufig Raubkatzen oder Vögel, sind in einer für die Kultur von Paracas typischen Weise nach dem Brennen des Tons aufgetragen worden.

Pioniere der Webkunst

Besondere Berühmtheit erlangten die Bewohner von Paracas als Pioniere der südamerikanischen Textilbranche. Produkte von einzigartiger Qualität entstanden an den altperuanischen Webstühlen. Natürlich dienten die Gewänder in erster Linie dem Schutz vor Witterungseinflüssen, besonders prachtvolle Exemplare betonten aber auch die gehobene soziale Stellung der reichen Oberschicht. Textilien, die in Gräbern entdeckt wurden, überraschen durch die bis heute erhaltene Leuchtkraft der Farben und die bis ins Detail gearbeiteten Motive. Reiche Verstorbene trugen fein bestickte Kleider, die mit phantasievollen, teils Menschen, teils Tieren ähnelnden Figuren verziert waren. Auf manchen Gewändern sind auch Motive eingewebt, die möglicherweise Götter darstellen. Die einfachen Leute allerdings konnten sich derartige Luxusgewänder nicht leisten – sie wurden

Gewebt und gestickt
Ein Tuch, das den Sieg verewigt: Der Krieger trägt ein Messer und Trophäenköpfe. Der Kopf galt als Sitz der Lebenskraft.

ALLTAGSLEBEN

Meister der Farben und Stoffe

Die Paracas-Weber verwendeten für die Herstellung einfacher Textilien Baumwolle. Für Gewebe gehobener Qualität benutzten sie als Rohstoff die Wolle der Lamas. Diese hatte einen weiß-braun-schwarzen Farbton. Vornehme Altperuaner schätzten auch die weiche Wolle der Alpakas, einer einheimischen Kamelart. Diese konnte mit 14 natürlichen Farbnuancen von Weiß, Braun, Gelb bis Schwarz aufwarten. Wer noch mehr auffallen wollte, trug Kleidung aus dem weizengelben Fell der Vikunja-Kamele. Komplettiert wurde das farbenfrohe Spektrum der Paracas-Kleider durch eine ganze Reihe von Garnen, die mit Substanzen aus Pflanzenfasern gefärbt wurden, wie z. B. Indigo mit seinem typischen leuchtenden Blauton.

Die reichhaltigen Funde in den Gräbern der Paracas geben einen hervorragenden Einblick in die Garderobe von damals. Die Kleidungsstücke waren bereits erstaunlich vielfältig: Umhänge, Ponchos, Röcke, Hemden und Lendenschurze gehörten ebenso dazu wie bunte Kopfbänder und bestickte Turbane.

Die Paracas hatten eine Vorliebe für dekorative Bilder auf ihrer Kleidung. Die Motive, die sie dafür auswählten, stammen meist aus der Tier- und Pflanzenwelt. Am häufigsten finden sich bunte Abbildungen von Katzen, Vögeln, Affen und Fischen.

nur mit schlichten, schmucklosen Umhängen aus Baumwolle bestattet.

Die unvergleichliche Webkunst der Paracas-Kultur war einer der Gründe für ihren Status als eine der führenden Hochkulturen im alten Peru. Denn da zu dieser Zeit das Geld als Zahlungsmittel noch unbekannt war, spielten Textilien eine bedeutsame Rolle im Tauschhandel. Hier hatte Paracas mit seiner Qualitätsware viel zu bieten.

Schleichender Niedergang

Wie die politischen und gesellschaftlichen Verhältnisse im alten Paracas aussahen, liegt weitgehend im Dunkeln. Gab es an der Spitze des Staates einen einzigen König oder herrschten mehrere einflussreiche Persönlichkeiten unabhängig voneinander? Handelte es sich überhaupt um ein einheitliches Reich? Deutlich sind jedenfalls die Spuren einer von oben gelenkten staatlichen Organisation. Die Anlage der alten Siedlungen auf Paracas folgte einem bestimmten Muster. Wie z. B. in Animas Altas, der größten Siedlung, waren die Wohnhügel allesamt nach Norden ausgerichtet. Daneben gab es Plätze für Versammlungen und Hallen, in denen die Handelswaren lagerten.

Animas Altas geriet zum Schauplatz einer Tragödie. Etwa um 100 v. Chr. wurde die Stadt zerstört, höchstwahrscheinlich durch einen feindlichen Angriff. Die Gegner sind bis heute nicht bekannt. Sicher aber hatte der Reichtum der Bewohner von Paracas Begehrlichkeiten bei den Nachbarn geweckt. Der Verlust von Animas Altas bedeutete einen schweren Schlag für das wirtschaftlich und künstlerisch so erfolgreiche Volk im Schatten der Anden. Weitere Siedlungen mussten nach und nach aufgegeben werden, wahrscheinlich ebenfalls auf Druck der mächtigen Eroberer. Der Niedergang der Kultur von Paracas war schleichend, aber unaufhaltsam und zu Beginn des 2. Jh. n. Chr. endgültig besiegelt. Die Bewohner zogen sich in verstreute Siedlungen in den südlichen Tälern Perus zurück. An ihre Stelle traten neue Zivilisationen, allen voran die Nasca.

Chirurgenkunst
Viele Paracas-Indianer hatten einen durch Operationen deformierten Schädel (oben). Den Toten wurden kostbare Tücher – wie links und im Hintergrund abgebildet – mit ins Grab gegeben. Die herrlichen farbenfrohen Stoffe wurden in jahrelanger Arbeit angefertigt.

Pyramiden in der Neuen Welt – die Maya

In Mittelamerika erblühte in den letzten Jahrhunderten vor Christus die frühe Kultur der Maya. In den Städten Izapa und Kaminaljuyú ist der Einfluss der Olmeken noch allgegenwärtig.

Das Ursprungsgebiet der Maya-Völker liegt vermutlich in den tropischen Regenwäldern des heutigen Guatemala. Von hier aus breiteten sie sich bis zur Halbinsel Yucatán, in das südliche Mexiko und an die Pazifikküste aus. Die Regionen am Pazifik und die ausgedehnten Regenwaldgebiete boten die Lebensgrundlagen, die den frühen Maya hervorragende Entwicklungsmöglichkeiten gaben. Hier gediehen Mais, Bohnen, Kürbisse, Tomaten, Kakao, Baumwolle und Tabak. In den Urwäldern lebten Tiere, die sich als Jagdbeute eigneten, z. B. Hirsche, Kaninchen, Schildkröten und Leguane sowie die auch zur Zucht geeigneten Truthühner. Eine begehrte Jagdbeute waren wegen seines Fells auch der Jaguar sowie der Quetzal-Vogel aufgrund seiner langen grünen Schwanzfedern, die ein wichtiges Zierelement der Kleidung der Oberschicht darstellten.

Die Flüsse, die das Land durchzogen, und die Küsten des Ozeans boten die Möglichkeit des Fischfangs und erleichterten gleichzeitig den Handelsverkehr. Die vulkanischen Gebiete am Pazifik lieferten den für Mahlsteine geeigneten porösen Tuff und das extrem harte Gesteinsglas Obsidian, das die Herstellung schärfster Klingen und Werkzeuge erlaubte. Mit Obsidiansplittern besetzte man die Spitzen der Speere, Messerklingen wurden ebenfalls aus Obsidian oder Feuerstein gefertigt.

Zu Beginn des 1. Jt. v. Chr. hatten sich in diesem Raum überall Bauernsiedlungen gebildet, in denen die tägliche Lebensmittelversorgung vor allem durch Maisanbau, Tauschhandel und die Jagd gewährleistet war. Die nahe an Wasserstellen gelegenen Dörfer bestanden aus einfachen Holzhütten mit Dächern aus Palmblättern. Die Hütten wurden auf niedrigen terrassenähnlichen Sockeln aus gestampftem Lehm oder Steinaufschüttungen errichtet und gruppierten sich um eine Art Hof. Die Dorfbewohner verstanden sich auf die Herstellung von Keramikgefäßen und stellten kleine Tonfiguren her. Mit der Zeit wurden einige Siedlungen größer, und in den letzten Jahrhunderten vor Christus nahmen sie die Gestalt von Städten an, in denen dann die ersten größeren Gemeinschaftsbauten errichtet wurden.

Eine dieser Städte war das an der Pazifikküste gelegene Izapa mit seinen steinummantelten Erdpyramiden, dessen Blütezeit um 300 v. Chr. begann. Izapa

Tempel für die Götter
Die Maya schufen für ihre Götter – wie die Statue im Hintergrund – beeindruckende Bauwerke. Der Tempel I oder Großer Jaguartempel steht in Tikal, Guatemala.

HINTERGRUND

Sportliche Ballspiele

Die Maya liebten das Ballspiel. Dabei durften die Spieler den Ball nur mit Gesäß, Hüfte oder Ellbogen weitergeben. An den Spielplätzen waren Steinringe eingelassen, durch die der Ball geschossen werden musste.

Das Spiel besaß auch eine wichtige rituelle Funktion: Es sollte die Bewegung der Gestirne aufrechterhalten. Der Ball symbolisierte die Gestirne, sein Flug ahmte ihren Lauf am Himmel nach. Diese Bewegung sicherte die Existenz des Universums, somit den Ablauf der Zeit und damit die Fruchtbarkeit der Felder.

Ballspieler und Spielfeld
Die Spieler trugen Schutzkleidung, wenn sie den Gummiball über das Feld schlugen.

und seine Bewohner standen unter starkem Einfluss der Kultur der Olmeken Mexikos. Das etwas südlicher gelegene Kaminaljuyú, heute Guatemala-Stadt, war ein weiterer bedeutender Ort, in dem die Anfänge der Maya-Kultur sichtbar wurden.

Die Herrscher dieser Städte übten die wirtschaftliche Kontrolle über die Stadt selbst und ein weites Umland aus. Dabei lieferten die in der Nähe lebenden Bauern die Lebensmittel, während sich Handel und Handwerk auf die Stadt konzentrierten.

Grabpyramiden für mächtige Priesterfürsten

Die Macht der Könige zeigte sich in Kaminaljuyú durch die Anlage von 200 gestuften Erdpyramiden, in denen sich die traditionelle Bauweise der auf Sockeln errichteten Wohnhäuser widerspiegelt. Bei den Pyramiden setzte man einfach mehrere Sockel aufeinander – der krönende Tempelbau auf der obersten Plattform bildete das Wohnhaus der Götter. Diese Stufenpyramiden bildeten die Vorläufer der hohen Tempeltürme in den späteren Maya-Städten.

Im Innern der Pyramiden befanden sich reich ausgestattete Gräber. Die Bestatteten wurden mit wertvollen Beigaben wie Gefäßen und Schmuck versehen. Ihnen und den Göttern zu Ehren brachte man Menschenopfer dar. Die Sitte, sich innerhalb der den Göttern geweihten Tempelpyramide bestatten zu lassen, macht den Anspruch dieser Priesterfürsten auf gottähnliche Verehrung deutlich. Die Grabpyramiden wurden von Tempeln gekrönt, die nicht wie später aus Stein, sondern aus Holz errichtet wurden und daher heute nicht mehr sichtbar sind. In diesen städtischen Zentren wie Izapa und Kaminaljuyú mit ihren Handelsplätzen kam es zum engen kulturellen Austausch zwischen den Olmeken Mexikos und den Maya.

Die wichtigsten Anregungen aus dem Norden bestanden in der Einführung der Schrift und des Kalenders. Die Schrift der Maya wurde nach olmekischem Vorbild abgeleitet, und in den Bildstelen von Izapa ist die Entwicklung der Bilder zu Schriftzeichen erkennbar. In Izapa selbst fand sich zwar kein Beispiel für den frühen Gebrauch von Schrift oder Kalender, doch im nicht weit davon entfernten Abaj Takalik kamen Stelen mit einer frühen Maya-Schrift zum Vorschein.

Steinstelen erzählen von der Maya-Mythologie

Das Errichten von Stelen, also Gedenksteinen in Form von aufrecht stehenden Steinplatten oder -säulen, ist typisch für die Maya. Derartige Stelen finden sich auch später zahlreich in den Maya-Städten. Weitere wichtige Hinterlassenschaften, in denen der Geist der frühen Maya-Kultur sichtbar wird, sind Steinaltäre in Block- oder Tierform. Auf diesen, aber hauptsächlich auf den reliefgeschmückten Stelen, wird das Weltbild der Maya deutlich. Diese Reliefs auf den Stelen von Izapa und auch an anderen Orten nehmen die Bildwelt späterer Maya-Arbeiten vorweg. Besonders aus dem heiligen Bezirk Izapas sind viele dieser Stelen erhalten, die einen Blick in die religiöse Vorstellungswelt der frühen Maya erlauben. Sie zeigen mythische und historische Szenen, in denen Herrscher und Götter agieren. Der Stil, in dem diese Reliefs gearbeitet sind, zeigt den Einfluss der Olmeken-Kunst.

Zu dieser Zeit spielen Menschendarstellungen auf Stelen eine eher untergeordnete Rolle. Dies ändert sich in späteren Jahrhunderten und hängt wohl mit dem gestiegenen Selbstbewusstsein der Maya-Könige zusammen. Durch die Beschreibung ihrer Taten und Kriegszüge wollten sie ihre Macht und die Bedeutung ihrer Dynastie hervorheben.

Die Stelen aus der Maya-Frühzeit erzählen hingegen von heiligen Visionen und sind Vorläufer der späteren religiösen Symbole und Rituale. Sie zeigen ein mythisches Weltbild und künden vom Ursprung der Natur und der Welt. Die Szenerie auf den Stelen ist immer dreigeteilt, nämlich in die himmlische, irdische und unterirdische Sphäre. Die Götter erscheinen in Gestalt von Mischwesen aus Mensch und Vogel oder Drachen. Daneben ist auch der Schlangen-Regengott mit einem Beil in der Hand dargestellt sowie Götter, die aus dem Rachen einer Schlange oder eines Jaguars hervorblicken. Besonders häufig findet sich das Motiv des Drachen, dessen Gestalt mehrere Tiere wie Schlange, Vogel, Jaguar, Eidechse und Krokodil in sich vereint. Diese Tiere symbolisieren die Naturkräfte, von denen die Ackerbau treibenden Maya abhängig waren. Der Drache stellt vermutlich eine Fruchtbarkeitsgottheit dar. Weitere Szenen aus dem religiösen Universum zeigen den Weltenbaum, der als eine Weltachse die Verbindung zwischen Menschen und Göttern symbolisiert und vor dem kultische Handlungen durchgeführt werden.

Rituelle Menschenopfer

Auch Menschenopfer sind belegt: Vor den Augen eines mächtigen Herrschers, der dem Geschehen in einer Sänfte beiwohnt, wird ein Mensch enthauptet. Diese Opfer fanden unter Anteilnahme der gesamten Bevölkerung statt. An den hohen Feiertagen versammelten sich dabei tausende von Menschen, um den ehrwürdigen Zeremonien beizuwohnen. Sie sahen zu, wie das wie ein Gott gekleidete menschliche Opfer unter heiligen Gesängen vor den Tempel auf der Pyramide gebracht wurde. Dort vollzogen Priester, die in schillernde, mit zahllosen Vogelfedern besetzte Gewänder gehüllt waren, die heiligen Riten. Diese sollten die Götter geneigt machen, das Opfer auch anzunehmen. Den Höhepunkt bildete die Tötungszeremonie, bei der ein Priester das Opfer enthauptete oder ihm mit einem Obsidianmesser das Herz aus dem Körper schnitt.

Heilige Stadtzentren

In den Jahrhunderten um die Zeitenwende begannen sich im Gebiet der Maya zahlreiche Städte zu entwickeln, von denen einige später zu den wichtigsten Zentren der Maya-Kultur werden sollten, wie z. B. Tikal oder Uaxactún. Der Aufbau dieser Städte ähnelte sich sehr. Im Zentrum standen die den Göttern geweihten Stufenpyramiden aus Erde und Stein. Sie waren mit Stuckmasken verziert, die die hier verehrten Götter darstellten. Die oben auf der Plattform stehenden Tempel

Doppelvase
Die typische Maya-Keramik besteht aus einer Vase in Gestalt eines Nasenbären und einer damit verbundenen kugelförmigen Vase.

erreichte man durch eine oder mehrere Treppen, und hier spielten sich die heiligen Zeremonien zu Ehren der Götter ab. Das direkte Umfeld des heiligen Bezirks blieb den reich ausgestatteten palastartigen Wohnanlagen der Herrscher und Priester vorbehalten. In der Frühzeit bestanden diese Paläste noch aus Holz und sind daher nicht erhalten. Die Häuser der Künstler und Schreibkundigen befanden sich ebenfalls in der Nähe des Zentrums. Die einfachen Bewohner hausten wie seit Jahrhunderten in Unterkünften aus Holz, die sich ohne erkennbaren Plan um das Stadtzentrum scharten. Der kulturelle Aufschwung scheint zum Großteil durch einen florierenden Handel mit Rohstoffen und Fertigwaren gefördert worden zu sein, der zu dieser Zeit verstärkt einsetzte. Die Herrscher der Städte bauten ihre Macht weiter aus, und Kriegszüge gegen rivalisierende Städte mögen durchaus vorgekommen sein.

Grosse Städte entstehen an Handelswegen

Eine dieser frühen Städte, die wesentlich größer und bedeutender waren als bisher angenommen, befand sich in El Mirador an der Grenze von Guatemala und Mexiko. In ihrer Blütezeit von 150 v. Chr. bis 150 n. Chr. erstreckte sich das Stadtgebiet über 16 km^2 mit einer Bevölkerung von mehreren 10 000 Menschen. Die Lage der Stadt zwischen der Halbinsel Yucatán und dem Süden des Maya-Gebiets zeigt, dass sie ihre Bedeutung in erster Linie dem immer wichtiger werdenden Handel verdankte. Darüber hinaus war die Stadt durch ein Straßennetz mit vielen anderen Handelszentren verbunden. El Mirador verfügte über gepflasterte Straßen und Plätze sowie über ein künstliches Wasserreservoir. Die Pracht der Stadt weist sie als eine Metropole aus, die den späteren Maya-Städten in nichts nachsteht. Einen entscheidenden Punkt bei der Wahl des Ortes für eine Stadtgründung bildete die ausreichende Wasserversorgung und die Fruchtbarkeit der Böden. Zudem spielte die Lage an bedeutenden Handelswegen eine Rolle.

Schon in den ersten Jahrhunderten nach Christus befand sich also vieles im Entstehen, was man bisher eher mit der klassischen Kultur der Maya in Verbindung brachte. Dabei ist die Rolle Izapas bei der Entwicklung der Maya-Kultur auch weiter nördlich deutlich spürbar. In Tikal kamen in Tempeln und Gräbern Wandmalereien zum Vorschein, die ihre Vorbilder in Izapa haben.

Vase mit Gesicht
Die runde Vase mit dem traurigen Gesicht stammt aus der frühen Maya-Zeit und wurde in Kaminaljuyú, Guatemala, gefunden.

Stabile Dachkonstruktion

Eine bauliche Neuerung stellte das Scheingewölbe dar, das bei der Überdachung von Tempeln und Palästen Verwendung fand. Mit der zunehmenden Hinwendung zur Steinbauweise musste nun eine neue Bauform gefunden werden, die dem großen Druck eines steinernen Daches standhalten konnte. So ahmte man über den zu überdachenden Räumen eine Art Satteldach aus schräg geschichteten Steinen nach, die oben an einem Abschlussstein aufeinander trafen. Die Außenwände des Gebäudes wurden dabei bis kurz über die Höhe des Abschlusssteins hochgezogen. Den auf diese Weise entstandenen Zwischenraum füllte man mit Bruchsteinen und Mörtel und versah ihn mit einem Flachdach. Diese großen baulichen Leistungen wurden nur durch menschliche Arbeitskraft vollbracht. Es gab – wie überall im vorspanischen Amerika – keinerlei Zugtiere, und die Verwendung des Rades war, bis auf eine Anwendung bei Spielzeug, unbekannt.

Die frühen Maya entwickelten ihre städtische Kultur mithilfe von Anregungen, die sie von den Olmeken Mexikos übernommen hatten. Um 300 n. Chr. waren die Grundlagen für die Blütezeit der Maya in den folgenden Jahrhunderten gelegt.

Schmuck fürs Jenseits – Adena und Hopewell

In den Jahrhunderten um die Zeitenwende vollzogen die im Nordosten der heutigen USA lebenden Indianervölker aufwändige Totenkulte. Monumentale Grabanlagen mit prächtigen Beigaben zeugen davon.

Durch die ausgedehnten Waldgebiete des so genannten östlichen Waldlands zogen seit dem Ende der Eiszeit kleine Gruppen von Indianern, die von der Jagd, dem Fischfang und dem Sammeln von Wildpflanzen und -früchten lebten. Mit Beginn des 1. Jt. v. Chr. wandten sie sich zunehmend der Kultivierung essbarer Pflanzen zu und ließen sich in Dörfern nieder, die sie über längere Zeit bewohnten – die Kenntnis des Bodenbaus war von Mexiko aus über den Süden der heutigen USA nach Norden gelangt. Die Indianer schlugen Lichtungen in die Wälder und siedelten dort in kleinen Dorfgemeinschaften. In einer Art Gartenwirtschaft züchteten sie eine Fülle von Gewächsen wie Kürbissen, Wasserreis, Sonnenblumen, Sumpfkörbchen und Gänsefuß. Der später so wichtige Mais spielte zu dieser Zeit noch keine Rolle, und die pflanzliche Nahrung diente nur als Ergänzung der weiterhin lebensnotwendigen Jagdbeute. Eine weitere wichtige Neuerung war das Brennen von Keramikgefäßen, die eine komfortable Vorratshaltung sowie die Zu- und Aufbereitung von Nahrung erlaubten. Sie ermöglichten das Kochen über offenem Feuer und das Eindicken von Ahornsaft zu Sirup.

Um etwa 500 v. Chr. siedelten im Einzugsgebiet des Ohio-Flusses Indianerstämme mit einer solchen Wirtschafts- und Lebensform, deren herausragende Gemeinsamkeit in einem besonders aufwändigen Totenkult bestand. Dem Fundort Adena verdanken diese Indianer die heutige Bezeichnung Adena-Leute.

Kleine Dorfgemeinschaften

Die Adena lebten in kleinen Dörfern mit kaum mehr als zehn Häusern. Diese Behausungen muss man sich als Rundbauten mit einem Durchmesser zwischen 6 und 24 m vorstellen. Sie bestanden aus massiven tragenden Holzpfosten mit Wänden aus Flechtwerk, die Dächer waren mit Baumrinde gedeckt. In der Mitte des Hauses befand sich die Feuerstelle. Etwa 40 Menschen dürfte das größte Haus beherbergt haben, somit lebten höchstens einige 100 Menschen im Dorf. Die Kultur der Adena und ihre handwerklichen Fähigkeiten offenbaren sich hauptsächlich in den Hinterlassenschaften ihres prächtigen Totenkults.

Aufwändige Bestattungsriten

Bei den meisten der Adena-Fundstätten handelt es sich um Grabhügel, deren Zahl im Kerngebiet etwa 500 betragen haben dürfte. Bis zur Zeitenwende nahmen sich die Gräber der Adena noch relativ bescheiden

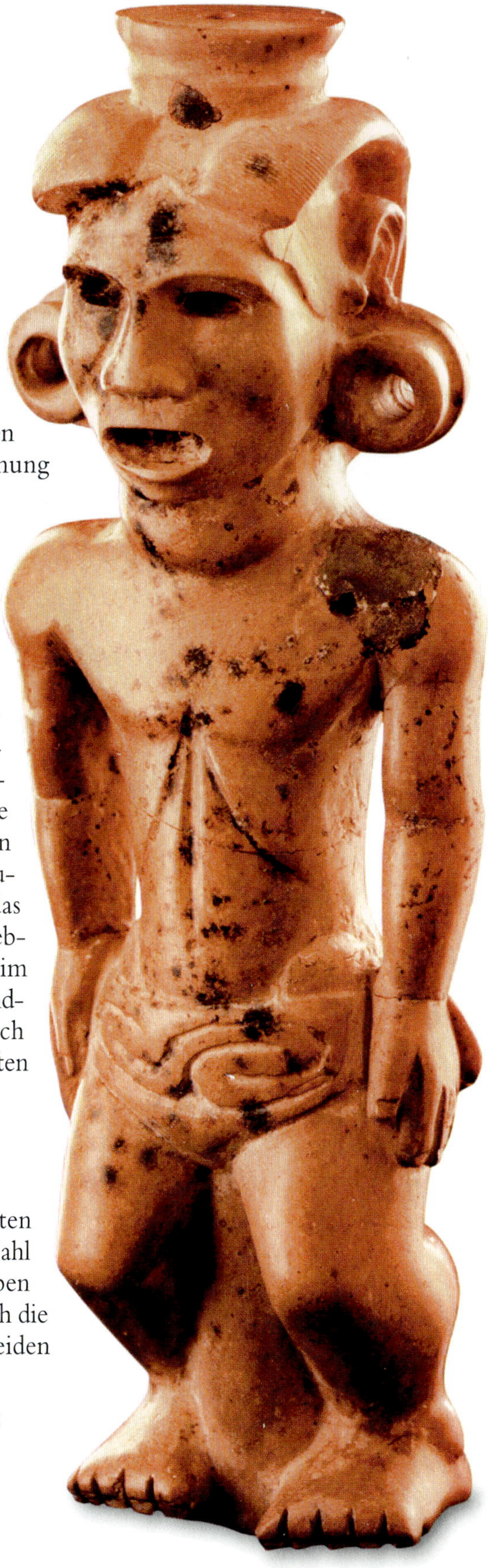

Menschengestaltige Pfeife
Die Beigabe von Pfeifen in Adena-Gräbern weist auf kultischen Drogengenuss hin.

Schamane der Hopewell
Schutzgeister von Schamanen nehmen nach indianischer Vorstellung oft Tiergestalt an. Wie das umgehängte Fell deutlich zeigt, handelt es sich in diesem Fall um einen Bären.

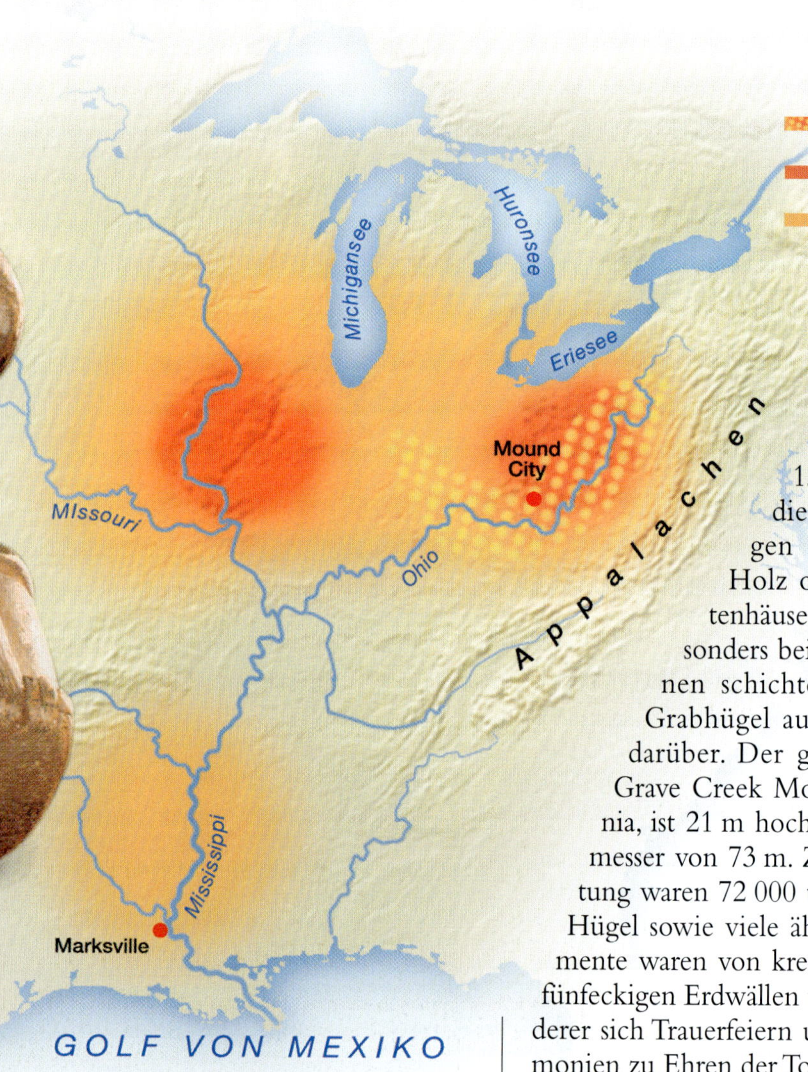

aus. Es waren ovale, mit Rinde ausgekleidete Gruben, in denen jeweils nur eine Person bestattet wurde. Nach den Totenritualen überdeckte man diese Gräber mit einer flachen Erdaufschüttung. Die Leichname behandelte man unterschiedlich, entweder wurden sie bestattet oder verbrannt. In manchen Fällen legte man den Körper des Toten eine Zeit lang auf eine Plattform, um nach dem Verwesen des Fleisches die Gebeine zu beerdigen.

Ein Ritual, welches das Weiterleben nach dem Tod veranschaulichen sollte, stellte die Bemalung des Leichnams oder der Gebeine mit rotem Ocker oder roter Farbe dar. Diese sah man als Symbol des Blutes und somit des Lebens an. Als Beigaben dienten die Gegenstände des täglichen Lebens, die der Nachwelt einen Blick auf die Alltagskultur der Adena-Indianer erlauben. Feuersteinklingen gehörten dazu, Steinbeile, aus Bein gefertigte Kämme und Ahlen sowie Schmuck aus Bein, Muscheln oder auch Kupferperlen. Außerdem gingen die Adena etwa seit dem 1. Jh. n. Chr. dazu über, die Toten in geräumigen Grabkammern aus Holz oder hölzernen Totenhäusern zu bestatten. Besonders bei vornehmen Personen schichtete man gewaltige Grabhügel aus Erde – *mounds* – darüber. Der größte Mound, der Grave Creek Mound in West Virginia, ist 21 m hoch bei einem Durchmesser von 73 m. Zu seiner Aufschüttung waren 72 000 t Erde nötig. Dieser Hügel sowie viele ähnliche Grabmonumente waren von kreisrunden oder auch fünfeckigen Erdwällen umgeben, innerhalb derer sich Trauerfeiern und kultische Zeremonien zu Ehren der Toten abspielten.

SCHAMANENGRÄBER

An der Anlage dieser Monumente werden Macht und Einfluss der hier bestatteten Priester, Schamanen oder Fürsten deutlich. Diese spiegelt sich auch in der reichen Ausstattung der Gräber wider. Hier fanden sich feine verzierte Tongefäße, prunkvolle Steingriffe von Speerschleudern sowie Diademe, Brustplatten und Fingerringe aus wertvollem Kupfer, das aus dem Gebiet der Großen Seen eingehandelt wurde. Daneben erscheinen Steinstempel zur Verzierung von Kleidern oder der bloßen Haut: phantasievolle Motive mit mythischen Tieren. Auch Steinpfeifen in Gestalt von Menschen oder Tieren bekam der Tote mit. In ihnen wurden während der kultischen Zeremonien heilige Drogen, etwa ein Gemisch aus Blättern der Bärentraube und Baumrinden, geraucht. Der aus dem Süden stammende Tabak war in Nordamerika erst frühestens ab 250 n. Chr. bekannt. Besonders stechen unter den Beigaben gravierte menschliche Hirnschalen oder Schädel hervor – vielleicht Trophäen von Kopfjagden. In den Gräbern von Schamanen oder Priestern fanden sich als Teil der Kultkleidung auch Geweihnachbildungen aus Kupfer, Hirschschädel samt Geweih, einmal sogar Reste einer aus dem Oberkiefer eines Wolfs gefertigten Maske – der Tote trug sie im Mund.

Die zweifellos berühmteste Hinterlassenschaft der Adena-Indianer ist jedoch der ebenfalls in Ohio gelegene Große Schlangenhügel. Dieser fast 400 m lange Erdhügel in Form einer Schlange, die ein Ei verschlingt, gibt einen kleinen Einblick in die mythischen Vorstellungen der Adena, die ansonsten weitgehend unbekannt sind.

Rührige Hopewell-Indianer

Ab 100 v. Chr. dehnten sich von Westen her andere Indianerstämme bis an das Gebiet der Adena aus und übernahmen dort ab etwa 100 n. Chr. die Herrschaft. Ebenfalls nach einem Fundort in Ohio werden diese Stämme als Hopewell-Leute bezeichnet. Ihre Kultur unterschied sich bis auf bessere Techniken in der Steinbearbeitung, bei der Töpferei und der Textilherstellung nicht von derjenigen der Adena. Der Totenkult der Hopewell-Leute übertraf in seinem Umfang jedoch bei weitem den ihrer Vorgänger.

Das Gleiche galt für die Ausbreitung und die weit reichenden Handelsbeziehungen der Hopewell. Sie hinterließen ihre Spuren im gesamten Gebiet des Ohio und siedelten von den Großen Seen über den gesamten Verlauf des Mississippi bis an den Golf von Mexiko. Das Handelsnetz der Hopewell erstreckte sich über weite Teile Nordamerikas. Es diente der Beschaffung exotischer Waren als Prestigeobjekte und Grabbeigaben für die Oberschicht. Von den Küsten Floridas kamen Muschelschalen sowie die Zähne von Haien und Alligatoren. Kupfer und Silber stammten aus

Großer Schlangenhügel
Der Adena-Grabhügel am Brush Creek, Ohio, ist 381 m lang, etwa 6 m breit und mehr als 1 m hoch. Er stellt eine Schlange dar, die ein Ei verschlingt.

Spiegelbild
Bei den Hopewell waren aus Kupfer gehämmerte Tiermotive, z. B. dieser Salamander, wertvolle Grabbeigaben der Oberschicht. Dies zeigt die besondere Bedeutung von Tieren im Weltbild der Hopewell-Indianer.

dem Gebiet der Großen Seen, Obsidian und Zähne von Grislibären bezogen die Hopewell aus den westlich gelegenen Rocky Mountains. Die großen Flüsse erlaubten als Verbindungswege ein relativ gefahrloses und schnelles Reisen mit Booten. Zugleich konnten die Händler Waren in großen Mengen transportieren.

Indianische Totenstädte

Die monumentalen Bestattungsanlagen der Hopewell sind noch eindrucksvoller als diejenigen der Adena. Mitunter nehmen sie sogar solche Ausmaße an, dass man sie beinahe als heilige Städte bezeichnen könnte. Die größten Grabhügel liegen hauptsächlich im Tal des Ohio, wo beispielsweise bei dem Namen gebenden Fundort Hopewell ein rechteckiger Erdwall eine Totenstadt mit einer Fläche von 45 ha umschließt. Darin befinden sich 38 Grabhügel.

Eine der größten Anlagen bildet das Zeremonialzentrum von Newark in Ohio. Es bedeckt eine Fläche von fast 7 km² mit Kultbezirken, die von mehreren Meter hohen runden, recht- und achteckigen Erdwällen umgeben waren. Ein Netz von Straßen verband diese Kultanlagen miteinander. Die Errichtung solch gewaltiger Bauwerke erforderte hunderte von Arbeitskräften, die zehntausende von Kubikmetern Erde mit Hilfe von Steinwerkzeugen und Körben bewegen mussten. Derart arbeitsintensive Vorgänge spielten sich wohl über einen Zeitraum von vielen Jahren ab.

Daneben errichteten die Hopewell vor allem im Gebiet des oberen Mississippi viele so genannte Bilderhügel, ähnlich dem Großen Schlangenhügel der Adena. Zahlreiche von ihnen fielen bis heute der Zerstörung anheim. Diese sich über mehrere 100 m erstreckenden Hügel besitzen die Form von menschenähnlichen Wesen oder stilisierten Tieren wie Vögeln, Schildkröten, Bären, Hirschen und Hunden. Auch diese Monumente standen in engem Bezug zum Totenkult. Ihre besonderen Formen symbolisierten wohl Schutzgeister in Tiergestalt, die in den Visionen indianischer Schamanen und Medizinmänner eine wichtige Rolle spielten. Vielleicht sollte die Seele des Toten, der möglicherweise selbst Schamane war, dem Schutz des Hilfsgeists unterstellt werden, in dessen Gestalt der Hügel errichtet wurde.

Das Ende des Prunks

Die Bestattungssitten der Hopewell unterschieden sich nicht von denen der Adena, doch die Beigaben waren bei der Hopewell-Oberschicht noch wesentlich prunkvoller. In den ungeheuer reich ausgestatteten Gräbern fanden sich unter anderem tausende von Süßwasserperlen, Brustschilde aus Kupfer, Kupfergeräte und -schmuck, Glimmertafeln, Bleiglanzkristalle und Halsbänder aus Grislibärenkrallen. Aus den hier geborgenen Textilresten lässt sich auch die Kleidung der Hopewell erschließen. Die Frauen gingen in der warmen Jahreszeit mit nacktem Oberkörper und knielangem Wickelrock, die Männer trugen Lendentücher.

Um 400 n. Chr. führten der aufkommende Maisanbau, die Einführung von Pfeil und Bogen oder eine mögliche Überbevölkerung zu Veränderungen, die die Macht der Oberschicht zusammenbrechen ließen. Damit fanden auch die luxuriösen Bestattungszeremonien im gesamten Gebiet der Hopewell-Indianer ein Ende.

Gigantische Bilder im Erdreich – die Nasca

Sie schufen im kargen Landstrich an der Südküste Perus ein ausgeklügeltes Bewässerungssystem und bemerkenswerte Keramik. Vor allem aber hinterließen die Nasca riesige Bilder im Wüstenboden, die heute noch Rätsel aufgeben.

Passagiere und Besatzung des Flugzeugs rieben sich ungläubig die Augen. Weit unter ihnen, in der Wüste Perus, hoben sich ganz deutlich Bilder riesigen Ausmaßes vom Erdboden ab. Spiralen, Trapeze, Rechtecke und Geraden waren dort eingraviert, andere Zeichnungen stellten ohne Zweifel Tiere dar: Affen, Vögel, Killerwale, Delphine und noch viele andere, und alle so gigantisch, dass man sie auch aus größerer Höhe mühelos erkennen konnte. Entdeckt wurden die rätselhaften Figuren und Linien vor etwa 80 Jahren, als die ersten Linienmaschinen über den südamerikanischen Kontinent flogen.

Im südlichen Peru, in einer unwirtlichen, kargen Gegend, die im Norden vom Pisco-Tal und im Süden von den Tälern von Yauca und Acarí begrenzt wird, liegt der unscheinbare Ort Nasca, benannt nach der gleichnamigen Indianerkultur, deren Blütezeit zwischen dem 2. Jh. v. Chr. und 5. Jh. n. Chr. lag.

Ufo-Flughafen oder Pflanze?
Immer noch bieten die Erdbilder der Nasca Anlass zu zahlreichen mehr oder minder realistischen Spekulationen.

Hier, im Siedlungsgebiet der Nasca, wurden die geheimnisvollen Zeichen entdeckt, die vom Boden aus kaum zu erkennen sind. Moderne Datierungsmethoden ordnen ihre Erschaffung in die Zeit der Hochkultur der Nasca ein, sodass über die Urheberschaft der Erdbilder kaum mehr Zweifel bestehen.

Imposante Erdzeichen

Die Zeichnungen und Figuren sind auf sehr spezielle Weise entstanden. Die Nasca hatten nach einer bestimmten und wohl sehr detaillierten Vorlage zunächst die eisenhaltige und daher rötlich-braune Oberfläche des Bodens abgetragen. Aus diesen beiseite geräumten Steinchen hatten sie kleine Mauern errichtet. Durch das Abtragen war der gelbliche Farbton der darunter liegenden Schicht zum Vorschein gekommen. Diese Formation bildete das Fundament für die Zeichnungen, die heute als Geoglyphen bezeichnet werden. Begrifflich orientierte man sich bei dieser Wortschöpfung an den altägyptischen Hieroglyphen, den „eingeritzten heiligen Zeichen". Geoglyphen sind dementsprechend Zeichen, die man in den Boden geritzt hatte. Die Geoglyphen der altperuanischen Wüste besaßen erstaunliche Ausmaße. Auf einem Gesamtgebiet von etwa 1000 ha bedeckten einzelne Bilder teilweise eine Fläche von über 100 m². Das Bild eines exotisch wirkenden Vogels beispielsweise maß vom Schnabel bis zum Schwanz imposante 120 m. Manchmal sogar kilometerlang waren die unzähligen schnurgeraden geometrischen Linien.

Die Errichtung der Geoglyphen kam einer herkulischen Leistung gleich, denn mit einfachsten Geräten wie Hacke und Schaufel musste auf einer Fläche von rund 10 Mio. m² der Gesteinsschutt entfernt werden. Den klimatischen Verhältnissen in der peruanischen Wüste ist es zu verdanken, dass die an und für sich empfindlichen Erdbilder mehr als 1500 Jahre unbeschadet überdauert haben und bis heute sichtbar geblieben sind. Da es in dieser Gegend nie regnet, wurden die Zeichnungen nicht ausgeschwemmt. Zugute kam ihnen auch, dass der Boden in den Nächten durch Feuchtigkeit aufgeweicht wurde. Die Steine sanken dadurch tiefer in die aus Lehm und Gips bestehende Erde. Die Glut der Sonne sorgte dann am Tag dafür, dass diese Formation, einer Betonmischung ähnlich, noch härter wurde.

Aufschlussreiche Keramiken

Im südlichen Peru hatten sich einst hoch stehende Kulturen entwickelt. So hatten es die Menschen auf der Halbinsel Paracas zu einer wahren Meisterschaft in der Keramik- und Textilherstellung gebracht. Um das 2. Jh. v. Chr. waren sie von der Kultur der Nasca abgelöst worden. Da dieses Volk keine Schriften hinterlassen hat, ist man zur Rekonstruktion seiner Kultur auf andere Quellen angewiesen. Die spärlichen Überreste von Tempeln und Profanbauten, vor allem aber Grabfunde wie Keramiken, Textilien und Ähnliches lassen einige Rückschlüsse

Bewässerungsbecken
Wasser war kostbar. In diesen Spiralbecken südlich des Flusses Ica wurde Regenwasser aufgefangen. Regen war hier allerdings ein sehr seltenes Ereignis.

auf das soziale, religiöse und kulturelle Leben der Nasca-Indianer zu.

Als Mitte des 18. Jh. in Europa erstmals wertvolle altperuanische Töpferware aus der Nasca-Zeit auf den Markt gekommen war, hatte man sich auf die Suche nach den Spuren dieses mysteriösen Volkes gemacht. Im Gebiet der Nasca wurden zahlreiche Gräber entdeckt, die glücklicherweise nicht den Grabräubern zum Opfer gefallen sind. Wie die meisten Völker Südamerikas hatten auch die Nasca die Gewohnheit, ihren Toten allerlei Gegenstände des täglichen Lebens wie Nahrung, Gefäße oder Textilien mit auf die Reise ins Jenseits zu geben, von denen sie glaubten, sie könnten dem Verstorbenen von Nutzen sein. Die mumifizierten

Trommler oder Flötenspieler?
Die vielseitige Begabung der Nasca zeigt sich auch in dieser Figur aus Keramik, die gleichzeitig Panflöte spielt und eine Trommel schlägt.

Mächtiger Killerwal
In der Mythologie der Nasca nahm der Killerwal oder Orca einen wichtigen Platz ein. Mit detaillierten und farbenfrohen Keramiken wie dieser wurde ihm ein Denkmal gesetzt.

Leichen der Nasca wurden, wie es bei vielen altindianischen Völkern üblich war, in hockender Stellung vorgefunden. Je nach gesellschaftlicher Position waren sie schlicht oder kostbar gekleidet. Die Angehörigen der Oberschicht trugen zudem wertvollen Schmuck.

Dem Volk der Nasca gehörten sehr begabte Töpfer an. Die Keramiken, die mit der Hand geformt oder in der Wulsttechnik aufgebaut wurden, sind von beachtlicher Qualität und bemerkenswert fein gearbeitet. Tonfiguren sowie Abbildungen auf den zahlreichen Keramikfunden erlauben einen direkten Einblick in die geheimnisvolle Welt der Nasca. Gelegentlich haben die Töpfer die Hauptnahrungsquellen ihres Volkes, Bohnen, Kürbis oder Mais, abgebildet. Auffällig oft aber sind die farbenfrohen Keramiken mit Darstellungen von Tieren verziert. Zu den immer wiederkehrenden Motiven zählen der Killerwal oder Orca, der Kondor, die Katze und die Schlange. Welche religiösen oder mythischen Vorstellungen die Nasca mit diesen Tieren verbanden, kann nur vermutet werden. Möglicherweise waren es Eigenschaften der Tiere wie Stärke, Mut oder Geschicklichkeit, die die Indianer so beeindruckten. Sicher ist, dass die Religion bei den Nasca eine wichtige Rolle spielte, wobei die Mächte der Natur auf sie eine besondere Anziehungskraft ausübten. Die Menschen scheinen auch Gestirne wie den Mond als Gottheit verehrt zu haben.

Den kultischen Mittelpunkt des Volkes bildete wahrscheinlich die Tempelstadt Cahuachi, die sich in der Nähe der Geoglyphen befand und aufgrund ihrer Größe und zentralen Lage die Hauptstadt der Nasca gewesen sein könnte. Eine ebenfalls erst aus der Luft entdeckte Linie verband Cahuachi mit einer Siedlung der Nasca am Rand der Wüste. In der Stadt befanden sich viele Tempel, darunter eine Pyramide von 30 m Höhe. Die Priester genossen beim Volk hohes Ansehen und besaßen – interpretiert man die Grabfunde richtig – wertvolle Textilien und Stirnschmuck, die sie bei der Ausübung ihres religiösen Kultes getragen haben.

TROPHÄENSAMMLER

Dasselbe Volk, das hingebungsvoll gigantische Bilder in die Erde scharrte und feinste Keramik schuf, war im Umgang mit seinen Feinden nicht gerade zimperlich. Wie schon ihre Vorgänger, die Paracas, so pflegten auch die Nasca den besiegten Gegnern die Köpfe abzuschneiden. Bei Ausgrabungen sind über 100 dieser so genannten Trophäenköpfe zum Vorschein gekommen. Das grausame Ritual ist auch auf Vasenbildern dokumentiert, die zeigen, wie die Nasca einen Kopf wie eine Trophäe vor sich hertragen. Oft haben die altperuanischen Krieger diese Köpfe präpariert, indem sie durch ein Loch im Schädelboden das Gehirn entfernten und die Lippen mit Nadeln oder Dornen verschlossen. Danach schlugen sie ein Loch in die Stirn, um den Kopf an einer Schnur tragen zu können. Ein Trophäenkopf bewies Stärke und Sieg. Möglicherweise glaubten die Nasca auch, auf diese Weise die dem toten Feind innewohnenden bösen Kräfte bannen oder aber sich dessen Mut aneignen zu können.

DES RÄTSELS LÖSUNG?

Warum haben die Nasca Erdbilder in den Wüstenboden an den Hängen der Anden gezeichnet? Weshalb nahmen sie diese kräftezehrende und langwierige Arbeit in Kauf? Populär war lange Zeit eine astronomische Deutung. Demnach seien die Figuren auf dem Boden Sternbilder gewesen, die zur Berechnung der Bahn der Himmelskörper gedient hätten. Dabei hätte nicht allein wissenschaftliches Interesse eine Rolle gespielt. Auch die Bauern sollten sich auf diese Weise im Rhythmus ihrer landwirtschaftlichen Arbeit an den Gestirnen orientieren können. Eine andere Theorie vertrat unter dem Eindruck der hoch entwickelten Textilindustrie der Nasca die Auffassung, bei den Linien habe es sich um riesige Webketten zur Anfertigung der prächtigen Stoffe gehandelt. Die Tatsache, dass die Muster auf den Kleidern der Nasca den Motiven der Geoglyphen sehr ähnlich sind, mag für diese These Pate gestanden haben. Eine andere Mutmaßung war, die Erdscharren hätten die Prozessionswege der Nasca markiert. An Feiertagen habe man auf ihnen religiöse Zeremonien abgehalten. Und schließlich gewann eine weitere Theorie viele Anhänger: Die Linien und Figuren seien angelegt worden, um den Lauf des Grundwassers anzuzeigen. Möglicherweise liegt in dieser letzten Theorie der richtige Schlüssel zur Lösung des Rätsels um die Erdzeichen der Nasca.

VERHEERENDER KLIMAWECHSEL

Tatsächlich sahen sich die Indianer einem fundamentalen Problem gegenüber. Der drastische Wassermangel bedeutete eine ständige Bedrohung ihrer Existenz. Es spricht für ihre Tatkraft und ihren Einfallsreichtum, dass sie dieses Problem in den Griff zu bekommen versuchten. So konstruierten sie Staubecken, um das wenige und dafür umso kostbarere Nass, das die Flüsse aus den Bergen brachten, aufzufangen. Außerdem legten sie ein weit verzweigtes und ausgeklügeltes Bewässerungssystem an, um die karge Landschaft für den Anbau von Ackerfrüchten wie Mais, Kürbis und Bohnen fruchtbar zu machen. Den Meistern der Bewässerungskunst gelang es, in mühsamer Arbeit dem unwirtlichen Boden genug Nahrung abzuringen, um überleben zu können. Doch sicherlich litten die Nasca sehr unter der extremen Trockenheit. Ihr Siedlungsgebiet war allerdings nicht immer so lebensfeindlich gewesen. Winzige Lössablagerungen weisen darauf hin, dass sich hier einmal zahlreiche Pflanzen befunden haben müssen. Auch der Fund von Schneckenschalen ist ein untrügliches Zeichen für fruchtbaren Boden. Die Wüste war also einst eine blühende Landschaft, wie geschaffen dafür, dass sich hier Menschen niederließen. Doch dann änderte sich das Klima, es wurde immer heißer, und der Regen blieb aus. Die Pflanzen verschwanden und mit ihnen die Lebensgrundlage der Nasca. Das Volk befand

STANDPUNKT

Heißluftballons und Ufo-Landeplätze

Die Diskussion um das Rätsel der Nasca-Erdbilder treibt bisweilen seltsame Blüten. Es gibt viele phantastische Spekulationen, die von der seriösen Wissenschaft belächelt, von den Medien allerdings umso freudiger aufgegriffen werden.

So fand vorübergehend die Theorie eine große Resonanz, wonach es sich bei den Nasca um die ersten Ballonfahrer der Geschichte gehandelt haben soll. Wie anders hätten sie die Linien und Figuren so exakt zeichnen können, wenn sie nicht die Gelegenheit gehabt hätten, das Terrain mit solchen Flugkörpern von oben zu betrachten? Man stieg sogar, um die These zu beweisen, in einen Ballon, der in der Art der Nasca-Textilien aus Baumwolle hergestellt wurde.

Für den Schriftsteller Erich von Däniken waren die Zeichnungen im Wüstensand eine Bestätigung seiner Auffassung, die Erde sei in frühen Zeiten von außerirdischen Wesen aufgesucht worden. Die gigantischen Scharrbilder hätten demnach jene Plätze markiert, an denen die Raumschiffe gelandet sind, und wären somit die Spuren eines alten Ufo-Flughafens.

Gigantischer Kolibri
Die Nasca haben viele Tierbilder in den Wüstenboden gescharrt, so auch diesen Kolibri (Luftaufnahme).

Tontrompete
Aus Abbildungen weiß man, dass die Nasca bei religiösen Festen gern musizierten. Diese Trompete aus Terrakotta ist mit einer menschlichen Figur verziert.

sich demnach zu der Zeit, als in etwa die Geoglyphen geschaffen wurden, in einer prekären Situation.

BOTSCHAFT AN DIE GÖTTER

Wie die meisten der alten südamerikanischen Kulturen waren auch die Nasca davon überzeugt, dass die Naturmächte Erde, Meer, Himmel und Wasser unter göttlicher Kontrolle standen. So schien es nahe liegend, die Götter um Unterstützung zu bitten. Glaubt man der Theorie, die Geoglyphen würden den Verlauf des Grundwassers anzeigen, könnte sich damals – vor etwa 1500 Jahren – im südlichen Peru folgendes Szenario abgespielt haben: Die Priester rieten, die Hilfe der Götter zu erflehen. Sie sollten Wasser schicken und damit das Leben der Nasca bewahren. Dazu musste man ihnen Botschaften senden, die sie nicht übersehen konnten. Also machten sich die Nasca mit dem Mut der Verzweiflung an das gigantische Werk. Tausende von Menschen schaufelten den Sand und die Steine aus dem Boden. Sie selbst konnten die Figuren und die Linien, die sie aus der Erde scharrten, nur in vagen Umrissen erkennen. Doch das war auch nicht so wichtig. Entscheidend waren die Götter: Sie sollten den irdischen Appell um Hilfe in ihren luftigen Höhen empfangen. Damit sie aber auch erkannten, was die Nasca eigentlich von ihnen wollten, mussten die Symbole verständlich sein. Die Linien und anderen geometrischen Zeichen verwiesen auf den Lauf und die Strömungen des Grundwassers. Auch die Tierfiguren wählten die Nasca so aus, dass die Götter nicht darüber im Zweifel sein konnten, worauf es den von Dürre geplagten Menschen ankam: Affe, Vogel und Fisch waren im alten Peru die traditionellen Sinnbilder für Regen und Fruchtbarkeit.

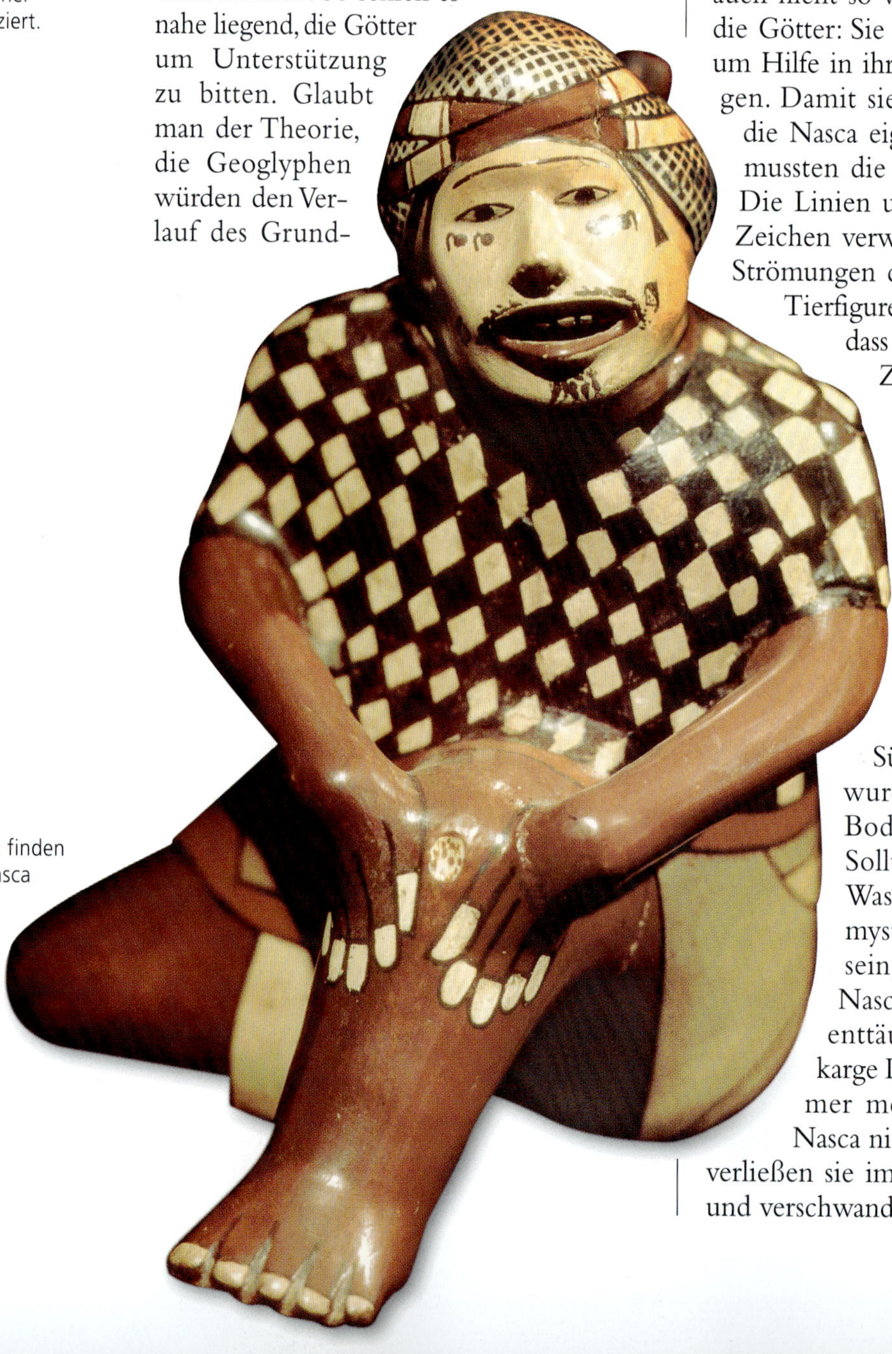

Alltagsleben in Ton
Auch alltägliche Szenen finden sich in der Kunst der Nasca wieder. Die reich verzierte Keramikfigur zeigt einen Mann mit verletztem Knie.

LETZTE SPUREN

Auch in anderen Teilen Südamerikas, so etwa in Chile, wurden mittlerweile ähnliche Bodenzeichnungen gefunden. Sollte tatsächlich die Bitte um Wasser der Hintergrund der mysteriösen Erdbilder gewesen sein, so wurden zumindest die Nasca von ihren Göttern bitter enttäuscht. Die ohnehin schon karge Landschaft wandelte sich immer mehr zur Wüste, in der die Nasca nicht mehr leben konnten. So verließen sie im 5. Jh. n. Chr. ihre Heimat und verschwanden spurlos.

Wo die Götter wohnen – Teotihuacán

Zu ihrer Blütezeit gehörte Teotihuacán zu den größten Städten der Welt. Selbst die Azteken zeigten sich später von den gewaltigen Pyramiden so beeindruckt, dass sie den Ort „Stadt der Götter" nannten.

Vor ungefähr 1500 Jahren muss das auch heute noch als Ruinenstadt beeindruckende Teotihuacán, das etwa 40 km nordöstlich von Mexico City liegt, einen fantastischen Anblick geboten haben. Hier in der bewässerten Flussebene des Tales von Mexiko erhoben sich die gewaltigen Pyramiden der Sonne und des Mondes über der von zahlreichen Heiligtümern und Palästen gesäumten Prachtstraße des heiligen Bezirks. Die Fassaden der mit weißem Stuck verkleideten und bemalten Pyramiden und Monu-

Die Sonnenpyramide
Vom Tempel des Quetzalcoatl mit seinen Furcht erregenden Fabelwesen hat man einen beeindruckenden Blick auf den Sonnentempel.

mentalbauten der Metropole glänzten im hellen Sonnenlicht. Auf den großen Marktplätzen drängten sich Einheimische zusammen mit fremden Besuchern und Kaufleuten, die aus den entferntesten Regionen Mittelamerikas in die Stadt kamen, um in den berühmten Heiligtümern zu beten, aber auch um exotische Waren feilzubieten. Von den Tempeln auf den Pyramiden stieg heiliger Opferrauch in den Himmel empor. Hier wurde unter dem dumpfen Klang von Trommeln der Dienst an den Göttern versehen – durch mächtige Priester, die sich in mit schillernden Vogelfedern geschmückte, prachtvolle Gewänder kleideten.

ALLTAGSLEBEN

Schmuck und Waffen aus Obsidian

Bei Obsidian handelt es sich um ein dunkel glänzendes Gesteinsglas vulkanischen Ursprungs von besonders großer Härte. Aufgrund dieser Eigenschaften war es bei den alten Völkern Mexikos und Mittelamerikas sehr beliebt und wurde vor allem zur Schmuckherstellung verwendet.

Von großen Gesteinsbrocken schlug man klingenähnliche Stücke ab, mit denen Werkzeuge und Waffen besetzt wurden. Besonders für Opfermesser stellte Obsidian einen äußerst begehrten Rohstoff dar. Diese wertvollen Messer wurden kunstfertig aus einem einzigen Stück Obsidian herausgearbeitet.

Obsidianaffe
Prächtiges Obsidiangefäß in Gestalt eines Affen, dessen Schwanz um den Gefäßrand gelegt ist.

TEOTIHUACÁNS HEILIGER BEZIRK WIRD ERBAUT

Die Anfänge der Stadt Teotihuacán gehen auf die Mitte des 1. Jt. v. Chr. zurück. Hier entstanden kleine Bauerndörfer, die im Lauf der Jahrhunderte zu einer stadtähnlichen Siedlung zusammenwuchsen. Das Tal von Mexiko war damals noch nicht so trocken

wie heute. Der hier verlaufende Fluss San Juan und der Texcocosee lieferten das lebensnotwendige Wasser. Zudem bot das gebirgige Umland Baustoff im Überfluss. Um die Zeitenwende bewohnten bereits 30 000 Menschen die Stadt. Damals begann der Bau des riesigen heiligen Bezirks. Zur Durchführung eines solchen gewaltigen Bauvorhabens bedurfte es bedeutender Herrscher mit Macht und Weitsicht. Erfahrene Baumeister mussten die Organisation übernehmen und genügend Arbeiter anwerben. Das Zentrum und gleichzeitig die Hauptverbindungsachse der Stadt bildete eine 2 km lange und 40 m breite Prachtstraße, die von den Azteken später „Straße der Toten" genannt wurde. Diese irreführende Bezeichnung beruht auf der falschen Annahme, dass die neben der Straße stehenden Gebäude Gräber waren.

Hier reihten sich zahlreiche Tempel und Paläste aneinander, die von den beiden Pyramiden der Sonne und des Mondes überragt wurden. Diese verdanken ihre jeweilige Bezeichnung einem aztekischen Mythos, demzufolge Sonne und Mond in Teotihuacán erschaffen wurden. In dem Mythos heißt es, dass der Gott Teccuzitecatl auserwählt worden sei, um als Sonne den Himmel zu erleuchten, und der entstellte Gott Nanahuatzin zum Mond werden sollte. Um ihre neue Gestalt zu erlangen, mussten sie sich zuerst ins Feuer werfen, aber den Gott Teccuzitecatl verließ der Mut. So wurde an seiner Stelle Nanahuatzin zur Sonne und Teccuzitecatl zum Mond. Dieser Mythos zeigt die herausragende Bedeutung, die diese beiden Gestirne im Weltbild der Ackerbau treibenden Bevölkerung des Alten Mexiko einnahmen.

Pyramiden für Sonne und Mond

Das gewaltigste Bauwerk Teotihuacáns ist die um die Zeitenwende errichtete Sonnenpyramide. Sie nimmt bei einer Höhe von 65 m eine beinahe quadratische Grundfläche von 222 × 225 m ein. Auf ihrer obersten Plattform stand einst ein prachtvoller Tempel. Die Pyramide wurde aus luftgetrockneten Lehmziegeln aufgeschichtet, mit Steinen ummantelt, verputzt und mit bemalten Götterbildern geschmückt. 10 000 Menschen benötigten 20 Jahre, um die Sonnenpyramide fertig zu

Straße der Toten
Ein Blick auf die Ruinen von Teotihuacán. Die Prachtstraße in der Mitte nannte man später „Straße der Toten".

Gefiederter Schlangenkopf
Steinskulpturen, die aufgerissene Schlangenmäuler darstellen sollen, zieren die Pyramide von Quetzalcoatl.

stellen. Sie war so bedeutend, dass ihr noch im 16. Jh. der Aztekenherrscher Moctezuma II. mehrmals Besuche abstattete. Damals soll auf der Spitze noch ein riesiges Götterbild gestanden haben, das bald darauf die Spanier zerstörten.

Zwischen den Jahren 100 und 350 entstand dann die kleinere, 46 m hohe Mondpyramide. Vor beiden Pyramiden erstreckten sich weite Plätze, auf denen Märkte abgehalten wurden. Hier kamen während der Feiertage zehntausende von Menschen zusammen, um den heiligen Riten beizuwohnen, die die Priester vollzogen. Große Bedeutung hatte der um die gleiche Zeit wie die Mondpyramide fertig gestellte Tempel des Gottes Quetzalcoatl, dessen Name „Grünfederschlange" bedeutet. Die Fassaden waren mit bemalten Steinplatten verkleidet, aus denen sich ebenfalls bemalte gefiederte Schlangenköpfe dem Betrachter entgegenstreckten. Aus den Mäulern der Schlangen ragten weiß bemalte Zähne heraus, und die aus Obsidian eingelegten Augen verliehen ihnen eine bedrohliche Lebendigkeit. Am Fuß des Tempels befanden sich Opferdepots, in denen man Jade und andere Halbedelsteine niederlegte. Neben diesen wichtigen Bauwerken reihten sich an der Hauptachse weitere Tempel, Kultanlagen und Paläste aneinander. Besonders geheimnisvoll sind dabei einige unterirdische Gebäude, in deren Räumen wahrscheinlich geheime Einweihungszeremonien der Priesterschaft abgehalten wurden.

EINE GROSSSTADT ENTSTEHT

Die Blütezeit Teotihuacáns setzte um 350 ein, als das Stadtgebiet ungefähr 20 km² umfasste und etwa 200 000 Menschen beherbergte. Die meisten Bewohner der Stadt und des Umlands waren Bauern, die in einfachen Gehöften auf dem weitflächigen Areal der Stadt lebten. Mit dem Anbau von Mais sicherten sie die Ernährung. Um den Ertrag und die Bewässerung der Felder langfristig zu gewährleisten, wurden wahrscheinlich Bewässerungsbauten errichtet, die das Wasser des Flusses San Juan kanalisierten. Für die Ernährung hatte aber auch der Fischreichtum des damals bis an die Stadt heranreichenden Texcocosees Bedeutung. Vielleicht entstanden bereits zu jener Zeit auf dem See die später bei den Azteken üblichen künstlichen Inseln aus Schilf und Schlamm, um die Anbaufläche zu erweitern.

An domestizierbaren Tieren gab es nur Truthühner, und so mästete man auch Hunde als Fleischlieferanten. Darüber hinaus bot auch die Jagd auf Wildtiere wie Reh und Kaninchen die Möglichkeit, den täglichen Speiseplan zu ergänzen. Derartige Delikatessen dürften aber weitgehend der Oberschicht vorbe-

STANDPUNKT

Kult- oder Verwaltungszentrum

Der monumental ausgebaute heilige Bezirk von Teotihuacán, der den Kern der Stadt bildete, war ausschließlich zur Abhaltung religiöser Zeremonien bestimmt. Dies schloss jedoch seine alltägliche Verwendung als Marktplatz und Verkehrsachse nicht aus.

Die Verwaltung der Stadt blieb hingegen auf die Paläste beschränkt, in denen die Herrscher mit ihrem großen Gefolge residierten. Die Ausmaße mancher Paläste zeigen, dass sie den jeweiligen Herrschern nicht nur als Wohnsitz gedient haben, sondern wohl auch eine Art Verwaltungszentrum darstellten.

halten gewesen sein. Die Lebensmittelversorgung für so viele Einwohner konnte letztlich nur durch Importe sichergestellt werden. Handelskarawanen aus menschlichen Trägern brachten aber nicht nur die dringend benötigten Nahrungsmittel zu den Märkten der Stadt. Teotihuacán erblühte zu einem wichtigen Handels- und Handwerkszentrum, das Rohstoffe aus ganz Mexiko und Mittelamerika importierte. Dazu gehörten Türkise, Gold, Jade, Muschelschalen und die Federn von Papageien und des Quetzal-Vogels, die die Kleidung der Priester und der Oberschicht schmückten. Die einfachen Menschen hingegen mussten sich mit Gewändern aus Baumwolle begnügen. Als besonders wichtiges Importgut aus Mittelamerika galt *copal*, ein Harz, das wie Weihrauch in den Tempeln verbrannt wurde.

Teotihuacán wird zur internationalen Metropole

Die Handelsbeziehungen Teotihuacáns reichten bis in die entferntesten Gebiete Mexikos, nach Yucatán und Mittelamerika. Möglicherweise errichteten die Kaufleute von Teotihuacán sogar weit im Süden Kolonien oder Handelsaußenposten. Dies zeigt sich vor allem in der Stadt Kaminaljuyú, nahe der heutigen Stadt Guatemala, die bereits im Land der Maya lag. Die hier errichteten Tempelpyramiden sind zwar nicht so groß wie die von Teotihuacán, aber von ihrer Bauweise her identisch.

Der Außenhandel von Teotihuacán lag in den Händen von Kaufleuten, die über besondere Vorrechte verfügten. Sie allein kannten den Verlauf der Handelswege und pflegten entlang den Routen den Kontakt zu den Einheimischen. Teotihuacán war eine internationale Stadt, in die zahlreiche auswärtige Händler kamen. Daher lebten hier Menschen aus ganz Mexiko und Mittelamerika, die je nach Herkunft in eigenen Stadtvierteln wohnten. Dort pflegten sie ihre eigenen Sitten. Wenn eines der Mitglieder dieser „Ausländergemeinden“ starb, wurde es nach dem Ritus und in einem Grabbau im Stil seines Herkunftsgebiets bestattet.

Die Importe mussten natürlich mit Exporten bezahlt werden. Den Hauptausfuhrartikel Teotihuacáns bildete die sowohl einfarbig als auch bunt bemalte Keramik, die in riesigen Mengen produziert wurde. Kleine Menschenfiguren aus Ton mit beweglichen

Figur mit Innenleben
Die Figur aus Keramik besitzt bewegliche Glieder, und ihre Brust lässt sich öffnen. Im Innern kommt eine kleine Gestalt zum Vorschein – vermutlich eine Gottheit.

Gliedern stellten eine Besonderheit dar. Daneben wurden Muschelschalen und Edelsteine wie Jade, Türkis, Koralle und Obsidian zu Schmuck verarbeitet. Berühmt waren auch die teilweise mit Steinmosaiken belegten Totenmasken aus Stein oder Alabaster. Die Handwerker lebten nach Berufszugehörigkeit getrennt in eigenen Vierteln. Der Wohlstand von Teotihuacán gründete sich überwiegend auf Handel und Handwerk, nichts weist auf Kriegszüge hin. Waffenfunde zeigen jedoch, dass Teotihuacán gut gerüstet war gegen Einfälle feindlicher Stämme und die Handelswege durchaus sichern konnte.

Das Paradies Tlalocán
Das teilweise rekonstruierte Wandgemälde von Tepantitla zeigt farbenprächtig das Paradies des Regengottes Tlaloc.

Priester hatten die Macht

Die Bevölkerung Teotihuacáns bestand zum Großteil aus Bauern, die auch für die öffentlichen Arbeiten herangezogen wurden. Einen höheren Rang nahmen Künstler, Handwerker und Kaufleute ein. Die herrschende Schicht setzte sich aus Priestern und Kriegern zusammen. Schon die Anlage der Stadt mit ihren Tempeln und Pyramiden macht deutlich, wie wichtig die Religion war.

So erklärt sich auch die machtvolle Rolle, die die Priester in dieser Stadt innehatten. Sie allein kannten die Geheimnisse, die mit der Ausübung der Schrift und dem Errechnen des Kalenders verbunden waren. Sie wussten um die Mythen, und nur sie vollzogen den heiligen Opferdienst in den Tempeln. Die Priester gaben Kunstwerke, Götterbilder und Wandgemälde in Auftrag. Eines dieser gewaltigen Götterbilder hat sich bis heute erhalten: Es handelt sich hierbei um eine über 3 m große Kolossalstatue der Wassergöttin, die aus einem einzigen Steinblock gehauen ist.

Außerdem beobachteten die Priesterastronomen den Nachthimmel, kannten den Lauf der Gestirne und sagten so den richtigen Zeitpunkt für Aussaat und Ernte voraus. Daher waren sie die alleinigen Lenker der wirtschaftlichen und politischen Aktivitäten mitsamt der Planung und dem Oberbefehl über die Ausführung der öffentlichen Bauwerke.

Luxuriöses Wohnen

Diese Oberschicht lebte in prächtigen steinernen Palästen, deren Wohnräume sich um einen oder mehrere Innenhöfe gruppierten. Etwa 500 m östlich der Sonnenpyramide lag das Residenzviertel Tepantitla. Dort standen die Häuser des Adels, die bis zu 30 Räume umfassten. Einige größere verfügten sogar über 175 Räume und waren mit einem eigenen kleinen Tempel ausgestattet. Vielleicht handelte es sich hierbei um eine Art Familienheiligtum, bei dem die jeweilige Familie zu besonderen Göttern betete. Der bedeutendste dieser Paläste ist der nach dem mythischen Schmetterlingsvogel benannte Quetzalpapalotl-Palast, der sich direkt westlich an den Vorplatz der Mondpyramide anschließt. Seine mit Steinplatten verkleideten Pfeiler sind mit Reliefs von Schmetterlingen und Vögeln bedeckt. Die größten Räume sind bis zu 8 m lang. Dabei wurden die Flachdächer dieser Räume nicht mit Zwischenpfeilern abgestützt, was eine bautechnische Meisterleistung darstellt. Möglicherweise war dieser Palast der Sitz des amtierenden Priesterkönigs.

Maske
Die farbig bemalte Totenmaske ist aus Terrakotta und zählte zu den Exportschlagern aus Teotihuacán.

Fresken und die Götterwelt

Viele Paläste sind innen mit farbenprächtigen Wandmalereien verziert. Bei den Motiven handelt es sich um Themen aus der Welt der Götter und der Religion. So sind Götter oder Priester bei kultischen Handlungen dargestellt. Die Priester tragen prächtige Federgewänder in den buntesten Farben, dazu einen Kopfputz aus Federn sowie kunstvollen Jadeschmuck an Hals, Armen und Beinen. Daneben sind auch mythische und heilige Tiere wie der Jaguar dargestellt, der als Symbol für Erde, Wasser und Fruchtbarkeit fungierte.

Unter den zahlreichen Göttern Teotihuacáns ragten zwei Gottheiten hervor. Zum einen der Gott Quetzalcoatl, die Grünfederschlange. Er war ein Gott der Vegetation und ihrer Erneuerung, später wurde er auch zum Gott der Priesterschaft, der Kunst und der religiösen Lehren. Er stand in enger Verbindung zum Tlaloc, dem Gott des Regens und der Vegetation. Tlalocs Reich war das Paradies Tlalocán. Die Wertschätzung, die diesen Göttern entgegengebracht wurde, ist nicht verwunderlich. In dem relativ trockenen Land bedeutete das Ausbleiben des lebensnotwendigen Regens eine Katastrophe. Somit war Wasser gleichbedeutend mit Leben, und die Bewohner von Teotihuacán stellten sich das Paradies als Landschaft vor, in der an Wasser kein Mangel herrschte. Das wasserreiche Paradies Tlalocán ist auf einem der zahlreichen Wandgemälde ausdrucksvoll abgebildet. Über dem Bild steht der Gott Tlaloc und lässt Regentropfen auf die Erde fallen. Der Gott trägt einen Kopfschmuck in Gestalt eines Quetzal-Vogels mit ausgebreiteten Schwingen, aus dem zwei Bäume herauswachsen. Unterhalb erhebt sich ein Berg aus Wasser, aus dem ein Fluss hervorsprudelt. Daneben befindet sich eine Landschaft mit reicher Vegetation, in der neben Schmetterlingen und Vögeln auch Menschen zu erkennen sind.

Die Religion von Teotihuacán hatte jedoch auch eine erheblich weniger fröhliche Seite. Einige der Götter verlangten nach Menschenopfern, worauf die gefundenen Opfermesser aus Obsidian hinweisen. An allen vier Ecken des Quetzalcoatl-Tempels befand sich jeweils ein Kindergrab. Und vor der untersten Stufe des Tempels vergrub man neben anderen Opfergaben aus Jade auch ein Opfermesser aus Obsidian. Möglicherweise handelte sich bei den getöteten Kindern um ein Opfer, das bei der Gründung des Tempels vollzogen wurde.

Die *kursiv* gedruckten Seitenzahlen verweisen auf eine Abbildung.

Abkürzungen: o. = oben, M. = Mitte, u. = unten, l. = links, r. = rechts, Lep. = Leporello

akg = akg-images
BPK = Bildarchiv Preußischer Kulturbesitz
BAL = Bridgeman Art Library
TAA = The Art Archive

Einbandvorderseite: Kunsthistorisches Museum Wien
Einbandrückseite: von o. nach u.: The Detroit Institute of Arts, USA/Bridgeman Giraudon; Erich Lessing/akg; Werner Forman/akg; Erich Lessing/akg.

Haupttitel Pirozzi/akg; **4/5** The Detroit Institute of Arts, USA/Bridgeman Giraudon; **6** akg/E. Lessing; **6/7** Z. Radovan, Jerusalem; Hintergr.: akg; **7** o.: Z. Radovan, Jerusalem; **8** o. und Lep.: akg/E. Lessing; **8/9** akg; **10** o.: BPK; u.: akg/E. Lessing; **11** und Lep.: akg/E. Lessing; **12** AP Photo/HO; **13** BPK; **14** und Lep.: akg/E. Lessing; **14/15** Hintergr.: Gérard Degeorge/akg; **15** akg; **16** akg; **17** akg/W. Forman; **18** BPK/P. Stüning; **19** akg; **20** o., u. und Lep.: Corbis/Royal Ontario Museum; **21** Corbis/B. Burstein; **22** akg; **23** TAA/Dagli Orti; **24** BPK/J. Liepe; **25** BPK/J. Zimmermann; **26** akg/E. Lessing; **27** o.: Corbis/C. North; u.: Bildarchiv Steffens/H. Stierlin; **28** Bildarchiv Steffens/BAL; **29** Corbis/C. Lisle; **30** Bildarchiv Steffens/BAL; **31** Corbis/Burstein Collection; **32** und Lep.: akg/J.-L. Nou; **33** akg/E. Lessing; **34** BPK; **35** o.: TAA/Dagli Orti; u. und Lep.: BPK; **36** TAA/Dagli Orti; **36/37** TAA/Dagli Orti; **38** Bildarchiv Steffens/BAL; **39** BPK/I. Geske-Heiden; **40/41** und Lep.: BPK/L. Braun; **42** akg/E. Lessing; **43** o.: TAA/Dagli Orti; u.: akg/E. Lessing; **44/45** akg/E. Lessing; Hintergr.: Gilles Mermet/akg; **46** akg/W. Forman; **47** Corbis/K. Su; **48** akg/E. Lessing; **49** rmn/T. Ollivier; **50/51** Mauritius/Steve Bloom Images; **51** o.: Privatsammlung/Paul Freeman/Bridgeman Giraudon; **52** o.: TAA/Musée Cernuschi, Paris/Dagli Orti; u. und Lep.: akg/E. Lessing; **53** o.: TAA; u.: Corbis/Christie's Images; **54** National Museums of Scotland/Bridgeman Giraudon; **55** JAPAN-PHOTO-ARCHIV; **56** akg/E. Lessing; **57** akg/E. Lessing; **58** und **58/59** Hintergr.: akg/E. Lessing; **59** und Lep.: akg; **60** und Lep.: akg/J.-L. Nou; **61** akg/J.-L. Nou; **62/63** o.: Corbis/L. Hebberd; **63** u.: Bildarchiv Steffens/BAL; **64/65** Erich Lessing/akg; **66** und Lep.: akg; **67** akg/R. O'Dea; **68** o.: akg/J. Hios; u.: Bildarchiv Steffens/BAL; **69** o.: BPK/J. Liepe; r.: akg/J. Hios; **70** TAA/Dagli Orti; **71** akg/Nimatallah; **72** TAA/Dagli Orti; **72/73** und Lep.: akg/E. Lessing; **74** akg; **75** akg; **76** TAA/Dagli Orti; **77** und Lep.: BPK/F. Faillet; **78** o.: TAA/Dagli Orti; **78/79** akg/P. Connolly; **80** und Lep.: akg/Naumachie; **80/81** Hintergr.: S. Yamashita/Corbis; **81** Bildarchiv Steffens/L. Janicek; **82** TAA/Dagli Orti; **83** und **84/85** Hintergr. Bildarchiv Steffens/BAL; **84** BPK/J. Laurentius; **85** o.: TAA/Dagli Orti; u.: TAA/Dagli Orti; **86** TAA/Naturwiss. Akademie, Kiew/Dagli Orti; **87** Hintergr.: BPK/J. Liepe; u. und Lep.: Paul Maeyaert/Bridgeman Giraudon; **88** akg; **88/89** Hintergr.: Erich Lessing/akg; **89** BPK/G. Le Gall; **90** o.: akg/E. Lessing; u.: akg/E. Lessing; **91** BPK/J. Laurentius; **92** TAA/Dagli Orti; **92/93** Hintergr.: akg; **93** l.: BPK/Dagli Orti; r.: akg/E. Lessing; **94** TAA/Museo Archeologico Nazionale, Neapel/Dagli Orti; **95** und **96** akg/E. Lessing; **97** Bildarchiv Steffens/BAL; **98** M. und o.: akg/E. Lessing; u.: Corbis/W. Forman; **99** akg; **100** und Lep.: TAA/British Museum; **101** akg; **102** Bildarchiv Steffens/BAL; **102/103** Hintergr.: Corbis; **103** akg/Rabatti-Domingie; **104** TAA/Dagli Orti; **105** o.: akg; u.: Musée Denon, Chalon-sur-Saône/Bridgeman Giraudon; **106** und Lep.: akg/A. Lorenzini; **106/107** C. Kozycki-Deppe, Bielefeld-Jöllenbeck; **107** akg; **108** u.: BPK/Kraft; o.: akg/W. Forman; **108/109** Mauritius/Knöll; **109** BPK; **110** Basilica di San Giovanni Battista, Monza/Bridgeman Giraudon; **111** und Lep.: akg; Hintergr.: akg/E. Lessing; **112** o.: C.M. Dixon, Kingston Canterbury Kent; u.: Corbis/S. Sexton; **113/114** akg/Pirozzi; **114/115** Hintergr.: akg/W. Forman; **115** o.: Musée du Louvre, Paris/Bridgeman Giraudon; u.: akg; **116** akg; **116/117** Hintergr.: Mauritius/Rossenbach; **117** TAA/Dagli Orti; **118** TAA/Basilica San Giusto, Triest/Dagli Orti; **119** TAA/Archäol. Museum El-Jem, Tunesien/Dagli Orti; **120** TAA/Dagli Orti; **120/121** Hintergr.: TAA/Museo della Civitá Romana, Rom/Dagli Orti; **121** TAA/Kloster Humor, Rumänien/Dagli Orti; **122** und Lep.: akg/J.-L. Nou; **123** und Lep.: TAA/Archäol. Museum, Split/Dagli Orti; **122/123** Hintergr.: akg/E. Lessing; **124** Ashmolean Museum, University of Oxford/Bridgeman Giraudon; **125** o. r.: akg; M. l.: BPK; o. l.: akg/E. Lessing; M. r.: akg; u.: F. Teichmann, Stuttgart; **126** u.: BPK/I. Geske; **126/127** T. Daley; **127** l. u.: Corbis/N. Wheeler; l. o.: akg/E. Lessing; l. M.: akg/E. Lessing; u.: TAA/Ephesos Museum, Türkei/Dagli Orti; **128** M.: TAA/Marine Museum, Lissabon/Dagli Orti; o. und Lep.: TAA/Staatl. Glyptothek, München/Dagli Orti; u.: TAA/Archäol. Nationalmuseum, Athen/Dagli Orti; **128/129** BPK; **129** o.: TAA/Dagli Orti; **130** o.: Foto Scala; u.: TAA/Museo Archeologico Nazionale, Neapel/Dagli Orti; M.: akg/E. Lessing; **131** u.: TAA/Museo Nazionale Taranto/Dagli Orti; **132/133** Werner Forman/akg; **134/135** Hintergr.: Privatsammlung/Bridgeman Giraudon; **135** und Lep.: Museo Archeologico Nazionale, Neapel/Alinari/Bridgeman Giraudon; **136/137** akg/P. Connolly; **138** o. und u., **139** und **140** akg/E. Lessing; **141** Agentur Focus/E. Ferorelli; **142/143** Corbis/J. Blair; **142** o.: Agentur Focus/E. Ferorelli; **143** r.: TAA/Musée du Louvre, Paris/Dagli Orti; **144** o.: Corbis/J. Blair; u.: akg/A. Jemolo; **145** Agentur Focus/E. Ferorelli; **146** TAA/Musée du Louvre, Paris/Dagli Orti; **147** akg/W. Forman; **148** und Lep.: Museum of Fine Arts, Houston, Texas/Bridgeman Giraudon; **148/149** Hintergr.: Mauritius; **149** l.: Privatsammlung/Heini Schneebeli/Bridgeman Giraudon; **150** BPK/J. Congetius; **151** und Lep.: TAA/Museo Prenestino, Palestrina/Dagli Orti; **152** BPK; **152/153** Corbis/R. Wood; **154** TAA/Musée du Louvre, Paris/Dagli Orti; **154/155** Hintergr. und **155** akg/E. Lessing; **156** TAA/Bardo Museum, Tunis/Dagli Orti; **157** und Lep.: akg/W. Forman; **158** Muzeum Narodowe, Warschau/Bridgeman Giraudon; **159** Corbis/D. Bartruff; **160/161** Erich Lessing/akg; **162** TAA/Archäol. Museum, Lima/Album/J. E. Molina; **163** TAA/Museo de Arte Municipal, Lima/Dagli Orti; **164** und Lep.: TAA/Archäol. Museum, Lima/Dagli Orti; **165** u. und Hintergr.: akg/W. Forman; o.: TAA/Archäol. Museum, Lima/Dagli Orti; **166/167** TAA/Dagli Orti; **167** Hintergr.: Corbis/G. B. Vanni; **168** l.: TAA/Anthropol. Museum, Mexiko; r.: TAA/Dagli Orti; **169** akg/A. Baguzzi; **170** und Lep.: Privatsammlung/Bridgeman Giraudon; **171/172** und Lep.: Ohio Historical Society; **173** Corbis/R. A. Cooke; **174** Ohio Historical Society; **175** Corbis/R. Soumar; **176/177** Corbis/Y. Arthus-Bertrand; **177** TAA/Archäol. Museum, Lima/Dagli Orti; **178** Museum of Fine Arts, Houston, Texas/Bridgeman Giraudon; **179** Agentur Focus/Science Photo Library; **180** o.: TAA/Ethnografisches Museum, Göteborg/Dagli Orti; u. und Lep.: TAA/Archäol. Museum, Lima/Dagli Orti; **181** und Lep.: TAA/Dagli Orti; **182** o.: E. Thiem/Lotos-Film, Kaufbeuren; **182/183** Corbis/A. Hornak; **184** Corbis; **185** TAA/Archäol. Museum, Teotihuacán, Mexiko/Dagli Orti; **186** akg/W. Forman; **187** TAA/Anthropol. Museum, Mexiko/Dagli Orti

Autoren: Karin Feuerstein-Praßer, Marion Jung, Dr. Wolfgang Lotz, Karin Prager, Otto Schertler, Karin Schneider-Ferber, Dr. Holger Sonnabend
Organisation, Bildresearch, Layout, Redaktion: Media Compact Service unter Mitarbeit von Martin Arz (Redaktion), Monika Judä (Redaktion), Angela Obermaier (Bildresearch), plan.it (Layout) und red.sign (Redaktion)
Kartografie: Ingenieurbüro für Kartografie Müller & Richert GbR, Gotha

Reader's Digest:
Redaktion: Jens Firsching, Falko Spiller
Grafik: Gabriele Stammer-Nowack
Bildredaktion: Christina Horut
Prepress: Andreas Engländer
Produktion: Andreas Schabert

Ressort Buch:
Redaktionsdirektorin:
Suzanne Koranyi-Esser
Redaktionsleiterin:
Dr. Renate Mangold
Art Director:
Rudi K.F. Schmidt

Operations:
Leitung Produktion Buch:
Norbert Baier

Satz und Reproduktion:
Meyle + Müller GmbH + Co., Pforzheim
Druck und Bindung: Printer Barcelona

Überarbeitete Neuauflage 2005

GR 0081/G/S

Printed in Spain

ISBN 3-89915-200-X

Besuchen Sie uns im Internet:
www.readersdigest.de

Abbildung Cover:
Gajus Julius Cäsar, Porträtbüste, 1. Jh. v. Chr.
Abbildung Haupttitel:
Aureus (römische Goldmünze), 107 n. Chr., Rückseite